李蓉 蹇福阔 [著]

中国史略丛刊

中国古代军事礼仪史

中国书籍出版社
China Book Press

图书在版编目（CIP）数据

中国古代军事礼仪史 / 李蓉, 蹇福阔著. -- 北京：中国书籍出版社, 2023.6

ISBN 978-7-5068-9454-8

Ⅰ.①中… Ⅱ.①李… ②蹇… Ⅲ.①军礼—文化研究—中国—古代 Ⅳ.①K892.98

中国国家版本馆CIP数据核字(2023)第109238号

中国古代军事礼仪史

李 蓉 蹇福阔 著

策划编辑	王志刚
责任编辑	王志刚
责任印制	孙马飞 马 芝
封面设计	东方美迪
出版发行	中国书籍出版社
地　　址	北京市丰台区三路居路 97 号（邮编：100073）
电　　话	（010）52257143（总编室）　　（010）52257140（发行部）
电子邮箱	eo@chinabp.com.cn
经　　销	全国新华书店
印　　刷	三河市富华印刷包装有限公司
开　　本	880毫米×1230毫米　1/32
字　　数	269千字
印　　张	11.25
版　　次	2023 年 6 月第 1 版
印　　次	2023 年 6 月第 1 次印刷
书　　号	ISBN 978-7-5068-9454-8
定　　价	68.00 元

版权所有　翻印必究

导论：中国军事礼仪发展沿革

中国素称"礼仪之邦"，正所谓坐卧有礼，出行有礼，宴饮有礼，婚丧有礼，祭祀有礼，征战亦有礼。可以说，在中国传统社会群体生活的各个环节，礼无时不在、无处不在。

早在五帝时期，礼之雏形就已出现，唐人魏征等修《隋书》时就提到"唐、虞之时，祭天之属为天礼，祭地之属为地礼，祭宗庙之属为人礼。"因此，五帝时期可视为中华礼仪的初创期，礼的分类比较粗略，礼仪规范和要求也主要集中在祭祀领域。

真正成熟形态的中华礼仪形成于西周，正所谓"周公救乱，弘制斯文，以吉礼敬鬼神，以凶礼哀邦国，以宾礼亲宾客，以军礼诛不虔，以嘉礼合姻好，谓之五礼。"[①] 此时，"吉、凶、军、宾、嘉"的传统五礼体系正式形成，并成为之后两千余年中国礼仪的正统规范。其中第三大类礼仪即"军礼"。因此，起源于三代，形成于西周的周代军礼是中国古代军礼发展的第一阶段，它基本奠定了中国古代军礼的框架和内容。

一、礼之初创：周代军礼

由于中国传统礼仪具有敬神明、别尊卑、合亲众的本质特点，

[①] （唐）魏征等.《隋书》卷6《礼仪一》，北京：中华书局，2000年，第73页。

因此周代已经意识到在军事活动中强调礼仪规范的重要性。正所谓"礼信,战之器也。又曰:治军,非礼威严不行。是知军旅有礼,则武功克成,然后敦阵有果毅之容,御众有长幼之序,知其可用,能以德攻者也。"[1] 战国时期著名军事家吴起也指出:"凡制国治军,必教之以礼,励之以义,使有耻也。夫人有耻,在大足以战,在小足以守矣。"[2] 因此,西周定"五礼"时对军礼有明确的内容界定。

据《周礼·春官·大宗伯》记载:

大宗伯之职,掌建邦之天神、人鬼、地示之礼,以佐王建保邦国。以吉礼事邦国之鬼神示,……以凶礼哀邦国之忧,……以宾礼亲邦国,……以军礼同邦国,大师之礼,用众也;大均之礼,恤众也;大田之礼,简众也;大役之礼,任众也;大封之礼,合众也。以嘉礼亲万民。[3]

周代的大宗伯相当于后世的礼部尚书,负责掌管礼仪制度。从这段记载中,我们可以看到:

第一、西周的军礼主要包括大师、大均、大田、大役、大封五礼。所谓大师之礼是指大军出征之礼,即利用民众的义勇进行征伐的相关礼仪;大均之礼是因忧虑民众的军赋不均而平均征赋之礼;大田之礼,是为了检阅徒众和车马而举行的田猎之礼;大役之礼,

---

[1] (宋)王钦若.《册府元龟》卷388《将帅部·有礼》,北京:中华书局,1989年,第974页。

[2] (战国)吴起.《吴子兵法·图国第一》,引自《中国兵书集成》(第1册),北京:解放军出版社,沈阳:辽沈书社,1990年,第37—38页。

[3] (汉)郑玄注,(唐)贾公彦疏.《十三经注疏·周礼注疏》卷18,北京:北京大学出版社,1999年,第450—467页。

是任用民众的劳动力营造宫室城邑等土木工程之礼；大封之礼是为了聚合民众而大规模勘定疆界、树立界标之礼。在这五种军礼中，除大师、大田、大封外，其余二礼均属国家行政事务，较少带有军事性质，但在周代兵农合一的大背景下，征集赋税和兴建大型土木工程或需要军事力量配合，或可以为军事活动提供必须的条件，故都被列入周代军礼之中。当然，由于军事活动的特殊性，"三代国容不入军，军容不入国。《仪礼》：吉、凶、宾、嘉，达于天下，而军礼独载于大司马法。若国有师田之事，则县师始受法于司马，以作民"。① 因此，周代军礼虽然分为大师、大均、大田、大役、大封五类，但具体内容，尤其是与军事活动相关的军礼更多见于大司马②的职掌和军令之中，遇有战事，则由司马来调动民众。

第二、综合前引《周礼》和《隋书》的记载，我们不难发现西周军礼的主要作用是用来"同邦国"，"诛不虔"的，即协同各诸侯国，讨伐那些胆敢对周天子不敬的诸侯国。西周时期的军礼在内容和目的上之所以呈现这样的特点，主要是因为宗法制度的施行，在宗族分封之下，周天子与"国人"、周天子与诸侯之间或多或少都有亲属关系，正如管仲所言："诸夏亲昵，不可弃也"。因此，《司马法》在总结西周时期战争的目的时，明确提出了"兴甲兵以讨不义"的观点，即战争更多的是出于惩罚诸侯国的不义、不法、不敬行为，以维护周天子的最高权力和威信，战争的性质多为征伐不驯，而不是争夺领土。因此，军事行动往往带有耀兵以彰天子之威德的特点，因此在大司马军令中才有了诸如不鼓不成列，不重伤，不禽二毛、"逐

---

① （宋）陈傅良.《历代兵制》卷2，引自《中国兵书集成》（第7册），北京：解放军出版社，沈阳：辽沈书社，1992年，第253页。

② 据《周礼·夏官·大司马》记载："大司马之职，掌建邦国之九法，以佐王平邦国。……以九伐之法正邦国。"

奔不过百步""纵绥不过三舍"等今天看来十分迂腐可笑的规定。

二、礼之重塑：汉代军礼

春秋时期，周天子势微，诸侯坐大，加之宗法血缘关系日渐疏远，"礼崩乐坏"的时代来临了。在这一大背景下，尽管战争日益频繁，但西周军礼却随着周礼的没落而没落了。与此同时，诸侯产生了争地、争财、争民的思想，战争的目的从"讨不义"逐渐演变为争霸称雄，战争的性质也由西周时期征讨不驯的"义战"逐渐演变为唯利至上的"诡道"。如据《册府元龟》卷420《将帅部·掩袭》记载："古之用人也，谋于庙，宜于社，推毂以命将，秉旄而誓众，鸣鼓以启行，克日以告战，是谓节制之师，仁义之举也。及乎狙诈云盛，智巧相图，故老氏言乎用奇，孙子谓之诡道，乃有人衔枚，马缰勒，夜行昼伏，掩其不备之事兴焉。"

可见到了战国时期，兼并领土成为战争的主要目的，因此大均、大役、大封等与军事活动无直接关联的军礼不再被提起，不鼓不成列等彰显征伐者威德的礼仪也早已不合时宜。著名的泓之战就是一个典型事例，宋襄公因拘泥旧礼，不肯违背传统的交战原则，结果不仅一败涂地，还成为千百年来被后人嘲笑的对象。

此后的秦王朝虽二世而亡，然尊法抑礼，以此成功于天下。因此，对儒家提倡的礼仪，除了特别能彰显皇帝权威的定服色、正朔、封禅和亲巡之礼，能躬行不怠，以为后世法外，其余周礼愈加式微。

"汉兴，叔孙通草定，止习朝仪。至于郊天祀地之文，配祖禋宗之制，拊石鸣球之备物，介丘璧水之盛猷，语则有之，未遑措思。及世宗礼重儒术，屡访贤良，河间博洽古文，大搜经籍，有周旧典，始得《周官》五篇,《士礼》十七篇。"① 可见,汉代在中国古代礼制建设上实有重塑之功。此时,周代军礼中的大均、大役、大封之礼早已不复存在,但誓师、献俘、受降、行赏等礼仪仍然得以不同程度地留存下来。因此,秦汉以后的军礼,主要是指在军事活动、准军事活动和特殊节令时需要遵行的各种礼仪规范,包括命将、誓师、受降、献俘、行赏、田猎、大阅、大射以及救日伐鼓、傩祭驱邪等等。这些内容基本构成了中国军事礼仪的主要框架。

三、礼之全盛:隋唐军礼

"古代军礼再度受到重视,并有所复兴,始自魏晋。"② 南北朝时期,由于战争频仍,各国皇帝经常亲率大军出征,因而希望系统恢复周代军礼的呼声日益高涨。为此,北魏、北齐、北周、南梁在理论和实践层面均做了许多努力与尝试,最终与征伐有关的古代军礼在形式上基本得到复原,并被载入国家礼典,成为隋唐两代遵用的范本。但是有鉴于当时南北方的文化差异与政治对立,对礼的解读存在争议,故各朝礼制之间存在诸多矛盾抵触之处。

因此,隋王朝完成统一之后,最先着手的大事之一就是修订统一的国家礼制,可以毫不夸张地说,这一举措的意义实不亚于当年始皇帝之车同轨、书同文也。虽然是北朝政权的继承者,但作为统一王朝,隋对南北文化采取了兼收并蓄的态度,以北齐礼仪为基准,兼采魏、晋、南朝礼仪的内容,对南北朝以来混乱的礼制进行整理,进而制订了更加符合时代需要的隋代礼制。可以说,隋代礼制是汉

---

① (后晋)刘昫.《旧唐书》卷21《礼仪一》,北京:中华书局,1975年,第816页。

② 杨志刚.《中国礼仪制度研究》,上海:华东师范大学出版社,2001年,第424页。

魏以来中国古代礼制的集大成之作，因此，唐朝建立之初在礼制上"郊庙宴享，悉用隋代旧仪。"①

唐太宗即位伊始，即着手在隋礼的基础上修订唐礼。史载："至太宗时中书令房玄龄、秘书监魏征与礼官学士等，因隋之礼，增以天子上陵朝庙、养老、大射讲武、读时令、纳皇后、太子入学、太常行陵、合朔、陈兵太社等，为《吉礼》六十一篇、《宾礼》四篇、《军礼》二十篇、《嘉礼》四十二篇、《凶礼》十一篇，是为《贞观礼》。"②

可见，《贞观礼》是以隋礼为基础，并结合实际需要新增了部分礼仪，其中如"大射讲武""合朔""陈兵太社"等都属于军礼的内容。从《贞观礼》有《军礼》二十篇来看，很显然，隋唐军礼在南北朝的基础上已经形成为一个相对独立而系统完整的礼仪体系，具有梳理和研究的可能与价值。

随着唐的强盛和时代演进，礼制的更新与改良问题不断被提出，于是高宗又诏太尉长孙无忌等增之为一百三十卷，是为《显庆礼》。玄宗开元十四年，通事舍人王岩上疏请删去礼记旧文，而益以今事，诏付集贤院议。学士张说以为："唐贞观、显庆礼，仪注前后不同，宜加折中，以为唐礼。乃诏集贤院学士右散骑常侍徐坚、左拾遗李锐及太常博士施敬本撰述，历年未就而锐卒，萧嵩代锐为学士，奏起居舍人王仲丘撰定一百五十卷，是为大唐开元礼。"③开元二十年（732）九月，《大唐开元礼》开始正式颁布使用。

正所谓盛世修盛典，一部《开元礼》彻底结束了魏晋以来礼制

---

① 《旧唐书》卷21《礼仪一》，第816页。
② （宋）欧阳修，宋祁．《新唐书》卷11《礼乐一》，北京：中华书局，2000年，第198页。
③ 《新唐书》卷11《礼乐一》，第198页。

领域的纷争局面，更标志着唐礼的真正形成。史称："由是，唐之五礼之文始备，而后世用之，虽时小有损益，不能过也。"① 所以，有学者指出"《开元礼》是汉魏以来五礼的规范和总结，是礼的一般性原则规定，在唐代受到礼经一样的尊崇，……尽管《开元礼》中一些礼仪如'养老礼'在唐代并未推行，但它的基本原则和规定在唐代中后期是得到遵循的，而且对当时的国家礼仪生活仍然发挥着非常重要的作用，从这一意义上讲，《开元礼》在唐代是基本得到行用的"。②

《开元礼》中有关"军礼"的内容只有十卷，与《贞观礼》相比，其篇幅并不很大，但内容却稍嫌庞杂。据《唐六典》记载，唐代："凡五礼之仪一百五十有二"，其中"三曰军礼，其仪二十有三；（一曰亲征类于上帝；二曰宜于太社；三曰造于太庙；四曰祃于所征之地；五曰軷于国门；六曰告所过山川；七曰露布；八曰劳军将；九曰讲武；十曰田狩；十一曰射于射宫；十二曰观射于射宫；十三曰遣将出征宜于太社；十四曰遣将告于太公庙；十五曰遣将告于太庙；十六曰祀马祖；十七曰享先牧；十八曰祭马社；十九曰祭马步；二十曰合朔伐鼓；二十一曰合朔诸州伐鼓；二十二曰大傩；二十三曰诸州、县傩。）"③ 这里提及唐代军礼共有23种，其数量占"五礼"总数的15%。这些军礼既有对汉魏、北朝军礼的吸收继承，也有隋唐两朝自己的改良创新。除此之外，在唐律、唐令、唐典、兵书和诏敕中也保存着一些隋唐军礼的内容，可以视作是对《开

---

① 《新唐书》卷11《礼乐一》，第198页。
② 刘安志.《关于〈大唐开元礼〉的性质及行用问题》，《中国史研究》2005年第3期，第95—117页。
③ （唐）李林甫等.《唐六典》卷4《尚书礼部》，北京：中华书局，1992年，第111页。

元礼》的补充。

可见，隋唐军礼正是在整合汉魏六朝礼制的基础上而形成的集大成之作，可以视为中国古代军礼发展的全盛阶段，其间形成的一些军事礼仪逐渐固化下来，成为后世效法的制度。比如宣露布礼，在先秦军礼中是没有的，"露布"一词最早当出现于汉代，作为文书种类之一，则始于魏晋时期。北魏时，开始把露布作为报捷和自陈军功的军事专用文书。到隋文帝时，宣露布之仪才被正式写入国家礼制，唐代更有详尽的宣露布之仪，此后成为宋明非常重要的凯旋庆功礼之一。

四、务实简化：唐以后军礼

唐宋之际，中国文化从气质上正经历着由雅入俗，由尚武至崇文的重大变革，整个社会的经济模式、政治、军事制度、文化风尚等多方面都发生了深刻的变化。这一切势必会给中国军礼造成巨大影响，比如唐代"制遣大将出征有司告于齐太公庙"这一仪式的兴衰就可以视为中国文化由尚武至崇文转变的风向标。而唐代兵制从府兵制到募兵制的转变，征伐模式由行军大总管到节度使的转变，也进一步促成中国军礼的转变，其中变化最多的还是军事征伐礼仪。比如西周时期作为天子亲征军礼的"祃祭"，在唐代不仅天子亲征可用，大将出征也可用。并且根据祃的对象不同，演变为祃黄帝、蚩尤之神、祃牙纛、祃马、祃毗沙门神四仪，此时的"祃"与"祭"同义。此四仪在宋代虽然都得以保留，但宋人只称祭旗为"祃"，而将唐代祃黄帝、蚩尤之神、祃马、祃毗沙门神等统统改为"祭"。由此，祃祭完成了由祭黄帝，到祭军旗的重大转变。明代更将这种祭旗的祃祭上升为每年都要举行的常制。因此，从这个角度来说，唐代军礼对于宋明军礼又具有开创启迪之功。

正是由于隋唐时期社会正经历着一场巨大的变革，所以笔者也注意到当时军礼存在制度规定与实际情况两张皮的情况，有的在《开元礼》中明文规定的礼仪，如皇帝亲征类于上帝、宜于社之礼，由于皇帝亲征次数太少，故出现有礼仪规定而无实际执行的尴尬情况。倒是一些在礼典中没有明文记载，但唐律、唐令、唐典和诏敕中却有补充规定的礼仪，如授旌节、祭牙纛、劳遣、誓师、饮至策勋、丧葬吊恤等因为与军事活动联系紧密而颇为常见，并最终在宋明时期被写入国家礼典，成为正式的军事征伐礼仪。因此，笔者认为《开元礼》其实主要是起到提供礼仪原则的作用，而中唐以后所行之诸多军礼则是围绕这一原则的自由发挥，此其一。

其二，类宜一类祭祀仪礼逐渐淡出军礼系统，也正说明唐以后军礼中的神秘色彩已逐渐淡化，而更注意礼仪的现实功能了。因此，隋唐军礼在中国古代军礼的发展过程中实为一道重要的分水岭。这也正是本书立足隋唐军礼，上溯先秦，下及明清的视角选择之主要原因。

目　录

导论：中国军事礼仪发展沿革 / 1

　　一、礼之初创：周代军礼 …………………………………… 1

　　二、礼之重塑：汉代军礼 …………………………………… 4

　　三、礼之全盛：隋唐军礼 …………………………………… 5

　　四、务实简化：唐以后军礼 ………………………………… 8

第一章　军事祭祀礼仪 / 1

　　第一节　类天礼 ……………………………………………… 2

　　第二节　宜社礼 ……………………………………………… 11

　　第三节　造祢礼（告庙礼）………………………………… 17

　　　　一、亲征告庙与迁庙主 ………………………………… 18

　　　　二、大将出征告庙与授节钺的关系 …………………… 20

　　　　三、大将出征告武成王庙 ……………………………… 26

　　第四节　軷祭 ………………………………………………… 36

　　　　一、軷祭的由来 ………………………………………… 37

　　　　二、隋唐軷祭 …………………………………………… 41

　　第五节　祭所过山川 ………………………………………… 46

　　　　一、皇帝亲征及巡狩告所过山川 ……………………… 48

二、大将出征祭告所过山川 ·················· 54

第六节　祃祭 ································ 58
　　一、先秦祃祭探源 ························ 58
　　二、汉魏北朝之祃祭 ······················ 61
　　三、隋唐祃祭 ···························· 64
　　四、唐之后祃祭的演变 ···················· 72

第二章　命将誓师礼仪 / 76

第一节　命将礼仪 ···························· 76
　　一、唐以前命将礼之源变 ·················· 76
　　二、唐代命将礼的内容 ···················· 83

第二节　劳遣礼仪 ··························· 106
　　一、劳遣与军事劳遣 ····················· 107
　　二、隋唐劳遣礼场所选择 ················· 112
　　三、隋唐劳遣礼仪式构成 ················· 122

第三节　誓师礼仪 ··························· 127
　　一、誓师仪式的演变 ····················· 128
　　二、誓文的主要内容 ····················· 133

第四节　牙纛之祭 ··························· 139
　　一、何为"牙"、"纛" ···················· 139
　　二、祭牙纛的由来 ······················· 143
　　三、隋唐祭牙纛之制 ····················· 149
　　四、从祭牙纛到祭军旗 ··················· 158

第三章　凯旋庆功礼仪 / 161

第一节　大宣露布 ··························· 162

一、"露布"的由来 …………………………… 162
　　二、唐代宣露布之仪 …………………………… 172
 第二节　告功献俘 …………………………… 180
　　一、历代凯乐演变 …………………………… 181
　　二、隋唐奏凯之仪 …………………………… 191
　　三、告献之礼 …………………………… 193
 第三节　饮至策勋 …………………………… 209
　　一、天子与饮至礼 …………………………… 212
　　二、饮至宴的内容 …………………………… 215
　　三、策勋与赏赐 …………………………… 230

第四章　丧葬吊恤礼仪 / 256

 第一节　递送回乡 …………………………… 257
　　一、对士卒遗体的递送 …………………………… 257
　　二、对将领遗体的递送 …………………………… 263
 第二节　就地殡葬 …………………………… 272
　　一、士卒的就地殡葬 …………………………… 272
　　二、将领的就地殡葬 …………………………… 277

第五章　非军事活动礼仪 / 281

 第一节　校阅讲武 …………………………… 281
　　一、周代四时讲武 …………………………… 281
　　二、汉代秋季大试到大阅的演变 …………………………… 286
　　三、唐代校阅讲武 …………………………… 288
　　四、唐以后的阅武礼 …………………………… 293
 第二节　四时田猎 …………………………… 296

一、周代四时田猎 …………………………… 296
　　二、汉魏隋唐田猎之风 ……………………… 299
　　三、清代木兰秋狝 …………………………… 304
第三节　大射之礼 ………………………………… 307
　　一、周代射礼 ………………………………… 307
　　二、唐代射礼 ………………………………… 311
　　三、唐以后射礼的变迁 ……………………… 317
第四节　合朔伐鼓 ………………………………… 319
　　一、先秦救日礼仪 …………………………… 320
　　二、汉唐伐鼓救日 …………………………… 322
　　三、唐以后救日礼仪 ………………………… 326
第五节　大傩之礼 ………………………………… 331
　　一、先秦傩礼的形成 ………………………… 331
　　二、汉魏以降傩礼的演变 …………………… 334
　　三、宏大的唐代傩礼 ………………………… 337

中国古代的"军礼"也叫"兵礼",它是一个含义宽泛的概念,更是一个庞杂的礼法系统,既包括军事行动和准军事行动中的各类礼仪,也包括军事行动中的一些规章制度、纪律法规,其影响范围涵盖军事行动和军队自身建设的全过程。可以说,从出征、交战到回师,从阅兵、军演到特殊节令都活跃着军礼的身影。

第一章　军事祭祀礼仪

在任何时候,战争都是国家的头等大事,正所谓"兵者,国之大事,死生之地,存亡之道"[①],为此,孙武提出对战争应慎而又慎,谋定而后动的主张。但不管人们事先对战争做多少准备、预测,甚至推演,战争都是具有极强不可预知性的人类活动之一。因此,围绕着战争的全过程,中国古代衍生出很多包涵着求神祈福敬意的祭祀礼仪。

据《礼记·王制》记载:西周时期,"天子将出征,类乎上帝,宜乎社,造乎祢,祃于所征之地,受命于祖,受成于学,出征执有

---

① （东周）孙武.《孙子兵法·始计第一》,引自《中国兵书集成》（第1册）,北京:解放军出版社,沈阳:辽沈书社,1990年,第1页。

罪，反释奠于学，以讯馘告"。①《周礼》也记载当时有"大师，宜于社，造于祖。设军社，类上帝"②的传统。其中的类、宜、造、祃皆为祭祀之名。可见当时一场战争中涉及的祭祀礼仪已经相当多了，几乎贯穿战争的全过程，但事实上，中国古代有关战争的祭祀礼仪还远不止这四大祭。那么"类乎上帝，宜乎社，造乎祢，祃于所征之地"分别指的都是什么样的礼仪呢？中国古代军事除了这四大祭外，还有哪些祭祀礼仪呢？

第一节 类天礼

类，通"禷"，古祭名，古代用来泛指因特殊事情祭祀天神的礼仪。祭祀天神通常属于吉礼的范畴。吉礼为五礼之冠，即为祭祀天神、地祇、人鬼等的礼仪活动。比如郊天、大雩、大享明堂、祭日月、大蜡、祭社稷、祭山川、籍田、先蚕、祭天子宗庙、祀先代帝王等。其中南郊祭天是古代规格极高的吉礼之一，通常由天子主祭，有固定的时间和场所，仪式相当隆重，是为常祭。现在突然要打仗了，需要祈求天神的保佑，于是乎祭祀天神。但由于不是常祭，因此只能比照郊祀的礼仪来祭祀，所以古人将这种祭祀活动称为"类"，取"事类祭天神"③之义。"类乎上帝"，也叫"类天""类于天"。出征前的类天礼是仅适用于皇帝亲征的军礼，因为天子亲征是恭行

---

① （汉）郑玄注，（唐）孔颖达疏.《礼记正义》卷12《王制》，北京：北京大学出版社，1999年，第371页。

② （汉）郑玄注，（唐）贾公彦疏.《周礼注疏》卷25，第673页。

③ （汉）许慎.《说文解字》卷一，北京：中华书局，1963年，第8页。

天罚，所以首先要祭告上帝，以示自己的所作所为受命于天，完全合理。由于是祭天的礼仪，所以天子出征前的类天礼通常也是在南郊祭天的场所举行。要知道，类天礼是天子亲征才享有的礼仪，如果不是天子亲征，这一最高规格的祭祀礼仪也就完全不用举行了。

春秋至秦代，尽管战争更加频繁，但在"礼崩乐坏"的大背景下，随着周礼的崩坏，西周军礼也衰落了。"古代军礼再度受到重视，并有所复兴，始自魏晋。"[①]尤其是南北朝时期，由于战争频仍，各国皇帝经常亲率大军出征，因而希望恢复周代军礼的呼声日益高涨。为此，北魏、北齐、北周、南梁等在理论和实践层面均做了许多努力与尝试，最终周代军礼在形式上大多得到复原，并被载入国家礼典，成为隋唐以后历代遵用的范本。此后历代礼书中均对类天礼有较为详尽的记载，如《大唐开元礼》《大明集礼》等。

《大唐开元礼》明确记载唐代的类天礼一共包含纂严、斋戒、陈设、銮驾出宫、存玉帛、进熟到銮驾还宫等七个内容。根据《大唐开元礼》《通典》等文献记载，笔者对其进行了时间轴的梳理，大致可以勾画出当时类天礼的过程：

第一步：卜日，即由太常寺[②]下辖的太卜署负责为举行类天礼卜出一个良辰吉日。按制由太常寺的主官太常卿（正三品）主持这一卜日仪式。

第二步：陈设，即在正式祭天前三天，由殿中省尚舍局和卫尉

---

① 杨志刚.《中国礼仪制度研究》，上海：华东师范大学出版社，2001年，第424页。

② 据《唐六典》卷14记载：太常寺的主官为太常卿，正三品，"太常卿之职，掌邦国礼乐、郊庙、社稷之事，以八署分而理焉：一曰郊社，二曰太庙，三曰诸陵，四曰太乐，五曰鼓吹，六曰太医，七曰太卜，八曰廪牺"。

寺[①]守宫署共同完成搭建供皇帝和文武百官行礼前临时居处的帐篷、礼乐队伍和军将位置的区域划定，搭建燎坛、设置版位等工作。燎坛是祭天时所用的高台，主要用于焚烧祭品，版位则是举行典礼时以板牌标明参加者的就位处。祭祀当天，太官令[②]还要负责准备祭祀所用的牛羊祭品等。

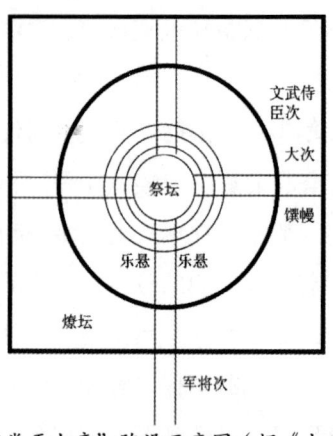

图1：唐代"皇帝亲征类于上帝"陈设示意图（据《大唐开元礼》卷81所绘）

第三步：斋戒。类天礼属大祀，按照规制，斋戒当于祭祀前七天就开始了。只不过前四天为散斋，较为随意，皇帝只要居于别殿即可；后三天为致斋，较为正式，皇帝要居于皇宫太极宫的正殿——太极殿。最正式的斋戒是祭祀前一天，据记载："前一日，皇帝清斋于太极殿，诸应告之官及群官客使等各于所司及公馆，诸军将各

[①] 据《旧唐书》卷44《职官三》：卫尉寺，下辖武库、武器、守宫三署。其主官卫尉卿，从三品，"掌邦国器械文物之事，……少卿为之贰。……凡大祭祀大朝会，则供其羽仪、节钺、金鼓、帷帟、茵席之属。"

[②] 从七品下，为光禄寺下辖四署之一太官署的长官。据《新唐书·百官三》卷48记："掌供祠宴朝会膳食。祭日，令白卿诣厨省牲镬，取明水、明火，帅宰人割牲，取毛血实豆，遂烹。又实箧篚，设于馔幕之内。"

于正寝，俱清斋一宿。（若在营者，斋于军幕。）"[1] 其他没有具体职务的官员，如无职事的散官、勋官等就只在各自家中的正寝自行斋戒即可。由于大祀的斋戒时间比较长，所以有时候官员们也很难完全遵守，这种情况在唐中后期国力衰减时更为常见，以至于皇帝不得不以诏书的形式严令禁止，如唐穆宗时期就曾明令"自今以后，有临祭出斋者，宜罚一月俸"。[2] 因此虽然按要求，类天礼的斋戒仪式应该是七天，但是在实际执行过程中到底是守满七天，还是只清斋一宿，可能就是视实际情况而定了。

第四步：纂严，即天子正式出发前的准备和戒严环节。如果说前三个环节只是前戏，那么纂严可算是皇帝亲征类于上帝之礼真正的开端。纂严同样在太极殿举行，由门下省的长官——侍中负责主持。不论是天子，还是文官武将，皆统一要求着戎装，留守官员则着朝服。天子车驾正式出发之前七刻[3]，击第一通严鼓，表示纂严仪式正式开始。之前五刻，击第二通严鼓，侍中宣布中严，仪仗人员开始陈列卤簿。所谓卤簿，就是中国古代帝王出行时扈从的仪仗队。据唐代封演《封氏闻见记》记载："舆驾行幸，羽仪导从谓之卤簿，自秦汉以来始有其名。"[4] 之前二刻，击第三通严鼓，这也是最后一通严鼓，此时所有人员全部到位，"诸卫各督其队与鈒、戟以次入陈殿庭。通事舍人引群官立朝堂，侍中、中书令以下奉迎

---

[1]《通典》卷132《军礼一》，第3382页。
[2]（清）董浩等编.《全唐文》卷65《禁百官临祭出斋诏》，北京：中华书局，1983年，第693页。
[3] 古时以漏壶计时，一昼夜分为一百刻，相当于现在的14.4分钟。至清初定为九十六刻。今用钟表计时，一刻为15分钟。
[4]（唐）封演著，赵贞信校注.《封氏闻见记校注》卷5，北京：中华书局，2005年，第38页。

于西阶。侍中负宝,乘黄令进路①于太极殿西阶,南向;千牛将军一人执长刀立路前,北向;黄门侍郎一人立侍臣之前;赞者二人。"②从此时起,宫城就要保持戒严的状态,直到銮驾还宫,行过解严礼后,整个纂严方告结束。

第五步:銮驾出宫。根据《新唐书》记载:"昼漏上五刻,驾发。"③车驾出承天门前,群臣皆步行跟随,出承天门后,侍臣奏请乘马,得到许可后上马跟随,千牛将军也登车陪乘。承天门是太极宫的南大门,出了这道门就出了宫城。承天门正对长安城中轴线——天街和朱雀大街,与皇城的南大门朱雀门遥遥相对。承天门与皇城之间,是一个宽达三百步(相当于现在的四百多米)的东西向横街,由于地势开阔,大唐帝国的改元、大赦、元旦、冬至大朝会,以及阅兵和受俘等许多重大朝外活动,多数都在这里进行,因此也有学者将其称为广场。从承天门到朱雀门的南北向大街被称为"承天门街",也就是所谓的"天街",街两侧集中了多个中央衙署,如中书外省、门下外省等。銮驾出宫时把侍臣上马的地点设在这里,既方便大臣们的车马集结,也避免过多闲杂人员进入宫城,保卫了宫城的安全。

---

① 路,古代的大车,这里专指帝王所乘的车,也称"辂"。天子之车有玉辂、金辂、象辂、革辂和木辂等五种不同规制。

② (宋)欧阳修,宋祁.《新唐书》卷23上《仪卫上》,北京:中华书局,2000年,第324-325页。

③ (宋)欧阳修,宋祁.《新唐书》卷23上《仪卫上》,北京:中华书局,2000年,第324页。

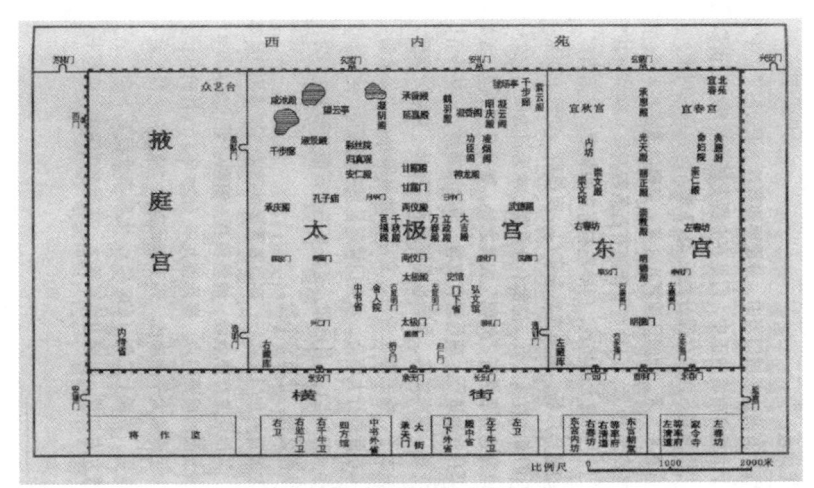

图2：唐长安城太极宫平面图

第六步：荐玉帛。所谓"荐"者，进献，祭献的意思。"玉帛"则是指古代祭祀、会盟、朝聘等使用的圭璋和束帛。荐玉帛是正式的祭祀环节。到达祭祀地点后，皇帝先在大次[①]略作休整，待群臣各就各位后，就由太常卿导引前往版位行三拜礼，而后自南面登上祭坛，"北向立，乐止。太祝以玉授侍中，侍中奉玉东向进皇帝。搢镇珪，受玉币，登歌，作肃和之乐，以大吕之均。"[②]随后太常卿再引皇帝北面跪奠昊天上帝，最后皇帝再从南面下坛，还至版位，西向立。期间，皇帝在版位行三拜礼时，乐队奏"豫和之乐"；皇帝登坛时奏"太和之乐"；搢镇珪，受玉币时奏"肃和之乐"。

第七步：进熟，即进献熟食。这一环节相对比较繁复，包括了进馔、净手洗爵、皇帝登坛祭拜、军将登坛祭拜、赐胙等步骤。其

---

① 帝王祭祀、诸侯朝觐时临时休息的大篷帐。
② （唐）中敕撰.《大唐开元礼》卷81《军礼一》，北京：民族出版社，2000年，第394页。

中多数内容与吉礼大体一致,如皇帝登坛后先执爵斟酒、奠酒,然后由太祝跪读祝文;祝文读完后,太祝将祝版供奉于神座之前,皇帝再祭酒、啐酒[①]、奠爵,最后由太祝将供在神前的胙肉[②]切下,皇帝受胙肉后,再分赐左右。由于是出征,所以类天礼在皇帝登坛祭拜后,增加了军将登坛祭祀的环节。

第八步:燎祭,即在赐胙之后,焚烧祭品以告天的仪式。按制"(太祝)取玉币、祝版,斋郎以俎载牲体、稷黍饭及酒爵,……以玉币、祝版、馔物置于柴上户内讫。奉礼曰:'可燎。'东西面各六人,以炬火燎半柴。"[③]皇帝在望燎位观看,燎祭完毕后,皇帝还大次,诸军将依次而出,焚祝版于斋所。

第九步:銮驾还宫。与銮驾出宫一样,銮驾还宫也是一个相当繁复的过程。首先,当皇帝停留大次时,严鼓三响,仪卫要完成一系列准备工作。"皇帝停大次一刻顷,槌一鼓,为一严,转仗卫于还涂,如来仪。三刻顷,槌二鼓,为再严,将士布队仗。……五刻顷,槌三鼓,为三严,通事舍人分引群官、客使等序立于大次之前,近南。文武侍臣诣大次奉迎。乘黄令进金辂[④]于大次门外,南向。千牛将军立于辂右。"[⑤]随后皇帝乘舆出次,升辂还宫,群臣皆步行跟随。至侍臣上马所,征得皇帝同意后,侍臣上马,千牛将军登辂陪乘。

---

① 古代酒礼,即祭毕饮福酒。《礼记·乡饮酒义》:"祭荐,祭酒,敬礼也;哜肺,尝礼也;啐酒,成礼也。"孔颖达疏:"啐,谓饮主人酒而入口,成主人之礼。"

② 祭祀时供神的肉。

③ (唐)中敕撰.《大唐开元礼》卷81《军礼一》,北京:民族出版社,2000年,第395页。

④ 此处所引是"皇帝冬至祀圆丘"的礼仪,故作"金辂"。若按"皇帝亲征类于上帝"之礼,皇帝所乘当为"革辂"。

⑤ 《通典》卷109《开元礼纂类四》,第2839页。

行至承天门外，銮驾略作停留，由通事舍人承旨下令群臣并还，文武侍臣才能各自散去。随后，皇帝入太极宫，千牛将军夹辂相随。入承天门再往北分别是嘉德门、太极门。"驾入嘉德门，太乐令令撞蕤宾之钟，左右钟皆应，鼓柷，奏采茨之乐，至太极门，戛敔，乐止。入太极门，鼓柷，奏太和之乐，驾至横街北，当东上阁，回辂南向。侍中进銮驾前跪，奏称：'侍中臣某言，请降辂。'俛伏，兴，还侍位。皇帝降辂，乘舆以入，伞扇侍卫警跸如常仪，侍臣从。至阁，戛敔，乐止。"侍中奏请解严，扣钲，将士各还其所。至此，整个仪式结束。可见类天礼是一个多么浩大繁复的礼仪。

  由于历代天子亲征并不多见，加之类天礼本身比较浩大繁复，因此天子亲征举行过类天礼的更是罕见。史书中明确记载的，比如隋炀帝大业七年（611）亲征高句丽，曾于涿郡临朔宫举行过类天礼。当时炀帝"于（临朔）宫南类上帝，积柴于燎坛，设高祖位于东方[①]。帝服大裘而冕[②]，乘玉辂，祭奠玉帛，并如宜社。诸军受胙毕，帝就位，观燎，乃出"。[③] 这是历史上为数不多的天子亲征举行类天礼的记载。

  又比如有唐一代，《通典》和《大唐开元礼》中对皇帝亲征类上帝之礼的礼仪程式记载都颇为详尽，而且唐玄宗还曾经下过《亲

---

① 依周礼《考工记》"左祖右社"的规定，太社一般置于皇宫之西，而太庙一般位于皇宫之东，由于炀帝此时是在涿郡行宫，故只能把高祖灵位设在东方，权充太庙。

② 据《宋史·舆服志三》记："夫大裘而冕，谓之裘冕，非大裘而冕，谓之衮冕。"大裘者，黑羔裘也。

③ （唐）魏征等．《隋书》《隋书》卷8《礼仪三》，北京：中华书局，2000年，第111-112页。

征吐蕃制》①《亲征安禄山诏》②，唐肃宗也曾下过《亲征史思明诏》③，但最终都没有成行，真正以天子身份亲征的唯唐太宗一人而已。贞观十八年（643）唐太宗亲征高句丽，当时曾下诏"类上帝而戒途，诏夏官而鞠旅"④。但笔者翻检诸书，却未见任何关于此次出征前举行过类天礼的明确记载，故此次亲征，到底有没有举行过类天礼还是一个问题。

到了两宋，类天礼更加衰微。《宋史·礼志》军礼部分根本就没有类、宜、造等礼。只是根据明人的记载，"宋皇帝亲征，遣官奏告天地，用酒脯行一献礼。"⑤须知自北齐恢复周代军礼以来，类天礼皆规定由天子亲祭，用牲币作为祭品。虽然当时南朝梁的开国皇帝梁武帝曾经主张在类、宜、造礼中"陈币承命可也"⑥，也就祭品不用牲，只用币，即有意降低祭祀的规格，但经过严植之、陆琏等大臣力争，最终还是保留了用牲币祭祀的古礼。而宋朝仅仅派遣官员祭告天地，改用酒脯作为祭品，再到仅行一献之礼，可知两宋时期就算还保留着类天礼，也已大大降低了类天礼祭祀的规格。

明太祖朱元璋洪武元年（1368），有意重整礼制，乃下诏令群臣议定军礼。此后，朝廷明文规定"皇帝亲征前期择日祭告天地，服武弁，乘革辂，备六军，以牲犊币帛作乐，行三献之礼，其仪见于祀天祀地篇。"⑦虽然明代从礼仪制度上重新提高了类天礼的规格，

---

① （清）董浩等编.《全唐文》卷21，北京：中华书局，1983，第344页。
② 《全唐文》卷33，第371–372页。
③ 《全唐文》卷43，第474–475页。
④ （宋）宋敏求：《唐大诏令集》卷130《亲征高丽诏》，北京：商务印书馆，1959年，第703–704页。
⑤ 《大明集礼》卷33《军礼一》。
⑥ 《通典》卷76《军礼一》，第2062页。
⑦ 《大明集礼》卷33《军礼一·亲征篇》。

但在实际执行中却远没有这么重视。明英宗正统十四年（1449）亲征瓦剌，最终兵败被俘，史称"土木堡之变"，此役诸史皆未有曾举行类天礼的记载。明武宗正德十四年（1519），宁王朱宸濠起兵叛乱，明武宗率兵亲征，当时"礼部上祭告仪注如旧。帝令祭祀俱遣官代。及疏请遣官，有旨勿遣。"① 可知明武宗本人对于类天礼很不重视，因此最终也没有举行类天礼。反而是随后的清朝一意推崇汉族礼仪，康熙三十五年（1696）亲征噶尔丹，"前三日，祭告郊、庙、太岁"② 可谓是这一军礼的最后辉煌了。

第二节　宜社礼

宜，古祭名，即祭祀土地神之仪。"宜"字，从字形上看象屋里俎中有肉的形状，因此其义与祭祀就有了关系，《尔雅》解释为："起大事，动大众，必先有事乎社而后出，谓之宜。"③ 在当时，一国之大事主要就是祭祀和战争，也就是说只要有这一类的大事发生，就必须要先祭祀社神才行。而社，"地主也"④，古代泛指土地神和祭祀土地神的地方、日子以及祭礼。所以"宜乎社"的意思就是在出征之前除了要祭祀天神之外，还要祭祀土地神，希望得到土地神的保佑。

---

① 《明史》卷157。
② 《清史稿》卷90。
③ （晋）郭璞（注）、（宋）邢昺（疏）.《尔雅注疏》卷六《释天第八》，北京：北京大学出版社，1999年，第183页。
④ （汉）许慎：《说文解字》卷一，北京：中华书局，1963年，第9页。

举行宜社礼除了有祈求土地神庇佑的意思外,"云'宜'者,令诛伐得宜,亦随其宜而告也。社主于地,又为阴,而诛杀亦阴,故于社也。"① 这就是说,因为土地神主阴,所以举行宜社礼也是战前表明主将手握生杀大权,可以便宜行事的意思。因此唐代大儒孔颖达才说:"社主杀戮,故求便宜。社主阴,万物于此断杀,故曰宜。"② 正是由于宜社礼所具有的这一层礼仪内涵,所以在传统军礼中历来颇受重视。

关于举行宜社礼的地点,要注意的是,天子之社有太社和王社之别。其中,太社乃是全国的总社,正如蔡邕《独断》所言是"天子所为群姓立社也",故地位最高。而王社(又曰帝社)之设始于周代,是天子为自家所立之社,正所谓"'王自为立社曰王社',于藉田立之"。③ 汉代班固《白虎通》卷2《社稷》中曾提到:"太社为天下报功,王社为京师报功。"也就是说,太社是为天下祈福报功的场所,因此举行宜社礼的地点当为太社,而不是王社。王社则被定位为天子家族之社,虽然是为京师报功之所在,但后来其军事功能逐渐淡化,演变为春耕时节皇帝举行藉田礼的场所。

众所周知,太社是固定的祭祀场所,无法移动。但是据《尚书·甘誓》中说夏启攻打有扈氏时,曾告诫将士们"用命,赏于祖。弗用命,戮于社"。④ 那些在战场上胆敢不遵从号令,私自后撤逃跑者,

---

① (汉)郑玄注,(唐)孔颖达疏.《礼记正义》卷12《王制》,北京:北京大学出版社,1999年,第368页。

② (唐)杜佑.《通典》卷76《军礼一》,北京:中华书局,1988年,第2061—2062页。

③ 《通典》卷45《礼五》,第1263页。

④ (汉)孔安国传,(唐)孔颖达疏.《尚书正义》卷7,北京:北京大学出版社,1999年,第173页。

一律要在社主前依军法处置之。到了周代，掌管治安刑狱的大司寇其职责之一就是"大军旅，莅戮于社"。[①]那么，那些违反军令的人是不是都要在战后一并押至太社接受处置呢？显然不太可能。为了方便主帅行使诛杀大权，整肃军纪，号令三军，从周代开始，就有在军中设立军社的规定。所谓军社，就是社主在军者也。按周代礼制，"若大师，（小宗伯）则帅有司而立军社，奉主车。"[②]即大军开拔前，要由专掌礼仪的副职官——小宗伯把太社社主迁出，置于斋车中，作为随军的军社。在行军途中，每行军一宿或三十里就要祭告军社一次。战后再将社主送还太社，并献捷祭社。

关于太社社主的材质，唐代礼官在重新议定礼制时，曾认真讨论过这一问题：

时东都置太社，礼部尚书祝钦明问礼官博士："周家田主用所宜木，今社主石，奈何？"齐贤与太常少卿韦叔夏、国子司业郭山恽、尹知章等议："《春秋》：'君以军行，祓社衅鼓，祝奉以从。'故曰：'不用命，戮于社。'社稷主用石，以可奉而行也。崔灵恩曰：'社主用石，以地产最实欤！'《吕氏春秋》言'殷人社用石'。后魏天平中，迁太社石主，其来尚矣。周之田主用所宜木，其民间之社欤！非太社也。"[③]

---

① （汉）郑玄注，（唐）贾公彦疏.《周礼注疏》卷34，北京：北京大学出版社，1999年，第910页。
② （汉）郑玄注，（唐）贾公彦疏.《周礼注疏》卷19，北京：北京大学出版社，1999年，第487页。
③ （宋）欧阳修，宋祁.《新唐书》卷199《儒学中》，北京：中华书局，2000年，第4353页。

可知，在先秦时期，为了随军建军社的需要，太社社主通常为石质，木主则主要是民间建社所用。北魏一心仿效周礼，因此太社社主也为石质，遂成定制。但有意思的是，隋唐军礼中并不包含建军社随军的内容，所以太社用石主既是沿续前代的惯例，更多的是希望江山永固的意思。

关于社主的规制，唐以前无明文规定，唐中宗神龙元年（705）五月拟于洛阳重设太社，礼官们对此进行了认真论证：

检旧社主长一尺六寸，方一尺七寸。礼官博士议："社主制度长短，在礼无文。按韩诗外传云：'天子太社方五丈，诸侯半之。'盖以五是土数，故坛方五丈。其社主，请准五数，长五尺；准阴之二数，方二尺。剡其上以象物生，方其下以象地体，埋其半，以根在土中，而本末均也。则神道设教，法象有凭。其尺请用古尺。"①

从礼仪程序上而言，天子亲征所行宜社礼与类天礼大体一致，但在具体细节上还是不尽相同的。比如在唐代，类天礼属大祀，而宜社礼属中祀，因此在斋戒天数上只有五天，所用的祭品规格也略低于类天礼，类天用苍牲二，而宜社用黑牛二。所谓苍牲就是青黑色的全牛，唐制"昊天上帝，苍犊；五方帝，方色犊。"② 按中国古代五行学说，东、南、西、北、中五个方位分别与青、赤、白、黑、黄五种颜色相配，故在祭祀五帝（东郊青帝、南郊赤帝、西郊白帝、北郊黑帝、中郊黄帝）时应分别用代表其方位颜色的青牲、赤牲、白牲、黑牲和黄牲，在祭祀昊天上帝时才供苍牲。此外，二

---

① 《通典》卷45《礼五》，第1271页。
② 《新唐书》卷12《礼乐二》，第214页。

礼所奏的礼乐也呈现出乐同而律不同的差异，比如两者在进馔时虽然均奏"雍和之乐"，但类天礼"以黄钟之均"①，而宜社礼则是"以无射之均"。②黄钟律乃十二律之首，其音相当于今天的中央C，最为宏大响亮。无射律为十二律中的第十一律，在十二律中是第二高音（仅次于应钟）③，相当于今天国际通用十二个半音中A#。据《史记》记载："无射者，阴气盛用事，阳气无余也，故曰无射。"④而"社主于地，又为阴，而诛杀亦阴，故于社也"。⑤这就是说社神主管诛伐之事，正好属阴，因此宜社时，以"无射之均"奏"雍和之乐"正适合不过。总之，"天子亲征祭社，一是祈求社神保佑战争的胜利；二是表示军情大事一断于法，不讲私谊，不讲亲情。"⑥

而宜社礼最不同于类天礼之处在于，它不是天子亲征的专属礼仪，大将出征也可举行祭社仪式，因此它便与告庙礼、命将礼一起成为诸将受命出征的一种难得的荣耀。据记载：

唐遣将出师命有司具牢馔币帛告于太社，告官诸将以下致斋于社所，祭日告官等各服其服，行一献之礼，告官诸将皆饮福受胙。师还则献凯乐俘馘于北门外，祭告之礼与出师同。宋遣将出师宜社，及师还奏凯献俘皆循唐制。今拟国朝遣将就命大将具牲币行一献礼，师还则陈凯乐俘馘于社门外，而祭告之仪与出师同，其行礼次第并

---

① 《大唐开元礼》卷81《军礼一》，第394页。
② 《通典》卷118《开元礼纂类十三》，第3009页。
③ 中国古代的十二律，其音从低到高依次为：黄钟、大吕、太簇、夹钟、姑洗、仲吕、蕤宾、林钟、夷则、南吕、无射、应钟。
④ 《史记》卷25《律书第三》，第1248页。
⑤ 《礼记正义》卷12《王制》，第368页。
⑥ 杨志刚：《中国礼仪制度研究》，上海：华东师范大学出版社，2000年，第427页。

同遣官奏告见社稷篇。①

如隋文帝开皇八年（588）命晋王杨广、秦王杨浚、清河公杨素等为行军元帅，分八路进击，大举伐陈。这一仗事关隋朝一统江山的大业，因此隋文帝尤为重视，大军出征之前，特令"内史令李德林摄太尉，告于太祖庙。礼毕，又命有司宜于太社"。②

再如唐代虽然大将领军出征十分频繁，但举行宜社礼的记载却并不多见，笔者翻检诸书，发现明确提到行过宜社礼的唯有唐宪宗元和元年（806）讨伐西川节度使刘辟一役。此役前一年，即唐永贞元年（805）是唐朝历史上最为动荡的年份之一，从唐德宗到唐顺宗，再到唐宪宗，一年之内唐朝连换了三任皇帝，顺宗朝"永贞革新"凸显出来的朝臣与内宦之争，更使唐宪宗即位时，面临的是一个局势动荡，人心不稳的烂摊子。屋漏偏逢连夜雨，剑南西川节度使韦皋的心腹刘辟见朝廷政局不稳，趁韦皋去世之机拥兵自立，并公然向朝廷索要三川之地，遭到拒绝后就起兵反叛，严重威胁到唐中央的权威。于是元和元年（806）正月唐宪宗派出神策军征讨刘辟。此役是宪宗对藩镇的第一战，也是事关政局稳定的关键一战，故唐宪宗和宰相杜黄裳对此都极为重视。于是，在出征之前，为了提振士气，展现王师威仪，宣示战争正义，唐王朝专门为神策军举行了"筑坛受命，宜社袓征，形义色以即戎，沥忠诚而誓众"③的浩大仪式。

综合以上两个史实，笔者认为鉴于宜社礼是一个相当隆重的军

---

① 《大明集礼》卷34《军礼二》。
② 《隋书》卷8《礼仪三》，第113页。
③ 《唐大诏令集》卷60《高崇文剑南西川节度使制》，第3115页。

事祭祀礼仪，所以并不是凡有大将出征都要举行这一礼仪的，而是只有那些事关国运的重要战役才会在战前举行宜社礼。这也许就是史书中有关举行宜社礼的记载比较少的缘故吧。

唐之后，宜社礼的规格忽高忽低，宋代"皇帝亲征遣官奏告社稷，用酒脯币帛行一献礼"。明代则规定皇帝"亲征，前期择日，皇帝服武弁，乘革辂，备六军，以牲犊币帛作乐，行三献之礼，其仪同春秋祭社稷之仪，见社稷篇。"[①]遣将出征则"命大将具牲币行一献礼"。[②]但宋明时期虽有相关礼仪的规定，却不见行礼的记载。至清代，崇德元年（1636年）皇太极亲征朝鲜，"前期誓天、告庙，颁行军律令。"康熙三十五年（1696年）亲征噶尔丹，"前三日，祭告郊、庙、太岁，届期遣祭道路、砲、火诸神。"[③]均不见宜社的记载，自此宜社礼逐渐淡出军礼的行列。

第三节　造祢礼（告庙礼）

造，古祭名。西周时期，负责在祭祀中祈祷的职官——大祝，其职责就是"掌六祈以同鬼神示，一曰类，二曰造，三曰禬，四曰禜，五曰攻，六曰说。"其中六祈的第二祈就是"造"，因此东汉经学家郑众解释说："类、造、禬、禜、攻、说，皆祭名也。"[④]

---

①　《大明集礼》卷33《军礼一·亲征篇》。
②　《大明集礼》卷34《军礼二·遣将篇》。
③　《清史稿》卷90《礼九·军礼》。
④　（汉）郑玄注，（唐）贾公彦疏.《周礼注疏》卷19，北京：北京大学出版社，1999年，第659页。

东汉许慎在《说文解字》中又提出"造,就也。"①而"祢"则是对自己在宗庙中立牌位的亡父的称谓,后引申为奉祀亡父的宗庙,因此唐代大儒孔颖达就把"造乎祢"直接解释为"造,至也,谓至父祖之庙也。"

一、亲征告庙与迁庙主

祖先崇拜(即敬祖)是中国人从氏族社会以来就衍生出的一种宗法性宗教观念,后来由于儒家提倡孝亲文化,这一祭祀行为得到巩固强化。中国人相信其父系家长或族中长者的灵魂可以庇佑本族成员、赐福儿孙,因此平时祭祀祖先的目的是希望祖先能继续保佑赐福于己,在战前祭祀祖先,除了希望能得到祖先的庇佑外,也有表示自己一如既往地尊敬长辈,遇事必事先报备,不擅作主张之意。正所谓"有道之主,将用其民,……不敢信其私谋,必告于祖庙,启于元龟,参之天时,吉乃后举"②而已。

在周代,告庙之后,为了"示不自专""言必有尊"③,还需将庙主(象征祖宗神灵的牌位)请出,载于斋车中,随同大军一道出征,称为祖,或行主。比如据《史记·周本纪》记载:"九年,武王上祭于毕。东观兵,至于盟津。为文王木主,载以车,中军。武王自称太子发,言奉文王以伐,不敢自专。"④如果不迁庙主,"则以币帛皮圭告于祖祢,谓之主命,亦载斋车。凡行主、皮圭币帛皆每舍奠焉,而后就馆。主车止于中门之外,外门之内。庙主居于道

---

① (汉)许慎.《说文解字》卷二,北京:中华书局,1963年,第39页。
② 《吴子兵法·图国第一》,第36—37页。
③ 《通典》卷76《军礼一》,第2061页。
④ (汉)司马迁.《史记》卷4《周本纪第四》,北京:中华书局,1959年,第120页。

左，社主居于道右。"① 也就是说，如果迁了庙主随军，这就叫行主，那么告庙时所用的币帛则应埋在祖庙的两阶之间，不带出祖庙；反之，如果不迁庙主随军，那么就需要把告庙时所用的币帛皮圭带出随军，称为主命，其作用相当于行主，战后献俘祖庙时，则要将随军的主命"藏诸（祖庙）两阶之间，乃出，盖贵命也"。② 随军的行主或主命，都代表着祖宗神灵，因此与社主一样，都需要在行军途中按时祭奠。载有行主与社主的斋车比照国家太庙与太社的位置，通常停放在军营外门之内，中门之外，一左一右并排安置，分别代表着军中赏与罚的最高权威。

此外，依周制"若大师，（大司马）则掌其戒令，莅大卜，率执事，莅衅主及军器"。郑玄注："主谓迁庙之主及社主在军者也……凡师既受甲，迎主于庙及社主祝奉以后，杀牲以血涂主及军器，皆神之。"③ 也就是说，在当时不仅有迁庙主随军的做法，而且在兵士受甲后，还有杀牲取血涂抹在随军的行主与社主上的礼俗。

南北朝重兴周礼之后，告庙礼和宜社礼一样，也分为"皇帝亲征告于太庙"和"制遣大将出征有司告于太庙"两大类。唐朝推崇武功，因此唐玄宗开元十九年（731）"始置太公尚父庙，以留侯张良配"，并规定"出师命将，发日引辞于庙。"④ 唐肃宗上元元年（760）封姜子牙为武成王，改齐太公庙为武成王庙，故自唐代开始，军礼中又多了一项大将出征前"告武成王庙"的军礼。

---

① （鲁）孔鲋撰.《孔丛子》卷6《问军礼第二十》，北京：中华书局，2009，第264页。
② 《通典》卷76《军礼一》，第2062页。
③ （汉）郑玄注，（唐）贾公彦疏.《周礼注疏》卷29，北京：北京大学出版社，1999年，第781页。
④ 《新唐书》卷15《礼乐五》，第245页。

"皇帝亲征告于太庙"的礼仪与吉礼中祭庙的程序大致一样，主要包括斋戒、陈设、銮驾出宫、晨祼①、馈食、銮驾还宫、凯旋献俘、解严②等八大步骤。而大将出征的告庙礼尽管陈设大为简化，祭品规格也有所降低，但其仪式过程除了没有纂严、解严、銮驾出宫、还宫等环节，最重要的晨祼、馈食等均完整保留，只是在馈食环节只受胙不受饭，这一点与皇帝亲征告庙礼略为不同，最后望瘗焚版，礼成。

二、大将出征告庙与授节钺的关系

按周礼的做法，大将出征的告庙礼往往是与授钺、授鼓旗等仪式合在一起举行的，如据《六韬》记载，周武王曾向姜太公询问立将之道，姜尚的回答是：

> 凡国有难，君避正殿，召将而诏之曰："社稷安危，一在将军。今某国不臣，愿将军帅师应之。"将既受命，乃命太史钻灵龟，卜吉日。斋三日，至太庙以授斧钺。君入庙门，西面而立。将入庙门，北面而立。君亲操钺，持首，授将其柄，曰："从此上至天者，将军制之。"复操斧，持柄，授将其刃，曰："从此下至渊者，将军制之。见其虚则进，见其实则止。勿以三军为众而轻敌，勿以受命为重而必死，勿以身贵而贱人，勿以独见而违众，勿以辩说为必然。

---

① 祼（guàn），古代酌酒灌地以祭。据《新唐书》卷11《礼乐一》记载："凡祭祀之节有六：一曰卜日，二曰斋戒，三曰陈设，四曰省牲器，五曰奠玉帛、宗庙之晨祼，六曰进熟、馈食。"

② 对比《通典》《大唐开元礼》和新旧《唐书》，笔者颇疑《通典》和《大唐开元礼》中所记"皇帝亲征告于太庙"的解严部分内容，乃是纂严内容。可能因为解严从广义上讲是属于纂严的一部分，故将之记于其下。

士未坐勿坐，士未食勿食，寒暑必同。"……将已受命，拜而报君曰："臣闻国不可从外治，军不可从中御。二心不可以事君，疑志不可以应敌。臣既受命，专斧钺之威。臣不敢生还，愿君亦垂一言之命于臣。君不许臣，臣不敢将。君许之，乃辞而行。"①

《六韬》的作者不仅主张将大将出征前的告庙礼与命将礼同时举行，并且将记述的重点放在命将授钺环节，而不在告庙礼上，所以后来北齐、北周大兴周礼时也基本延续了这一做法。史载：

后齐命将出征，则太卜诣太庙，灼灵龟，授鼓旗于庙。皇帝陈法驾，服衮冕，至庙，拜于太祖。遍告讫，降就中阶，引上将，操钺授柯，曰："从此上至天，将军制之。"又操斧授柯，曰："从此下至泉，将军制之。"将军既受斧钺，对曰："国不可从外理，军不可从中制。臣既受命，有鼓旗斧钺之威，愿假一言之命于臣。"帝曰："苟利社稷，将军裁之。"将军就车，载斧钺而出。皇帝推毂度阃，曰："从此以外，将军制之。"……（北周）明帝武成元年，吐谷浑寇边。帝常服乘马，遣大司马贺兰祥于太祖之庙，司宪奉钺，进授大将。大将拜受，以授从者。礼毕，出受甲兵。②

很明显，在北朝，大将出征前告庙实际上不单单是禀告祖宗神灵，祈求祖宗庇佑，而且还是很庄重的命将拜将仪式。正因为如此，所以皇帝一般都要亲自主持此礼，其仪式地点也通常设于太祖之庙。

---

① （西周）太公望.《六韬》卷3，引自《中国兵书集成》（第1册），北京：解放军出版社，沈阳：辽沈书社，1987年，第451—452页。

② 《隋书》卷8《礼仪三》，第112—113页。

在帝王庙号体系中，太祖多为创基立业者，常用于开国皇帝，其重要性不言而喻。正因为如此，所以唐人在记载前人礼制时也基本参照这一模式，如赵蕤的《长短经》就记载：

将既知兵，主既择将，天子居正殿而召之曰："社稷安危，一在将军。今某国不臣，愿烦将军应之。"乃使太史卜斋择日，授以斧钺。君入太庙，西面而立，将军北面而立。君亲操钺，持其首，授其柄，曰："从是以上至天者，将军制之。"乃复操柄授与刃，曰："从是以下至渊者，将军制之。"将既受命，拜而报曰："臣闻国不可从外理，军不可从中御，二心不可以事君，疑志不可以应敌。臣既受命专斧钺之威，臣不敢还诸。"乃辞而行，凿凶门而出。①

李筌《太白阴经》之《授钺篇》也记载：

经曰：国有疆场之役，则天子居正殿，命将军，诏之曰："朕以不德，谬承大运，致寇敌侵扰，攻掠边陲，日盱忘食，忧在寤寐，劳将军之神武，帅师以应之。"将军再拜受诏，乃令太史卜，斋三日，於太庙拂龟。太史择日以授钺，君入太庙，西面立，亲操钺，以授将军曰："从此以往，上至于天，将军制之。"复操斧柄，授将军曰："从此以往，下至于泉，将军制之。"将军既受命，跪而答曰："臣闻：国不可从外治，军不可从内御。二心不可以事君，疑志不可以应敌。臣既受命，专斧钺之威，臣不愿生还，请君亦垂

---

① （唐）赵蕤.《长短经·卷九·兵权》，引自《中国兵书集成》（第2册），北京：解放军出版社，沈阳：辽沈书社，1987年，第943-944页。

一言之命于臣。君不许臣，臣不敢将；君许臣，乃辞而行。"①

但事实上，对这种将大将出征前的告庙礼与命将礼合二为一的周礼惯例，早在战国时期已经出现不同的意见和做法，如据《尉缭子》记载：

将军受命，君必先谋于庙，行令于廷，君身以斧钺授将曰："左、右、中军皆有分职，若逾分而上请者死，军无二令，二令者诛。留令者诛。失令者诛。"将军告曰："出国门之外，期日中，设营表，置辕门，期之，如过时则坐法。"将军入营，即闭门清道，有敢行者诛，有敢高言者诛，有敢不从令者诛。②

对比《六韬》和《尉缭子》的记载，除了国君和将领所言内容有所不同外，最大的不同之处即在于《六韬》把命将授钺和告庙放在一起举行，而《尉缭子》则认为是"谋于庙，行令于廷"，也就是说先告庙，再于朝堂之上行命将授钺之仪。

汉魏、隋唐遵循的基本上都是这种将告庙与命将授钺分而行之的做法。如汉高祖刘邦拜韩信为大将，就是"择良日，斋戒，设坛场，具礼，拜韩信为大将军"。③其后问方略于信，部署诸将，东出陈仓，收秦地。要知道，当时刘邦尚未建宗庙，故根本不可能在

---

① （唐）李筌.《太白阴经》卷3，引自《中国兵书集成》（第2册），北京：解放军出版社，沈阳：辽沈书社，1987年，第489—490页。

② （东周）尉缭子.《尉缭子》卷4，引自《中国兵书集成》（第1册），北京：解放军出版社，沈阳：辽沈书社，1987年，第404页。

③ （宋）郑樵.《通志》卷44《礼略第三》，北京：中华书局，1987年，第594页。

太庙告庙授钺,只能是专门设坛场,行拜将之礼。三国时期的曹操、曹丕父子多亲征巡狩,故曹魏的惯例是"遣将出征,符节郎授节钺,跪而推毂"①,这里不仅没有提到告庙礼,而且就算命将礼也是由符节郎代皇帝授钺推毂。因此后来隋代虞世南在撰写《北堂书钞》时就明确记载:"出征授钺朝堂(汉魏故事云,夫遣将军出征,授节钺于朝堂)。"②唐初欧阳询在编《艺文类聚》时也提到:"挚虞新礼③议曰:汉魏故事,遣将出征,符节郎授钺于朝堂。新礼遣将,御临轩,尚书授节钺,古兵书跪而推毂之义也。"④可知,西晋时期,命将授钺也是单独举行的,并不与告庙礼一同行之。

到了隋代,"隋制,皇太子亲戎,及大将出师,则以豭肫一衅鼓,皆告社庙。受斧钺讫,不得反宿于家。开皇八年,晋王广将伐陈,内史令李德林摄太尉,告于太祖庙。礼毕,又命有司宜于太社。"⑤可知,当时大将出征之前有衅鼓、告社、告庙、授钺等礼仪,但这段文字对是否在告庙同时授钺语焉不详。从军礼的实际执行过程中,我们看到开皇八年(588)晋王杨广伐陈之前的告社、告庙礼,都是由内史令李德林代行其礼,隋文帝本人并未到场,这与周礼的做法并不吻合,故很有可能隋代告庙与命将授钺也是分开举行的。

继立之李唐王朝也大致遵循这一做法,比如尽管在《旧唐书》《唐六典》等唐代典籍中都有类似"大将出征,皆告庙授钺,辞齐

---

① 《通典》卷76《军礼一》,第2083页。

② (唐)虞世南:《北堂书钞》卷64,北京:中国书店,1989年影印本,第226页。

③ 挚虞,魏晋时期人,著名谱学家。据《晋书》卷51记载:"元康中,迁吴王友。时荀顗撰《新礼》,使虞讨论得失而后施行。"

④ (唐)欧阳询:《艺文类聚》卷59《武部》,上海:上海古籍出版社,1965年,第1064页。

⑤ 《隋书》卷8《礼仪三》,第113页。

太公庙讫，不宿于家"①的记载，但是第一，这些记载都只能表明唐大将出征前要行告庙和授钺的礼仪，不能说明二者一并举行的关系。第二，初唐时期，太宗曾经提出希望恢复命将授钺的礼仪，但李靖提出："今陛下每有出师，必与公卿议论，告庙而后遣，此则邀以神至矣。每有任将，必使之便宜从事，此则假以权重矣。何异于致斋推毂耶？尽合古礼，其义同焉，不须参定。"②从李靖的主张中，我们可以看到当时出师告庙是一直坚持举行的军礼，但命将授钺的仪式却已经省略，李靖认为其礼无须在形式上加以恢复，其义尽合古礼内涵即可。第三，在《大唐开元礼》卷88记载的"制遣大将出征有司告于太庙"诸仪中未见到在告庙同时授钺的内容。第四，据《玉海》卷151记载，唐德宗兴元元年（784），仿效当年汉高祖刘邦拜韩信为将的做法"临轩授副元帅浑瑊节钺"。《白氏六帖》卷49也记："帝临轩授钺（浑瑊拜奉天行营副元帅，帝临轩授钺，用汉拜韩信故事。制曰：'寇贼干纪，授尔节钺，以戡多难，往钦哉。'瑊顿首曰：'敢不毕力以对，扬天子休命。'乃率诸军趋京师。）。"之所以要"临轩授钺"，一是因为西晋以来的礼仪惯例，二来也与建中四年（783）泾原兵变，乱军攻陷帝都长安，唐德宗仓皇出逃，不得已"临轩授钺"有关。但无论如何，此举至少说明唐代有将告庙与授钺分而行之的成例。

综上所述，笔者认为唐代大将出征的告庙礼与命将礼是分开举行的。此后，"宋遣将出师则先授旄节于朝堂，次命告于庙社及告

---

① 《旧唐书》卷43《职官二》，第1835页。此外《唐六典》卷5《尚书兵部》："凡大将出征皆告庙，授斧钺，辞齐太公庙；辞讫，不反宿於家。"《新唐书》卷46《百官一》："凡将出征，告庙，授斧钺。"

② （唐）李靖．《李卫公问对》卷下，引自《中国兵书集成》（第2册），北京：解放军出版社，沈阳：辽沈书社，1987年，第278—279页。

武成王庙"①。到了明代,《大明集礼》更是清楚地把大将出征告庙和授节钺单列为两个独立的军礼。可见,宋、明两代基本都遵循了唐代的做法。清前期遣将多循满洲旧俗,以祭堂子、纛神和祖道为主,雍正七年(1729)明确规定"定命将前一日告庙"。②可见,也是把大将出征告庙和命将礼分开。

三、大将出征告武成王庙

最后我们再来说说自唐代开始实行的大将出征前祭告武成王庙的军礼。释奠③之礼古已有之,据《礼记·王制第五》记载:"天子将出征,类乎上帝,宜乎社,造乎祢,祃于所征之地,受命于祖,受成于学,出征执有罪,反释奠于学,以讯馘告。"可见太学在周代军礼中具有极其特殊的地位,战前需在太学议兵定谋,战后要呈俘虏和敌人断耳于学里,以祭告先圣先师。但是随着周礼的衰落,这些祭告先圣先师的军礼逐渐被废止。东汉始以周公为先圣,孔子为先师,其后历代沿革不一,至唐代确定孔子为先圣,颜回为先师后,遂成定制,但祭祀先圣先师之礼早已褪尽军礼色彩,成为单纯的立学之礼和祭孔之礼。正因为如此,在尚武之风大盛的唐代,文庙释奠之礼已远远不能满足君臣对武功的肯定和推崇了。

唐高祖武德二年(619)于国子监设立周公、孔子庙,恢复了文庙祭祀礼仪。贞观四年(630),文治武功均有卓越成就的唐太宗在"诏州县学皆作孔子庙"的同时"以太公兵家者流,始令磻

---

① 《大明集礼》卷34《军礼二》。
② 《清史稿》卷90《军礼》。
③ 释奠:古代在学校设置酒食以奠祭先圣先师的一种典礼。

溪[1]立庙。[2]不仅如此，在《唐太宗李卫公问对》一书中，唐太宗还与李靖多次提到《六韬》一书，并命魏征编纂了《太公六韬治要》，可见唐太宗对姜尚是十分推崇的，所以才专门在磻溪为他立祠供奉。随着唐朝国力、军力日盛，尤其是武则天长安二年（700）创设武举之后，武学逐渐兴起。唐玄宗开元十九年（731）正式下令：

  两京及天下诸州各置太公尚父庙一所，以张良配享。春秋二时，取仲月上戊日祭。诸州宾贡武举人，准明经进士行乡饮酒礼，每出师命将，辞讫发日，便就庙引辞。仍简取自古为将功业显著康济生人者十人，准十哲例配享。[3]

  当时供奉孔子的孔庙位于长安城子城安上门道东的务本坊，而供奉姜尚的齐太公庙"在（长安）子城南，含光门行道西，太平坊"。[4]由是后人遂习惯以文庙、武庙分别称呼之，文庙居东，武庙居西，一文一武的二圣庙格局初步形成。因此，在开元二十年（732）颁行的《大唐开元礼》中就明确规定了"制遣大将出征有司告于齐太公庙"的礼仪。天宝六载（747），唐玄宗又再次强调："乡贡武举人上省，先令谒太公庙。每拜大将，及行师克捷，亦宜告捷。"[5]至此，唐朝基本形成了武举人上省，命将出征和战后告捷均要祭拜齐太公庙的制度。

---

[1] 在今安徽歙县境内，据郦道元《水经注·清水》记："城西北有石夹水，飞湍浚急，人亦谓之磻溪，言太公尝钓于此也。"
[2] 《新唐书》卷15《礼乐五》，第247页。
[3] 《全唐文》卷23《立齐太公庙制》，第269页。
[4] 《大唐郊祀录》卷10《飨礼二·释奠武成王》，第805页。
[5] 《唐会要》卷23《武成王庙》，第436页。

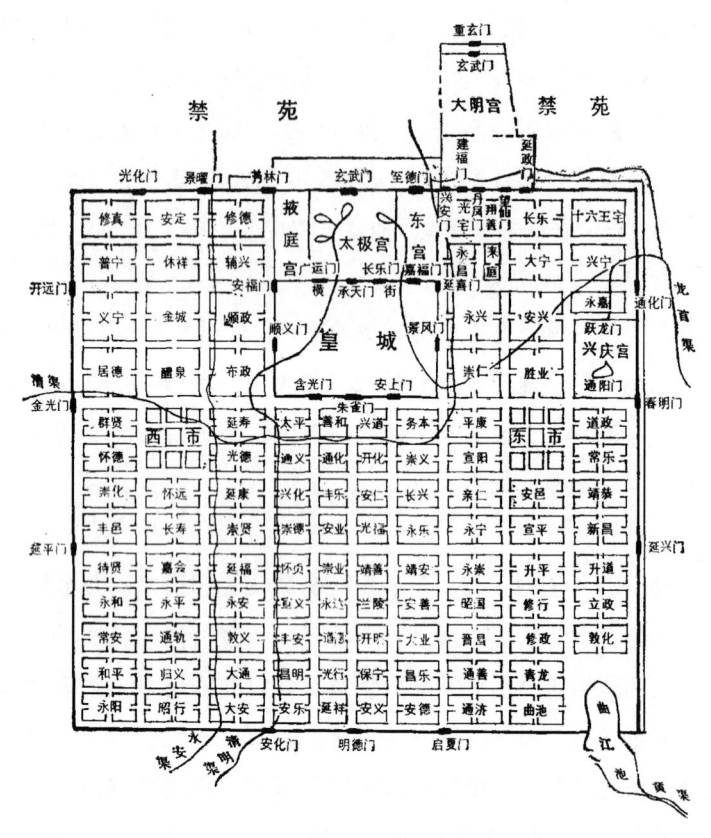

图 3：唐代长安城平面图

按照唐朝的规定："凡大将出征，皆告庙授钺，辞齐太公庙讫，不宿于家。"[①] 也就是说，当时大将出征前先要告庙授钺，然后祭告齐太公庙，此后就正式出发了。可见祭告太庙和齐太公庙是大将出征前两个十分重要的祭祀内容。根据《大唐开元礼》的记载，"制遣大将出征有司告于齐太公庙"主要比照"制遣大将出征有司告于太庙"之仪而成，所以在程序上与之基本一致，但在祭器数量、牲

---

① 《旧唐书》卷43《职官二》，第1835页。

牢选用和告献官员的品级等方面低于大将出征告太庙礼是无疑的。比如《大唐开元礼》规定凡"大祀，皇帝亲祭，则太尉为亚献，光禄卿为终献。若有司摄事，则太尉为初献，太常卿为亚献"。① 故大将出征前由重臣摄太尉一职担任宜社和告庙的主祭，太常卿为副祭是惯例。但是出征前告齐太公庙的规格仅为中祀，故其告官的选择也应相应降低品级，由太常卿为主祭，太常少卿任副祭。这一点，可以从太公庙春秋常祭的告官选用上得到证实②。太常卿一职官至正三品，太常少卿正四品上，仅从中祀的规格来看，以最高级别的礼官———太常卿充任告官，也是合乎礼法规定的。

开元二十七年（739），唐玄宗追封孔子为文宣王，南向坐，着王者之服，释奠用宫悬，并下诏"以其嗣为文宣公，任州长史，代代勿绝"。③ 这是自汉代以来孔子获得的最高封号。安史之乱爆发后，唐肃宗为奖劝武功，表示对武将的重视，遂于上元元年（760）追封姜尚为武成王，"依文宣王置庙，仍委中书门下择古今名将，同文宣王置亚圣及十哲等享祭之典"。④ 这也是姜尚在历史上得到的最高封号，齐太公庙由此正式更名为武成王庙。文宣王庙以孔子为主，颜回为配，武成王庙以姜尚为主，张良为配，二庙皆遍设于京城和天下诸州，在最兴盛的时期，实行一年春秋两祭。不仅如此，唐肃宗还规定武成王庙祭祀所用"牲、乐之制如文宣"⑤，"享祭

---

① 《旧唐书》卷43《职官二》，第1831页。
② 据《新唐书》卷15《礼乐五》记载："齐太公庙春秋常祭'以张良配，以太常卿、少卿三献。'"第247页。
③ 《新唐书》卷15《礼仪五》，第244页。
④ 《唐大诏令集》卷4《改元上元赦》，第22页。
⑤ 《新唐书》卷15《礼乐五》，第245页。

之典，一同文宣王。有司因差太尉充献，兼进祝版亲署。"① 至此，唐朝祭告武成王庙也改由太尉主持，肃、代两朝和德宗朝初期，以太尉告献武成王庙就成为惯例。但这一规定在文臣心中一直被认为不符合礼法。唐德宗贞元年间，文臣武将们围绕这一问题展开了激烈的争论。贞元二年（786）刑部尚书、知删定礼仪使关播率先发难，上疏奏称：

上元中，诏择古今名将十人，于武成王庙配飨，如文宣王庙之仪。伏以太公，古称大贤，今其下置亚圣，贤之有圣，于义不安；且孔门十哲，皆是当时弟子，今所择名将，年代不同，于义既乖，于事又失。臣请删去名将配享之仪及十哲之称。②

唐德宗采纳了他的建议，此后，唐代武庙除了祭祀武成王姜尚和留侯张良外，不再祭祀配享的历代名将。剪除了配享的历代名将后，文臣们就开始置疑武成王本身了。贞元四年（788），兵部侍郎李纾摄任太尉一职，当了一回武庙的主祭告官。祭祀结束后，他上奏唐德宗，指出：

伏以太公，即周之太师；张良即汉之少傅。圣朝列于祀典，已极褒崇，载在祝词，必资折衷，理或过当，神何敢歆。今者屈礼于至尊，施敬于臣佐，每谓御署并称昭告，于上下之祭，窃谓非宜，一同文宣王，恐未为允。臣以为文宣王垂教，百世宗师，五常三纲，非其训不明，有国有家，非其制不立。故孟轲称自生民以来，一人

---

① 《唐会要》卷23《武成王庙》，第437页。
② 《唐会要》卷23《武成王庙》，第436页。

而已，由是正素王之法，加先圣之名，乐用宫悬，献差太尉，尊师崇道，雅合正经。且太公述作，止于六韬，勋业形于一代，岂可拟其盛德，均其殊礼哉。前件祝文，请自今更不进署，其敢昭告，请改为致祭。其献官请准式差太常卿以下。①

李纾，其父为礼部侍郎李希言，少有文名，在踏入仕途后，他自己也曾担任礼部侍郎一职，熟知礼典，后来由于在"泾原兵变"时追随唐德宗有功被拜为兵部侍郎。可知此人其实是文官出身的兵部侍郎。从李纾的上疏中，我们可以看到当时文庙祭祀"乐用宫悬，献差太尉"，但这位文官出身的兵部侍郎对武庙祭祀也用此规格大为不满，公然提出"太公述作，止于六韬，勋业形于一代，岂可拟其盛德，均其殊礼哉"，"一同文宣王，恐未为允"，故奏请取消由太尉告献的做法，仍然改由太常卿以下担任告献之官，以示与文庙的差别。唐德宗对此没有马上表态，而是下令百官群议此事，当时就有四十六名文官赞同李纾的建议。尚书右司侍郎中严浼更进一步对武成王的王号都提出了质疑：

谨按李纾所奏，援引训典，比量礼度，祀文轻重之杀，献官尊卑之节，诚至当矣。而推以广之，抑未尽也。夫大名徽号，先圣王所以褒前哲令德之人，谓其言可以范围，其行可以师表，其功可以施百代，其业可以振千古。苟未至也，则不可虚美。其于太公，兵权奇计之人耳。当殷辛失德，八百诸侯皆归于周，时惟鹰扬，以为佐命，在周信有功矣，于殷谓之何哉？……太公之于圣人，非伦也；名至而德尊，非名也；德薄而名大，非顺也。有一于此，是为神羞，

---

① 《唐会要》卷23《武成王庙》，第437页。

况三者皆谬,安可徼幸之哉!……愚以为宜去武成及王字,依旧令为齐太公庙,人无间言矣。享献之事,馀依李纾奏。①

严涗一开篇就肯定了李纾主张文庙、武庙献官有别的论调,称"献官尊卑之节,诚至当矣",进而以姜尚是殷商叛臣的道德之判,要求取消其王号。但事情并未就此打住,紧跟着刑部员外郎陆淳等六人又上书称:

……窃以武成王,殷臣也,见纣之虐,不能谏之,而佐武王以倾之,于周即社稷之臣矣,于殷谓之何人哉?……(今圣上)犹使武成之名,与文宣为偶,权数之略,与道德齐衡,恐非不刊之典。臣愚谓宜罢上元追封立庙之制,依贞观于磻溪置祠,有司以时享奠,斯得礼之正也。②

严涗所言不过是要求去除武成王的王号,恢复开元年间惯例,依旧称齐太公庙而已,但陆淳上书则是要求连两京的齐太公庙都要废除,仅仅恢复贞观年间于磻溪立祠供奉的做法。

文官们一道道上奏,要求越提越过分,而唐德宗听之任之,不外是因为当时藩镇割据,武人专横,他有意借此事打压武人气焰而已。唐德宗即位于大历十四年(779),其实在他执政初期,为了对付不听中央号令的河北藩镇,对武将们还是比较倚重的,所以建中二年(781),当他发现武庙破旧有损,屋宇倾摧时,马上"诏

---

① (清)陆心源.《唐文拾遗》卷25 严涗《祀武成王议》。引自《全唐文》附,北京:中华书局,1983年,第10646页。
② 《唐文拾遗》卷26 陆淳《祀武成王议》,第10660页。

有司缮葺再修，祀事准旧，差太尉充献，祝版御署"。①建中四年（783）他"又诏令选范蠡等名将六十四图形于壁，每因释奠皆从祭焉"。②但可惜的是，当年十月发生"泾原兵变"，唐德宗仓皇出逃奉天（今陕西乾县），成为唐朝继玄宗、代宗以后又一位出京避乱的皇帝，削藩之战被迫终止。逃亡途中，唐德宗有感于藩镇割据专横，武将们态度暧昧，难以信任依靠，遂开始重用宦官执掌禁军，并有了打压武将的念头，正因为如此，他才在贞元年间纵容文官们借武成王庙祭祀一事大做文章。

此事越闹越大，最后武将们坐不住了，以左领军大将军令狐建为首的二十四人予以反击，其议曰：

当今兵革未偃，宜崇武教以尊古，重忠烈以劝今。欲有贬损，恐非激劝之道也。追尊王位，以时祠之，为武教之主。若不尊其礼，则无以重其教也。文武二教固同，其立废亦不可异。况其典礼之制，已历三圣，今欲改之，恐非其宜也。③

武将们表面上争的是武成王的名号，其实真正要维护的是武人的社会地位。唐德宗鉴于"兵革未偃"，需要通过尊崇武庙来达到表彰忠烈的目的，最终做出了一个折中的决定，一方面承认"文化武功，皇王之二柄"，二者不可偏废，但另一方面也相应降低了武成王庙的祭祀规格，规定"武成王庙自今以后宜令上将军以下充献

---

① 《大唐郊祀录》卷10《释奠武成王》，第803页。
② 《大唐郊祀录》卷10《释奠武成王》，第801页。
③ 《唐会要》卷23《武成王庙》，第438页。

官。馀依李纾所奏"。①"自是,以上将军、大将军、将军为三献。"②

综上所述,我们可以看到,唐代武庙祭祀的告官最初由太常卿和太常少卿等礼官担任,从唐肃宗朝开始改由高官摄太尉一职担任主祭,唐德宗贞元年间后定为由上将军主祭,由此,唐大将出征前告太公庙的告官选任也应当大致如是。

其实安史之乱后,随着唐朝国力的衰减,文庙、武庙的祭祀都已大不如前。唐宪宗"元和九年(814)礼部奏贡举人谒先师,自是不复行矣"。③文庙祭祀尚且如此,武庙恐怕也难逃停祭的命运。至唐末五代时期,后唐明宗时期再次要求"武成王庙四壁英贤,自此每至释奠,准《郊祀录》,各陈脯醢诸物以祭"。④长兴三年(932),礼院通过翻检《大唐郊祀录》,对此做出回复,其文曰:

礼院检《郊祀录》,释奠武成王庙,中祀,例祭以少牢,其配座十哲,见今行释奠之礼。伏自丧乱已来,废四壁英贤之祭。今准帖,为国子博士蔡同文奏,武成王庙四壁英贤,请各设一豆一爵祀享者。当司今详《郊祀录》,武成王从祀诸英贤,各笾二,实以栗、黄牛脯;豆二,实以菜菹、鹿醢;俎簋各一,实以黍、稷饭,酒爵一。礼文所设,无一豆一爵之仪。⑤

随后建立的宋朝虽然在现实政治中为了防止武人夺权,不得不重文轻武,但是面对外敌,又需要提倡忠烈义勇的武人精神,因此

---

① 《唐文拾遗》卷5,德宗《将军以下充武成王庙献官诏》,第10420页。
② 《新唐书》卷15《礼乐五》,第247页。
③ 《新唐书》卷15《礼乐五》,第245页。
④ 《唐文拾遗》卷10《武成王庙四壁陈祭物敕》,第10471页。
⑤ 《唐文拾遗》卷59《武成庙从祀英贤设遵豆奏》,第11031页。

"宋遣将告祭之仪皆循唐制"①，祭祀武成王的礼仪不仅得到保留，而且宋徽宗宣和五年（1123）更规定"武成王庙从祀凡七十二将"②，使从祀人数达到了极大值。到了元代，"武成王立庙于枢密院公堂之西，以孙武子、张良、管仲、乐毅、诸葛亮以下十人从祀。每岁春秋仲月上戊，以羊一、豕一、牺尊、象尊、笾、豆、俎、爵，枢密院遣官，行三献礼。"③虽然元代武王的从祀规模又恢复到十哲之数，但仍然保留了一年两祭，行三献之礼的传统。明太祖洪武元年（1368），在中书省上奏的遣将礼中也规定"造庙宜社之礼，即命大将军具牲币，行一献礼，与遣官祭告庙社，仪同其告武成王庙仪"。④为此，《大明集礼》不吝笔墨对遣将出征前祭告武成王庙的礼仪细节作了非常详细的记载，其礼一共包括斋戒、省牲、陈设、正祭、奠币、进熟、酌献、饮福受胙、彻豆、望燎等十大步骤，分条详细说明，可谓隆重之至。对此，《明史》用精炼文字归纳了这一礼仪的全过程：

与遣官祭告庙社仪同，其告武成王庙仪，前二日大将省牲。祭日大将于幕次盥祝版，入就位，再拜。诣神位前上香奠帛，再拜。进熟、酌献，读祝，再拜。诣位，再拜。饮福受胙，复再拜。彻豆，望燎。其配位，亦大将行礼。两庑陪祀，诸将分献。⑤

---

① 《大明集礼》卷34《军礼二》。
② 《宋史》卷105《礼志八》。
③ 《元史》卷76《祭祀五》。
④ 清高宗敕撰．《钦定续通典》卷72《军礼一》，上海：商务印书馆，民国二十四年九月版，第1574页。
⑤ 《明史》卷157《军礼》。

尽管如此，我们也要看到，虽然这时国家礼典里还在隆而重之地记载着祭祀武成王庙的礼仪，但其实从北宋中期开始对关羽的造神运动已经越演越烈了。在唐代，关羽还仅仅是陪祀武成王庙的名将之一。北宋初期，宋太祖赵匡胤亲临新修的武成王庙视察时，提出"功业始终无瑕者"[①]才有资格配享武圣姜太公，于是关羽、张飞等二十二将被停祀。由此可知，在北宋初年的统治者眼中，关羽由于功业未就，连陪祀武庙的资格都没有。但是到了北宋中期，由于国事艰难，外敌不断，关羽的忠义形象得到官方肯定和倡导。到宋真宗时，以关羽为主祀的关圣庙开始出现。宋徽宗大观二年（1108）加封关羽为武安王，这是关羽历史上第一次被封王，此后历代不断加封。明太祖洪武四年（1371）加封关羽为真君，从而使关羽正式从人升格为神。至明末，姜太公由武庙迁出，从祀于帝王庙，关羽正式取代姜尚成为武庙的主神，与孔子的文庙并祀。至此，大将出征祭告武成王庙的礼仪宣告终止，所以在清代军礼中自然也就没有了大将出征前祭告武庙的传统。

第四节　軷祭

所谓"軷"者，《说文解字》里说："出将有事于道，必先告其神，立坛四通，尌茅以依神，为軷。既祭犯軷，轢牲而行，为范

[①]　《宋会要辑稿》卷《礼一六》。

軷"。① 简而言之，軷者，道祭也，即出征前祭祀行路之神的礼仪。按许慎的解释，举行軷祭需要先建一处四通的祭坛，在上面立茅草代表路神，正式祭祀时，用车碾压过祭品和祭坛，即为犯軷，这样路神就收到了祭祀者的心意，保佑他一路平安，不遇艰难险阻。

一、軷祭的由来

軷祭之仪起源于周代。据《周礼·夏官·大驭》记载：

大驭掌驭玉路以祀。及犯軷，王自左驭，驭下祝，登，受辔，犯軷，遂驱之。及祭，酌仆，仆左执辔，右祭两軹，祭軓②，乃饮。③

这是有关"軷祭"的最早记载，此后《通典》《通志》诸书所记皆以此为本，大同小异。大驭是周代的官名，隶属主官军事的夏官系统。当时天子之车有玉路、金路、象路、革路和木路等五种不同规制，其中玉路最为贵重，是天子祭礼时所乘，大驭即驾驭玉路的官员，是驭者中地位最高的，品级为中大夫。周代軷祭就是由大驭来负责完成的。

汉代郑玄对此作注曰："行山曰軷。犯之者，封土为山象，以菩刍棘柏④为神主。既祭之，以车轹之而去，喻无险难也。"也就是说天子出行前，为祭祀路神，需在国门外"封土为山象"，作为

---

① （汉）许慎撰，（清）段玉裁注.《说文解字》十四篇上"車部"，上海：上海古籍出版社，1981年，第727页。
② 軹：指车毂外端的小孔，代指车轴的轴头。軓：古代车箱前面的挡板。
③ 《周礼注疏》卷32，第853-854页。
④ 刍：喂养牛马等牲畜的草。棘：酸枣树，茎上多刺，后泛指有刺的苗木。柏：古同"柏"。

祭祀场所，再从"菩刍棘栢"等植物中选择其一作为神主。当然，所谓"封土为山象"并不是真的要垒起一座小山，而是只需要筑起一座"厚三寸，广五尺"的軷坛，象征山岳即可。犯軷开始后，"王由左驭，禁制马，使不行也"，大驭下车祝祭。"酌仆者，使人酌酒与仆，仆即大驭也。大驭则左执辔，右手祭两轵，并祭轨之轵前三处讫，乃饮"。[①]饮过福酒后，大驭重新登车，从周王手中接过马辔，驾车碾压过土山，祈求此去一路平坦顺利。

一般而言，天子出行可分为亲征、巡狩、郊祀等情况，原则上，只要是天子出行，均可使用这一礼仪。但《通典》《通志》诸书均明确把軷祭归于天子亲征的军礼体系，《大唐开元礼》也在皇帝亲征的军礼部分记载有"亲征及巡狩郊祀有司軷于国门"的礼仪，可见此礼主要应归属于军礼范畴，尤其是天子亲征时所用的军礼，当无疑问。

其实在周代，除天子外，诸侯和卿大夫在出行前也可举行不同规格的軷祭，如据《礼记正义》记载：

诸侯适天子，必告于祖，奠于祢。冕而出视朝。命祝史告于社稷、宗庙、山川。乃命国家五官而后行。道而出。[②]

这里讲到的都是诸侯去朝觐天子前要举行的各种祭祀，其中的"道而出"，汉代郑玄就解释为："祖道也。《聘礼》曰：'出祖释軷祭酒脯也。'"唐人孔颖达也认为"经言'道而出'，明诸侯

---

① 《周礼注疏》卷32，第853—854页。
② 《礼记正义》卷18，第572页。

将行，为祖祭道神而后出行"。①

郑玄提到的《聘礼》即《仪礼·聘礼第八》，此聘礼并非民间订婚之礼，而是指天子与诸侯、诸侯与诸侯之间相互派遣卿大夫前往他国相问之礼。担任使者的卿大夫在出行前要"出祖，释軷，祭酒脯，乃饮酒于其侧"。郑玄注云：

祖，始也。既受聘享之礼，行出国门，止陈车骑，释酒脯之奠于軷，为行始也。《诗传》曰："軷，道祭也。"谓祭道路之神。《春秋传》曰："軷涉山川。"然则軷，山行之名也。道路以险阻为难，是以委土为山，伏牲其上，使者为軷祭，酒脯祈告也。卿大夫处者，于是饯之，饮酒于其侧。礼毕，乘车轹之而遂行，舍于近郊矣。其牲，犬羊可也。②

比如周宣王时期曾派大臣仲山甫去齐地筑城，临行前重臣尹吉甫写诗赞美宣王使贤任能及仲山甫才德出众，即为《诗经·大雅·烝民》篇。其中有"仲山甫出祖"的诗句，汉代郑玄笺云："祖者，将行犯軷之祭也。"③可知，诸侯和大夫出行前的軷祭被称为祖或道。

周制，天子軷祭"祀行之礼，为坛，厚三寸，广五尺"④，诸侯和卿大夫的軷坛则"厚二寸，广五尺，轮四尺"⑤。在使用的祭品上，

---

① 《礼记正义》卷18，第572—573页。
② （汉）郑玄注，（唐）贾公彦疏.《仪礼注疏》卷24，北京：北京大学出版社，1999年，第452页。
③ （汉）毛亨传，（汉）郑玄笺.《毛诗正义》卷18，北京：北京大学出版社，1999年，第1223页。
④ 《周礼注疏》卷32，第853页。
⑤ 《礼记正义》卷18，第573页；《仪礼注疏》卷24，第452页。

"天子䰯用犬，……诸侯用羊……卿大夫用酒脯。"① 由于酒脯易得而常见，因此卿大夫出行前在城外郊野设宴饯行的礼仪逐渐演变成古代为出行者送行的礼仪，并被称为祖道。

作为天子亲征的军礼之一，䰯祭在秦汉时期一度被废弃，但是由䰯祭演变而来的祖道之仪却一直都存在。比如西汉贰师将军李广利率军队出击匈奴之前，丞相刘屈氂"为祖道，送至渭桥"②。汉宣帝时，太子太傅疏广辞官归家，"公卿大夫故人邑子设祖道，供张东都门外，送者车数百两，辞决而去。"③《三国志·孙破虏讨逆传》："施帐幔于城东门外，祖道送称（公仇称），官属并会。"

南北朝时期，北周复兴周礼，作为军礼的䰯祭重新出现。"唯后周（即北周）及隋唐用之，唐以后其礼久废。明成祖时虽尝举行而仪文不备"④，可见北周和隋唐时期，䰯祭较为兴盛。比如后周明帝武成元年（559）春正月，"太师晋公（宇文）护上表归政，帝始亲览万机，军旅之事，护犹总焉。初改都督诸州军事为总管。……三月癸巳，陈六军，帝亲擐甲胄，迎太白于东方。"⑤ 由于这是北周明帝正式执政的第一年，故借三月"迎太白"之事而行讲武阅兵之实⑥，为此不仅大陈六军，亲擐甲胄，而且按天子亲征巡狩之仪，"出国门而䰯祭。"⑦ 但可惜的是，关于北周所行的这次䰯祭，诸

---

① 《礼记正义》卷18，第573页。
② 《汉书》卷66。
③ 《汉书》卷71。
④ 《钦定续通典》卷72，第1569页。
⑤ （唐）令狐德棻：《周书》卷4《明帝本纪》，北京：中华书局，1971年，第56页。
⑥ 《册府元龟》卷124《帝王部·讲武》："明帝武成元年三月癸未，陈六军，帝亲擐甲胄迎太白于东方。"
⑦ 《通典》卷76《军礼一》，第2064页。

书均未记载其具体细节,故无法一窥其全貌。所幸的是北周礼仪于隋唐两朝得以相沿传承,以致隋唐军礼中均保留了軷祭的内容。

二、隋唐軷祭

据《隋书》记载:

> 隋制,……亲征及巡狩,则类上帝、宜社、造庙,还礼亦如之,将发轫,则軷祭。其礼,有司于国门外委土为山象,设埋坎。有司刳羊,陈俎豆。驾将至,委奠币,荐脯醢,加羊于軷,西首。又奠酒解羊,并馔埋于坎。驾至,太仆祭两軹及軓轨前,乃饮,授爵,遂轹軷上而行。①

在此基础上,大唐軷祭的记载进一步细化,如《大唐开元礼》卷84"亲征及巡狩郊祭有司軷于国门"就详细记载:

> 车驾出日,右校预于国门外委土为軷(軷谓为山象也),又为瘗堛于神坐西北方,深取足容物。太祝布神坐于軷前南向,太官令帅宰人刳羊,郊社令之属设尊罍篚幂于神坐之左,俱右向,置币于尊所。驾将至,太祝立于罍洗东南西向,祝史与执尊罍篚幂者俱就尊罍所立,太祝再拜,诣樽所取币进跪奠于神坐,兴,还本位。进馔者荐脯醢于神坐前,加羊于軷西首。太祝诣罍洗,盥手洗爵,诣尊所酌酒进,跪奠于神坐,兴,少退,北向立,读祝文讫(祝文临时撰),太祝再拜,还本位。少顷,太祝帅斋郎奉币酌酒馔物,宰人举羊肆解之,太祝并载埋于堛,寘之,执尊者彻罍篚席。驾至,

---

① 《隋书》卷8《礼仪三》,第110—111页。

权停,太祝以爵酌酒授太仆卿,太仆卿左执辔,右受酒,祭两轵及軓前(轵毂末,軓轼前),乃饮,授爵,轹軷而行。

通过这段资料,我们不难看出唐代軷祭与隋代一脉相承,大致都可以分为三个阶段:第一个阶段为陈设,即祭祀的准备阶段;第二阶段是大驾至軷之前的祭祀阶段,其做法基本与吉礼相吻合,整个仪式由太祝负责,需完成奠玉币、荐脯醢、跪奠酒、读祝文、望瘗、彻罍篚席等主要步骤;第三阶段是大驾至軷后,由"掌驭五辂"①的太仆卿负责完成奠酒、饮福、轹軷而行等礼仪。通过研究,笔者认为:

1. 唐代軷祭是一个相当正式的礼仪,由于事关天子出行、大将出征等重大事宜,所以陈设规模很大,规格很高,绝非一般人能够享用。比如,行軷祭之前需由"右校"负责"委土为軷"。"右校"即右校署,与左校署一起隶属于将作监,左右校署各设令、丞二人,其职掌分工为左校署"掌营构、木作、采材等事",右校署"掌营土作、瓦泥并烧石灰、厕溷等事"。②在其他祭祀礼仪中,右校主要负责事前清扫内外的工作,而在軷祭中,右校署的主要职责不再是打扫,而是"委土为軷"。这是因为"軷谓为山象也",可知"委土为軷"是一个不小的土石工程,故需要"掌营土作"的右校署专门来垒砌完成。"委土如軷"完成后,唐代軷祭还需在軷前南向设置正式的神坐,在神坐左边设放置酒尊等祭器的尊所,在神坐西北方挖掘用于瘗埋供品的瘗埳。祭祀所用玉币、尊罍篚羃等物品一如吉礼陈设,一应俱全。其牲馔分别为羊牲和脯醢,据《钦定续通志》

---

① 《通典》卷25《职官七》,第706页。
② 《通典》卷27《职官九》,第762页。

的记载:"诗言:'取羝以軷。'周礼犬人祭祀共犬牲,伏瘞亦如之。孔颖达谓天子诸侯礼异,天子用犬,诸侯用羝。自隋唐至宋明天子皆用羝羊。"①故《开元礼》和《大唐郊祀录》中均有明确要求:"軷祭用羝羊一。"②仅此一点就非一般士大夫能够享用的规格了,因为"大夫道祭者,无牲牢,酒脯而已。又于旁饮酒饯别,故云'饮酒于其侧'也"。③

2. 由"掌营土作"的右校署所设之軷是一种临时性而非永久性的路祭场所,通常设于城门外的必经之道上,故唐代軷祭不是常祭,而是一种临时祭礼。事实上,在周代,祭祀行道之神有出行临祭和孟冬常祭两种不同的方式。唐儒孔颖达在为《诗经·邶风·泉水》"饮饯于祢"一句作疏时,就提到"行者之先(指行道之神),其古人之名未闻。天子诸侯有常祀,在冬。……行神之位在庙门外西方。今时民春秋祭祀有行神,古之遗礼。"同书还依中霤之礼记道:"行在庙门外之西,为軷壤,厚二寸,广五尺,轮四尺。有主有尸,用特牲。"可见,这里提到的祭祀路神之礼由于有固定的祭祀时间、祭祀场所,当与唐礼所言"軷祭"有所不同,故孔颖达随后明确指出"天子诸侯常祀(行神)在冬,与軷异也"。④后来清代修撰的《钦定续通志》也记载:"軷行神其祀本在冬,祖道之軷则又因事而特祭者也,但孟冬祀行在庙门外之西,祖道軷祭在国门外为异耳。"⑤

---

① 清高宗敕撰.《钦定续通志》卷117《礼略七》,光绪十二年浙江书局上版。

② 《通典》卷106《开元礼纂类一·序例上》,第2772页(参见《大唐郊祀录》卷1)。

③ 《周礼注疏》卷32,第853—854页。

④ (汉)毛亨.《十三经注疏·毛诗正义》卷第二(二之三),北京:北京大学出版社,1999年,第167页。

⑤ 《钦定续通志》卷117《礼略七》。

《续通志》的作者在此处明显把孟冬祭祀行道之神与"祖道軷祭"作了区分和比较。当然,至唐代,这种对行神的常祭已经由天子诸侯主持的每冬一祭,演变为民间的春秋两祭了,因此隋唐官方并无此常祭之礼,此亦《开元礼》等唯余"軷祭"之故。而所谓"祖道軷祭",笔者认为当是"祖道"与"軷祭"联称所致。孔颖达在《毛诗正义》中指出:"軷祭,则天子诸侯卿大夫皆于国外为之。"可见,最初天子、诸侯与卿大夫的路祭都叫"軷祭",故孔氏认为軷祭,一名道,又名祖,"以其为犯軷,祭道路之神,为行道之始,故一祭而三名也。"① 但笔者认为,也许最初诚然如此,但后来"祖道"与"軷祭"还是有所侧重的。祖道作为古代为出行者祭祀路神,兼饮宴送行的一种常见礼仪,很早就见诸史籍,如《史记·滑稽列传》中就有:"故所以同官待詔者,等比祖道于都门外。"西汉贰师将军李广利率军出击匈奴之前,"丞相为祖道,送至渭桥"②。汉宣帝时,太子太傅疏广致仕归乡,"公卿大夫故人邑子设祖道,供帐东都门外,送者车数百辆,辞决而去。"③ 可见祖道是一般公卿士大夫皆可使用的饯别之礼,虽与"軷祭"同为饯别路祭,但考虑到天子诸侯与卿大夫在路祭规格上不可能一样,比如前文提到的大夫路祭时唯备酒脯就是一例,大夫路祭更不可能"委土如軷"也是一例,所以为了区分天子诸侯与卿大夫所行路祭的等级差别,我们逐渐用"祖道"一词代指一般士大夫的路祭,而用"軷祭"代指皇帝出行、大将出征的专用路祭礼仪,于是在《续通志》中才出现了"祖道軷祭"一说。总之,唐代"軷祭"作为皇帝出行、大将出征的特定路

---

① 《毛诗正义》卷第二(二之三),第167页。
② 《汉书》卷66《刘屈牦传》,第2883页。
③ 《汉书》卷71《疏广传》,第3040页。

祭礼仪，既不能混同于常祭行神之礼，也不能与"祖道"等而同之。

3. 隋唐軷祭的祭祀部分可以分为驾至前和驾至后两个阶段，其做法源出于周礼，但又与周礼有着明显差别。按《毛诗正义》引《聘礼》"又释币于行"之文，孔颖达疏曰："在家释币，告将行；出国门用酒脯以祈告，故二处不同也。"① 《聘礼》是记述诸侯之间相互聘问的礼仪，在五礼之中属宾礼。按周代聘礼的做法，使者出行之前需释币和奠酒脯，按顺序一前一后，一在家，一在国门之外，一为告知将行之事，一为祈求路途平安，其时间、地点和功能均不同，故当时出行之礼很明显是由二部分共同构成。隋唐軷祭显然参照了这一成制，但又有所变化，比如虽然在阶段上仍然分为两段式，但其行礼地点均放在国门之外临时垒筑的軷前。在内容上，大驾至軷前，太祝就已完成奠玉币、荐脯醢、跪奠酒、读祝文、望瘗、彻罍篚席等一整套祭祀步骤，大驾至軷后的祭祀反而十分简单，主要由太仆卿负责酒祭"两轵及軔前（轵毂末，軔轫前）"，祭完后遂饮福酒，驱驾轹軷而去。

值得注意的是据《新唐书》记载：軷祭和所过山川祭告礼，"若遣将出征，则皆有司行事。"② 即大将出征时也行此礼，但当时因大军出征所行軷祭的记载却几不见于史籍，反而是在唐肃宗乾元二年（759）正月戊寅，"上祀九宫贵神，……乙卯，耕藉田。"③ 为此"天子出通化门，释軷而入坛，遂祭神农氏"。④ 第二年正月，"上

---

① 《毛诗正义》卷第二（二之三），第167页。
② 《新唐书》卷16《礼乐六》，第252页。
③ 《资治通鉴》卷221，唐肃宗乾元二年正月条。
④ （宋）欧阳修，宋祁．《新唐书》卷14《礼乐四》，北京：中华书局，2000年，第233页。

祀九宫贵神"①，兼行藉田礼，于是再次"自明凤门出，至通化门，释辂而入坛，行宿于斋宫。"②据此至少可知，唐《开元礼》中规定的"亲征及巡狩郊祭有司辂于国门"之礼并不仅仅是一纸空文，只不过因为皇帝亲征实为罕见，故作为军礼的軷祭自然也就几乎没有举行的可能了，久而久之，其礼逐渐淡出人们的视线。

据《明集礼》记载："今拟国朝不行軷祭。"③清代编撰的《钦定续通典》则记载："唐以后其礼久废。明成祖时虽尝举行而仪文不备，兹不复续纂。"④

第五节 祭所过山川

对山川之神的信仰在中国古代一直十分流行，正如《抱朴子·登涉》所言"山无大小，皆有神灵，山大则神大，山小则神小"。而对名山大川的祭祀则以"泰山封禅"最具代表，其封禅之礼也一向被视为是古代帝王在太平盛世或天降祥瑞时祭祀天地的大型典礼。正因为如此，山川之祭可谓由来有之，据《周礼·春官·大祝》记载：大祝"掌六祈，以同鬼神示，一曰类，二曰造，三曰禬，四曰禜，五曰攻，六曰说。"郑玄注曰："类、造、禬、禜、攻、说，皆祭名也。……禜，日月星辰山川之祭也。《春秋传》曰：'日月星辰之神，则雪霜风雨之不时，于是乎禜之；山川之神，则水旱疠疫之

---

① 《资治通鉴》卷221，唐肃宗乾元三年正月条。
② 《旧唐书》卷24《礼仪四》，第913页。
③ 《大明集礼》卷33《军礼一·亲征篇》。
④ 《钦定续通典》卷72《礼二十八·军礼一》。

灾，于是乎禜之。'""……造类禬禜皆有牲，攻说用币而已。"①也就是说，古人认为山川之神主水旱疠疫之灾，故山川祭祀一开始就是古人的一种常规祭祀，其祭品不仅要用玉币，而且需要用牺牲。这种对山川的敬畏崇敬后来延伸到军事领域，人们认为在征战过程中，凡大军所过之较大山川，皆具有非凡的神奇力量，需要以礼相待，以祈求山神、河神的庇佑。由此，祭告所过山川成为大军行军途中一项十分重要的军事礼仪。

在周代，大军出征途中，按礼要由小宗伯会同太祝等祭官，祭告所过山川。在《周礼·夏官·小宗伯》中就规定："若军将有事，则与祭有司将事于四望。"其注曰："军将有事，将与敌合战也。郑司农云：'则与祭，谓军祭表祃军社之属，小宗伯与其祭事。'玄谓与祭有司，谓大祝之属，盖司马之官实典焉。"贾公彦疏曰："其'四望'者，谓五岳、四镇、四渎。王军将有事，与敌合战之时，则小宗伯与祭，有司大祝之等，祭四望之神以求福，但四望之神，去战处远者不必祭之，王之战处，要有近之者祭之，故以四望言之也。"②故"周制，……过大山川，则用事焉。"其注曰："用事，令太祝用祭事告之。'凡告必用牲币，反亦如之'。'牲'当为'制'。"③可知，杜佑认为在周代，不管是王，还是军将出征，大军所过山川均需用玉币行祭告之礼。但笔者认为，杜氏此说与周礼有违，结合《大唐开元礼》的记载，祭品当是牺牲和玉币兼而有之。

至西汉武帝时，"因巡狩，礼其名山大川，用驹者悉以木偶马代，行过亲祠者乃用驹。""（北魏）太武帝南征，造恒山，祀以太牢。

---

① 《周礼注疏》卷25《大祝》，第659页。
② 《周礼注疏》卷19《小宗伯》，第494页。
③ 《通典》卷76《军礼一》，第2062页。

浮河、济，祀以少牢。过岱宗，祀以太牢。"① 北齐天子亲征时"所过名山大川，使有司致祭"。② "隋制，天子行幸，有司祭所过名山大川。岳渎以太牢，山川以少牢。"③《大唐开元礼》之"军礼"部分也专门有"皇帝亲征及巡狩告所过山川"之礼，故可知此礼是天子亲征或巡狩时很重要的一项军事礼仪。

一、皇帝亲征及巡狩告所过山川

隋义宁元年（617），唐高祖李渊乘隋末农民战争如火如荼之机，起兵太原，七月率兵进军关中。当时唐军师次灵石县，营于贾胡堡（今山西霍州市西北），而隋将宋老生率精兵2万驻守霍邑（今山西霍州市），左武侯大将军屈突通驻河东郡城（今山西永济西），联手抵御李渊。"会霖雨积旬，馈运不给，高祖命旋师，太宗切谏乃止。有白衣老父诣军门曰：'余为霍山神使，谒唐皇帝曰八月雨止，路出霍邑东南，吾当济师。'高祖曰：'此神不欺赵无恤，岂负我哉！'八月辛巳，高祖引师趋霍邑，斩宋老生，平霍邑。"④ 这个有关霍山山神的故事，就像汉高祖斩白蛇起义一样，成为唐承天命的最有力证明，故在唐王室眼中历来被奉为神迹。唐代宗广德二年（764）三月，在遣礼仪使判官司封员外郎薛顾致祭霍山的敕书中还专门提到："恭惟王业之初，师及霍邑，坚城未下，大将阻兵，连雨积旬，粮储不给。有白衣老父忽诣军门，称霍山之神谒大唐皇帝，云东南取路，八日雨止，助帝破敌，尽如其言。"⑤ 事实上，著名史学家

---

① 《通典》卷46《吉礼五·山川》，第1282页。
② 《隋书》卷8《礼仪三》，第110页。
③ 《通典》卷76《军礼一》，第2063页。
④ 《旧唐书》卷1《高祖本纪》，第3页。
⑤ 《全唐文》卷48，代宗《祭霍山敕》，第529页。

司马光就不采纳这一传说,我们可以看到在《资治通鉴》中对此事的记载为:

雨久不止,渊军中粮乏;刘文静未返,或传突厥与刘武周乘虚晋阳;渊召将佐谋北还。裴寂等皆曰:"……不如还救根本,更图后举。"李世民曰:"今禾菽被野,何忧乏粮!老生轻躁,一战可擒。李密顾恋仓粟,未遑远略。武周与突厥外虽相附,内实相猜。武周虽远利太原,岂可近忘马邑!本兴大义,奋不顾身以救苍生,当先入咸阳,号令天下。今遇小敌,遽已班师,恐从义之徒一朝解体,还守太原一城之地为贼耳,何以自全!"李建成亦以为然。渊不听,促令引发。世民将复入谏,会日暮,渊已寝;世民不得入,号哭于外,声闻帐中。渊召问之,世民曰:"今兵以义动,进战则克,退还则散;众散于前,敌乘于后,死亡无日,何得不悲!"渊乃悟,曰:"军已发,奈何?"世民曰:"右军严而未发;左军虽去,计亦未远,请自追之。"渊笑曰:"吾之成败皆在尔,知复何言,唯尔所为。"世民乃与建成分道夜追左军复还。丙子,太原运粮亦至。①

可知,李渊之所以能坚持下来,完全是李世民苦苦进谏的结果。但军令已出,大军已发,要把左军追回,总不能告诉士卒是主帅一时决策失误所致,于是就有了这个有关霍山山神的传说,反正霍山自先秦以来就屡有神迹,隋开皇十四年(594)下诏立祠,此后就号称中国五大镇山之"中镇"。霍邑之战的胜利,为李渊进军关中打开了通道,唐兵长驱直入,最终得以攻陷隋都长安,奠定大唐二百多年的基业。

---

① 《资治通鉴》卷184,隋恭帝义宁元年七月条。

从这里，我们不难看出唐人对于大军征伐时所过名山大川怀有一种特殊的情结，毕竟山神在大唐创业故事中曾扮演过一回重量级的角色，故在《大唐开元礼》中专门有"皇帝亲征及巡狩告所过山川"礼仪。

(一)祭品选用

周制，天子巡幸"所过山川，则使祝宗先以三等璋瓒，皆以黄金为鼻流，酌郁鬯以礼神。次乃校人杀黄驹以祭之"。所谓"三等璋瓒"之制则是如郑玄所注云："于大山川则用大璋，加文饰也。于中山川用中璋，杀文饰也。于小山川用边璋，半文饰也。"[1]这样的等级划分，到隋代表现为"天子行幸，有司祭所过名山大川。岳渎以太牢，山川以少牢"。[2]而在唐代礼制体系中，若从常规祭祀的角度来划分，五岳四渎为中祀，山林川泽为小祀，中祀一般祭以少牢。但是在《大唐开元礼》"皇帝亲征及巡狩告所过山川"礼中却清楚地记载着："岳镇海渎用太牢，中山川用少牢，小山川用特牲。若行速即用酒脯。"[3]这里提到的"特牲"即一只羊，因为《通典》记载十分明确："若行幸，祭大山川用太牢，中山川……释奠用少牢，……行幸祭小山川及马祖、马社、先牧、马步各用羊一。"[4]如此一来，在牢馔的选择上，皇帝亲征祭告所过山川之礼比之常规的祭名山大川之礼，普遍向上提升了一个等级。

祭品除了有牢馔之外，还有玉币，其"币长一丈八尺，随方色用。"[5]按中国古代五行学说，东、南、西、北、中五个方位分

---

[1] 《通典》卷54《吉礼十三·巡狩》，第1501页。
[2] 《通典》卷76《军礼一》，第2063页。
[3] 《大唐开元礼》卷84《军礼四》，第406页。
[4] 《通典》卷106《开元礼纂类一·序例上》，第2772页。
[5] 《大唐开元礼》卷84《军礼四》，第406页。

别与青、赤、白、黑、黄五种颜色相配，故玉币的颜色也应该与山川所在方位的颜色相配。按唐制，祭祀所用的玉币除了颜色不同之外，均"长丈八尺。此玉、币之制也。"而祭祀"岳镇、海渎……币如其方色。"①从这一点看，亲征祭告山川所用的玉币与常规祭祀山川没有什么区别。

在祭品的处理方式上，周制"以血祭祭五岳，以埋沈祭山林山泽。"②故唐代祭祀山林川泽一般也采用沉埋祭品的方式，故此礼也规定事先需在神座之南挖好瘗埳，"如常方深取足容物"即可，最后行望瘗礼，取玉币和豆血"并置诸埳，埳东西各二人填土半埳。"③但此礼既然设有牢馔，那么一般就有饮酒受胙的环节，并非所有祭品全部沉埋。

（二）告官就祭

唐代"皇帝亲征及巡狩告所过山川"礼，虽然也是皇帝亲征的重要礼仪，但与亲征前由皇帝亲自主持的类、宜、告礼不同，此仪皇帝本人并不参加，而全程由告官代为祭告。这是因为在武则天证圣元年（695）十月时，"有司上言曰：'谨按"五岳视三公，四渎视诸侯"，天子无拜公侯之礼。请依旧仪。五岳以下，署而不拜。'制可之。"④到玄宗开元元年（713），太常卿以同样的理由，建议连天子亲署其祝文的惯例也一并取消，其祝文仅称"皇帝谨遣某乙，敬祭于某岳渎之神。"⑤因此，《大唐开元礼》中的"皇帝亲征及

---

① （宋）欧阳修、宋祁．《新唐书》卷12《礼乐二》，北京：中华书局，2000年，第212页。
② 《通典》卷46《吉礼五·山川》，第1279页。
③ 《大唐开元礼》卷84《军礼四》，第406页。
④ 《通典》卷46《吉礼五·山川》，第1283页。
⑤ 《通典》卷46《吉礼五·山川》，第1283页。

巡狩告所过山川"之礼也就当然只能由告官主祭了。这样一来，皇帝亲征途中祭告山川之礼就在规格上，与封禅泰山一类的盛世大典有了质的区别。

但有意思的是，这一做法在后世却屡有反复。如宋代，几乎所有亲征的军事祭祀礼仪都由告官主持，如"宋太祖建隆元年（690），车驾征泽州，遣官告天地、宗庙、社稷及名山大川、帝王名臣陵庙"。① 而明代除明确要求皇帝亲征必须亲自主持类宜告等重要祭礼外，而且进一步规定："凡所过山川岳镇海渎用太牢，其次少牢，又次特牲，若行速止用酒脯。祭器笾豆各一，前期斋一日，皇帝服通天冠，绛纱袍，省牲视涤。祭之日皇帝服武弁，行一献礼。"② 由皇帝亲自主祭所过山川，这与唐礼相比又隆重多了。

另外值得注意的一点是，唐代虽然采取的是告官主祭的方式，但告官需在出征途中"就祭"名山大川。这一点与宋明两代完全不同，"（宋）太宗太平兴国五年（980），车驾北征，遣官祭告天地于圜丘用特牲，太庙社稷用太牢，望祭岳渎名山大川于四郊，祭风于风伯坛，祀雨师于本坛，祷马于马祖坛，祭蚩尤祃牙于北郊，并用少牢。"③ 可知宋代对岳渎名山大川的祭告是在出征前，以"望祭"的方式进行。而明代虽然由皇帝主祭，但也是在出征前"望祭"而已。

（三）仪式过程

唐代"皇帝亲征及巡狩告所过山川"的仪式一共包括8个步骤，从中，我们也不难看出此礼虽然是由告官代祭，但整个仪式十分完整的，体现了皇家祭祀的严整性。

---

① 《钦定续通志》卷117《礼略七》。
② 《钦定续通志》卷117《礼略七》。
③ 《钦定续通志》卷117《礼略七》。

1. 斋戒：按唐礼，小祀当散斋二日，致斋一日，清斋一日。但由于在行军途中，故斋戒之仪一律从简。参与此礼的告官只需在祭告前一天清斋于专门打扫出来的告所即可。

2. 陈设：按《大唐开元礼》的记载："告日，郊社丞布神座席于告所近北，南向。设酒尊于神座之左而右向；设洗于酒尊东南，北向；罍水在洗东，篚在洗西南肆。执尊罍篚幂者各位于尊罍篚幂后。奉礼设告官位于罍洗东南，西向，执事者位于其后，北上。设奉礼位于告官西南，西向①。赞者二人在南，少退。"同时，在神座之南，设好瘗埳。

3. 人员就位："所司实尊罍俎豆，太祝实币篚，斋郎取豆血，奉礼帅赞者先入就位。执尊罍篚幂者次入就位。谒者引告官以下次入就位立定。"

4. 奠玉币：告官入位立定再拜后，"太祝以币授告官，告官受币，谒者引告官谒神座前北面，跪奠币"，此后告官复位，"太官丞引馔入，太祝迎引设于神座前。太官丞以下还三位。"

5. 奠酒："谒者引告官诣罍洗，盥手洗爵讫，谒者引告官诣酒尊所，执尊者举幂，告官酌酒讫，跪进奠于神座，俛伏，兴，少退，北向立。"

6. 奠祝版，读祝文："太祝持版进于神座之右，东面跪读祝文讫，兴。告官再拜，太祝进，跪奠版于神座，俛伏，兴，还尊所。"

7. 饮福受胙。"太祝以爵酌福酒进告官之右，西向立。告官再拜受爵，跪祭酒、啐酒、奠爵，俛伏兴。太祝帅斋郎进俎，太祝减

---

① 《通典》卷132《开元礼·皇帝亲征及巡狩告所过山川》记作"设奉礼位于告官西南，东向"。考虑到告官位是在罍洗东南，西向，故笔者认为《通典》关于奉礼位置的记载更准确。

胙如常。太祝以俎授，告官受，以授斋郎。告官跪取爵遂饮卒爵。太祝进，受爵还尊所。告官俛伏兴，再拜讫引还本位。太祝进跪彻豆，俛伏兴，还尊所。"

8. 望瘗礼毕："谒者进告官之左白：请就望瘗位。谒者引告官就望瘗位北向立于告官将拜，太祝以篚进神座前取币，斋郎取豆血并置诸埳，埳东西各二人填土半埳。"① 礼毕，告官出，燔祝版于告所。

虽然此礼尽一献而已，但如此正式的祭告礼仪，完全是参照国家祭祀的标准流程设计，故此仪只限于皇帝亲征或巡狩时使用，一般大将出征过名山大川则不享有这一仪式。

二、大将出征祭告所过山川

据记载："后周大将出征，遣太祝以羊一，祭所过名山大川。"②。但笔者翻阅《大唐开元礼》，发现"军礼"中有关祭告所过山川之礼唯"皇帝亲征及巡狩"一处。既然如此，那么是不是唐代大将出征遇名山大川则不能行，也不必行祭告之事呢？

其实不然，在唐人李筌撰写的《太白阴经》一书中，就保留了两篇以大将口吻撰写的祭名山、大川祝文的范本，其文曰：

祭名山文：

维某年岁次，某甲某月朔某日某将军，某谨以清酌少牢之奠敬祭于某山之神曰：惟神聪明正直，祸盈福谦，亭育黎庶，作镇一方，国家天覆地载，罔不宅心，航海梯山，来宾咸服。独彼凶丑，千百成群，滔天虐人，窥边猾夏。天阶其祸，养成其凶。皇帝取乱侮亡，

---

① 《大唐开元礼》卷84《军礼四》，第406页。
② 《通典》卷46《吉礼五·山川》，第1282页。

兼弱攻昧，赫斯，怒奋雷霆，浊濩轰宏，风卷电掣。今则万骑云会，八阵戎装，顿军峰峦，樵苏林麓，天道助顺，人情好谦，天人共愤，神监孔明，何不云蒸雾郁，转石飞沙助我军威！金师克获，牲牢匪馨，明德惟馨。

祭大川文：

维某年岁次，某甲某月朔某日某将军，某谨以少牢敬祭于某川之神曰：惟神植德灵长，善利万物。其柔也，沈鸿毛、没纤芥；其刚也，转巨石、截横山。堑南、限北、决东、奔西，避高就下，兵法形焉。我君奄有万国，德洽四户，伐叛怀远，同文齐武。是以扶余、肃慎左衽来庭，夜郎、滇池鲜发从事。惟彼凶虏，敢干天常，负固凭山，摇蜂虿之毒；乘危走险，奋螳螂之臂。天子授我庙算，不战而屈人之兵，士卒与我一心，闻敌有死难之志。神居五行之长，为百渎之源，藏蛟跃龙兴云致雨。今大军利涉，全师既行，何不竭海若，吐天吴，驱风伯，逐鲸鱼，使波无涟漪，厉有浅深，成将军之功，赞天子之威。①

首先，这两篇祭文的起首句式均为"维某年岁次，某甲某月朔某日某将军，某谨以清酌少牢之奠敬祭於某山之神"，这与前面提到的，皇帝亲征遣告官祭祀山川的祭文用语"皇帝谨遣某乙，敬祭于某岳渎之神"不同，故这两篇祭文应该是大将亲自祭告山川的祝文。

其次，从祭文中，我们可以看到大将祭名山大川也用少牢之礼，这一点与"皇帝亲征及巡狩告所过山川"时的牢馔规格相一致。

第三，这两篇祭文分别提到"今则万骑云会，八阵戎装，顿军

---

① 《太白阴经》卷7《祭文》，引自《中国兵书集成》（第2册），第604—606页。

峰峦，樵苏林麓"，"今大军利涉，全师既行"，所以从内容上看当是在行军途中所作，因此其祭祀山川的方式也属"就祭"，而非"望祭"。这与唐代皇帝亲征祭告山川之礼也是一致的。

不仅如此，史书中也不乏唐代大将出征时祭祀山川，风师雨伯等神祇的记载。比较有代表性的如唐将高仙芝击小勃律之战，当时三路兵马约期会于吐蕃连云堡，因"城下有婆勒川，水涨不可渡。仙芝以三牲祭河，命诸将选兵马，人赍三日干粮，早集河次。水既难渡，将士皆以为狂。既至，人不湿旗，马不湿鞯，已济而成列矣"。① 所谓"三牲"即三种不同的活牲畜，通常为马、牛、羊为主，高仙芝以"三牲祭河"算是规格较高的祭河礼，此举大大提升了士气，为唐军顺利渡河创造了条件。

除这类比较典型的事例外，还有一些虽不太典型，但性质相同的事例。比如唐高宗调露元年（679）唐将裴行俭借册送波斯王之机，讨伐吐蕃。途经莫贺延碛（今新疆哈密东南），"风砾昼冥，导者迷，将士饥乏。行俭止营致祭，令曰：'水泉非远。'众少安。俄而云彻风恬，行数百步，水草丰美，后来者莫识其处。众皆惊，以方汉贰师将军"。② 所谓"止营致祭"，即举行了一个比较正式的祭祀仪式，祭祀的对象虽未明言，但推测当为沙漠之神、风神之属，故此礼应该是参照祭山川之礼而为之。再如玄宗开元四年（716），突厥降者复叛，敕王晙率并州兵讨之。十月，王晙间行倍道，以夜继昼，卷甲舍募而趋之，夜于山中遇大风雪，"恐失期，誓于神曰：'晙事君不以忠，不讨有罪，天所殛者，当自蒙罚，士众无罪。心

---

① 《旧唐书》卷104《高仙芝传》，第3204页。
② （宋）欧阳修，宋祁.《新唐书》卷108《裴行俭传》，北京：中华书局，2000年，第3262页。

诚忠，而天监之，则止雪反风，以奖成功。'俄而和霁。"① 王晙所为很可能就是一个简单的仰天发誓，并无任何祭祀礼仪，但其本质也是祭告山川，以求神灵庇佑也。

综合以上事例，我们可以形成以下认识：第一，由于礼制中并无大将出征祭告山川的礼仪规章，因此唐代大将出征祭告所过山川并非硬性规定，而是由将领视情况自行选择是否祭告之。第二，大将祭告山川诸神通常是因为遇到了较为恶劣的自然环境，因战事需要而临时为之。第三，由于事发突然，加之军机稍纵即逝，故这些临时起意的祭祀通常仪式都较为简单，能做到杀牲献祭，口诵祝文就已甚为难得了，有的甚至只是简单地仰天祝祷，并没有固定而规范的礼仪要求，当然也就更无法与皇帝亲征时祭告山川之礼相提并论了。

尽管如此，这些按礼制要求看来并不规范的祭告却在艰难困苦中极大地安抚了军心，振奋了士气，让士兵们迸发出难以想象的战斗力，去完成一些看似不可能完成的任务。因此，其效果比皇帝亲征祭告山川之礼更明显，也更实用。正因为如此，这一礼仪在明清仍然得以保留，比如明代规定皇亲"亲征凡所过山川有司具牲制币，皇帝服武弁，行一献礼"，②整个仪式分为斋戒、省牲、陈设、正祭、迎神、奠币行酌献礼、饮福、彻豆、送神、望瘗共十大步骤，其仪注十分详细。不仅比唐仪增加了"省牲"环节，而且其供品选择明确规定"岳镇海渎用太牢，中山川用少牢，小山川用特牲，若行速则用酒脯而已。"③足见对这一礼仪的重视之意。

---

① （宋）欧阳修，宋祁.《新唐书》卷111《王晙传》，北京：中华书局，2000年，第3309页。
② 《大明集礼》卷33《军礼一·亲征篇》。
③ 《大明集礼》卷33《军礼一·亲征篇》。

第六节　祃祭

何为"祃"祭？"祃"字从示旁，当与鬼神、祭祀有关。按《说文解字》的解释："师行所止，恐有慢其神，下而祀之曰祃。"① 故最简单的解释就是古代行军在军队驻扎的地方举行的祭礼。但祭祀的到底是谁，其仪又如何，历代却不尽相同。

一、先秦祃祭探源

先秦时期的祃祭可以分为三种情况：

第一种：祭"造军法者"。据《礼记·王制》记载："天子将出征，类乎上帝，宜乎社，造乎祢，祃于所征之地。"汉代郑玄作注云："祃，师祭也，为兵祷，其礼亦亡。"② 可见在先秦时期，祃祭是天子亲征的祭祀礼仪之一，天子出征前要行类宜告之礼，出征后在所征之地再举行祃祭之礼。唐代孔颖达认为，祃祭是指到了作战地点以后，祭"造军法者"即黄帝或蚩尤，以壮军威之礼。可见，此礼并非祭祀战地之神的礼仪，而是祭所谓"造军法者"，即兵学之祖的礼仪。但是在汉代时，这种礼仪就消失了。

2. 据《周礼·春官·肆师》记载："凡四时之大甸猎，祭表貉，则为位。"郑玄注曰："貉，师祭也。貉读为十百之百。于所立表之处，为师祭，祭造军法者，祷气势之增倍也。其神盖蚩蚘，或曰黄帝。"贾公彦疏："释曰：案《大司马》，仲冬教大阅，教战讫，入防。将田，既陈，乃设驱逆之车。有司马表貉于陈前，此时肆师

---

① 《说文解字》一篇上"示部"，第7页。
② 《礼记正义》卷12，第371页。

为位而祭也。"① 可见,虽然田猎是模拟战争状态的准军事行动,但由于它并不是真正的军事行动,不能祃于所征之地,所以周人对祃祭之礼进行了变通,将祭祀的地点改为营表所立之处,时间也变成了正式田猎之前。地点和时间的变化,并不影响其礼的实质,它仍然以蚩尤或黄帝作为"兵祖"加以祭祀,其目的仍然是"祷气势之增倍也"。

3. 据《春秋公羊传·庄公八年》记:"甲午,祠兵。祠兵者何?出曰祠兵,入曰振旅,其礼一也,皆习战也。"何休疏:"礼,兵不徒使,故将出兵必祠于近郊,陈兵习战,杀牲飨士卒。"解云:"何氏之意,以为祠兵有二义也:一则祠其兵器,二则杀牲享士卒,故曰祠兵矣。"②可知,春秋时有在出兵前于都城近郊祭祀兵器,并斩杀牲畜以宴享士卒的军礼习俗。后来,清人郝懿行所著《尔雅义疏》曰:"按公羊庄八年传,出曰祠兵。何休注:将出兵必祠于近郊,是祠兵即祃祭,古礼犹未亡也。"③可见,郝氏认为此"祠兵"礼即是西周祃祭在春秋时代的延续。郝氏的看法并非臆想,唐代贾公彦在《周礼·春官·肆师》的疏部分同样认为:"以《公羊》说曰:'师出曰祠,兵入曰振旅。祠者,祠五兵矛、戟、剑、楯、弓、鼓及祠蚩尤之造兵者。'"可知,贾氏认为出兵前的"祠兵"乃是祭祀"矛、戟、剑、楯、弓"等五兵、军鼓及"战神"蚩尤。也许因为有蚩尤之祭,所以郝氏才视此礼为春秋时代的祃祭。

为此,有学者研究指出:"先秦时期,祃祭的内容比较宽泛,

---

① 《周礼注疏》卷19,第506页。
② (汉)公羊寿传,(唐)徐彦疏.《十三经注疏·春秋公羊传注疏》卷7,北京:北京大学出版社,1999年,第134—135页。
③ (清)郝懿行.《尔雅义疏》中四《释天》,上海:上海古籍出版社,1983年,第787页。

大致与军事活动有关，分三种情况：一是四时田猎时立表而祭，也就是田猎中的献获之礼；二是在军队出征之前，祭祀兵器和初造兵器之人，造兵器之人被称为'战神'或'军神'，一般认为是蚩尤和黄帝；三是到了征战之地举行的祭祀活动，主要是为了严军法、壮军威，祭祀的对象是战神黄帝与蚩尤。"[1]但笔者认为，此说不尽准确。事实上，周人自己是分得很清楚的，只有天子在所征之地举行的，以战神——蚩尤或黄帝为主要祭告对象的祭祀才叫作"祃"。而在田猎前，于营表处模仿"祃祭"而行的祭祀叫作"祭表貉"。后来唐人杜佑在写《通典》时已经注意到两者之间的区别，他在记"周制……祃于所征之地"时，注曰："祃，师祭也，为兵祷也，其礼亡。其神盖蚩尤，或云黄帝，又云：'若至所征之地祭者，则以黄帝、蚩尤之神，故亦皆得云祃神也。若田狩，但祭蚩尤而已。'"[2]春秋时代，"礼崩乐坏"，权柄下移，原来天子出征、田猎时才举行的这两种军事祭祀礼仪也在一定程度上遭到了破坏。诸侯们对它们加以综合改良，于是出现了在出征前的"祠兵"之礼，不仅杂祭五兵、战鼓和战神，而且还杀牲宴享士卒，这就已经类似于后代的誓师礼了。

因此，严格说起来，西周所谓的"祃祭"必须具备几个要素：第一，天子亲征；第二，在战地举行；第三，祭祀的对象是蚩尤或黄帝。但可惜的是，从春秋时期开始，这种标准的"祃祭"军事礼仪就随着周礼的没落而消亡了。反而是田猎前的"祭表貉"礼至唐代正式演变为祭牙纛之礼。春秋时代的"祠兵"礼则演变为后代的

---

[1] 艾红玲.《古代祃祭流变考》，《社会科学论坛（学术研究卷）》2009年第3期，第95页。

[2] 《通典》卷76《军礼一》，第2061页。

誓师礼。

二、汉魏北朝之祃祭

秦始皇统一六国后,行封禅泰山之大典,随后巡幸东方海上,途中"行礼祠名山大川及八神",八神中"三曰兵主,祠蚩尤"。① 始皇此举乃天子巡幸途中祭告所过山川和八神,其中包括兵主蚩尤,并非传统的"祃于所征之地"礼。

汉初刘邦初为沛公时,尚"祠黄帝,祭蚩尤于沛廷,而衅鼓。旗帜皆赤"。② 后来"天下已定,诏御史,令丰谨治枌榆社,常以四时春以羊彘祠之。令祝官立蚩尤之祠于长安。"③ 但至东汉,时人已不知"祃祭"为何物。故郑玄云:"祃,师祭也,为兵祷,其礼亦亡。"④ 而应劭在为《汉书》"上官幼尊,类祃厥宗"一句作注时,直接记为:"至所征之地,表而祭之谓之祃,祃者,马也。马者兵之首,故祭其先神也。"⑤ 可见,应劭就认为祃祭即在所征之地,立表祭祀马神,这显然是对周代祃祭的误读。

魏晋虽然开始关注周代军礼,但由于祃祭消亡已久,导致人们的理解也有偏差。如晋代的《仲春振旅》歌:"仲春振旅,大蒐人,武教于时日新。师执提,工执鼓。坐作从,节有序。盛矣允文允武!蒐田表祃,申法誓。遂围禁,献社祭。"⑥ 可见,晋代的"蒐田表祃"行在田猎之前,除祭表之外,还有"申法誓"等仪式,看起来更像

---

① 《史记》卷28《封禅书第六》,第1367页。
② 《汉书》卷1上《高祖本纪上》,第10页。
③ 《史记》卷28《封禅书第六》,第1378页。
④ 《礼记正义》卷12,第371页。
⑤ 《汉书》卷100下,第4269页。
⑥ 《晋书》卷23《乐志下》,第707页。

是周代"祭表貉"和春秋"祠兵"礼的综合体。

南北朝时,多天子亲征,于是希望恢复周代军礼的呼声日益高涨,尤其是北齐、北周大兴周礼,对后来隋唐礼制影响甚大。比如:

后周仲春教振旅,大司马建大麾于莱田之所。乡稍之官,以旗物鼓铎钲铙,各帅其人而致。诛其后至者。建麾于后表之军中,以集众庶。质明,偃麾,诛其不及者。乃陈徒骑,如战之阵。大司马北面誓之。军中皆听鼓角,以为进止之节。田之日,于莱之北,建旗为和门。诸将帅徒骑序入其门,有司居门,以平其人。既入而分其地,险野则徒前而骑后,易野则骑前而徒后。既阵,皆坐,乃设驱逆骑,有司表貉于前。以太牢祭黄帝轩辕氏,于狩地为墠,建二旗,列五兵于座侧,行三献礼。遂搜田,致禽以祭社。仲夏教茇舍,遂苗田。仲秋练兵狝田。仲冬大阅,遂狩。其致禽享祃教习之仪,并如古周法。①

北周军制,大司马以狩田教习军阵之法。其礼在周代田猎礼的基础上,融合了西周的"祃祭"和"祭表貉"礼。先是大司马建麾于军中后表,以集众庶,然后誓师,诸军入场就位。在开始正式演习前,"有司表貉于前。以太牢祭黄帝轩辕氏,于狩地为墠,建二旗,列五兵于座侧,行三献礼。"可见,其举行祃祭的时间相当于出兵之后,交战之前;祭祀对象虽只有黄帝(不再提蚩尤),但总体说来也与周礼相吻合。而"建二旗,列五兵于座侧"的陈设又可以让我们看到周代"祭表貉"的遗风。最值得一提是,由于周礼中并未提及"祃祭"的具体规格问题,而北周在继承周礼的基础上,

---

① 《通典》卷76《军礼一》,第2072页。

明确规定以太牢祭祀黄帝，并行三献之礼，既是对周礼的补充完善，也足见北周对此礼的高度重视。

当然，北朝最典型的祃祭当属北齐祃祭。北齐天子亲征"将届战所，卜刚日，备玄牲，列军容，设柴于辰地，为埋而祃祭。大司马奠矢，有司奠毛血，乐奏《大护》之音。礼毕，彻牲，柴燎"。① 通过这段文字，我们可以还原北齐祃祭的一些基本情况：

1. 其礼主要举行于天子亲征时的行军途中，一般是择刚日而祭。所谓"刚日"，即单日，这是因为《礼记·曲礼上》曰："外事用刚日，内事用柔日"。郑玄注曰："顺其出为阳也。出郊为外事。"孔颖达疏："外事，郊外之事也。刚，奇日也。十日有五奇、五偶，甲、丙、戊、庚、壬五奇为刚也。外事刚义，故用刚日也。"② 也就是说，北齐的祃祭是在战地，选择十日内的甲丙戊庚壬五天中的任何一天举行。这与《孔丛子·儒服》中所说"凡类祃皆用甲丙戊庚壬之刚日"是一致的。

2. 北齐祃祭是一个十分正式而隆重的祭祀礼仪，在场所的布置上要求"设柴于辰地，为埋而祃祭"。所谓"埋"，即经过整治的郊野平地，通常是作为古代祭祀或会盟用的场地。这与周礼要求在大阅或田猎前，平整场地的做法是一致。场地平整好后，在东南偏东的辰位设置柴堆，以备燎祭。据此也证明了祃祭并非祭地的礼仪，故孔颖达才说"郑（玄）既云祭造军法者，则是不祭地。熊氏以祃为祭地，非"。③

3. 在祭品的选用上，北齐祃祭要求"备玄牲"，"大司马奠矢，

---

① 《隋书》卷8《礼仪三》，第110页。
② 《礼记正义》卷3，第89页。
③ 《礼记正义》卷12，第372页。

有司奠毛血"。所谓"玄牲"即黑色全牛，这通常是祭祀社稷才使用的牺牲。另外，按中国古代"五德终始"的理论，北齐应木德，木德尚青色，但由于北齐"正朔服色，皆如后魏"，而"后魏初为土德，言继黄帝之后也，故数用五，服尚黄，牺牲用白。至孝文太和十四年，用秘书丞李彪等议，承晋后，改为水德，祖辰腊申"。[1]故其礼选用黑牲已是相当高的规格了。此外，献祭时采用二献的礼仪，也是高规格的一种表现。祭奠要用到弓矢和毛血，实际上是对春秋"祠兵"祭五兵和杀牲习俗的一种延续。

综上所述，可见北齐祃祭除了未明确说明祭祀的对象是蚩尤或黄帝以外，从诸要素上说已经比较接近周礼了，其礼仪规制为后来隋唐祃祭的形成提供了最为真实可鉴的范本。

三、隋唐祃祭

在北朝祃祭的基础上，隋唐两朝愈发重视祃祭这一特殊的军事祭祀礼仪，并逐渐有了一些创新和改良，减弱了其神化的色彩，突出了它的实用功能，形成了自身的特点，最终影响到后来宋明祃祭制度的形成。

（一）隋代祃祭

隋朝虽然国运短促，但举行祃祭的次数却不少。如隋文帝开皇二十年（600），"太尉晋王广北伐突厥。四月已未，次于河上，祃祭轩辕黄帝，以太牢制币，陈甲兵，行三献之礼。"[2] 这次祃祭由晋王杨广主祭，但我们都知道，祃祭礼本该是天子亲征的专属礼仪，文帝允许杨广以太尉身份主持此礼，原因何在？笔者认为应当

---

[1] 《通典》卷55《吉礼十四·历代所尚》，第1546页。
[2] 《隋书》卷8《礼仪三》，第112页。

与隋代祃祭直接上承北周传统有关。比如杨广"以太牢制币,陈甲兵,行三献之礼",这一做法就很显然是比照了北周仲春振旅的规定。其次,北周祃祭是由大司马主持举行,其职与隋代太尉一职大致相当,故由任太尉领兵出征的杨广主持祭祀,也是完全与北周传统相吻合的做法。当然,此举实际上更传递出一种不同寻常的意味,半年后,即十月,文帝废太子杨勇,十一月,立晋王杨广为太子。

后来炀帝登基,贵为天子,再行此礼就更是名正言顺了。因此,他三次亲征辽东,倒有两次都举行过祃祭仪式。第一次是在大业七年(611)炀帝首次征辽的前一年,这一年二月,炀帝离开江都赴涿郡,同时下诏备战。御驾停留涿郡期间,先后完成了宜社、类天、告祖、马祭等重大祭祀和命将授钺等出征礼仪。随后,从涿郡出发,"行幸观海镇,于秃黎山[①]为坛,祠黄帝,行祃祭。皇帝及诸陪祭近侍官诸军将,皆斋一宿。有司供帐设位,为埋坎神座西北,内壝之外。建二旗于南门外。以熊席设帝轩辕神座于壝内。皇帝出次入门,群官定位,皆再拜奠。礼毕,还行宫。"[②]第二次是在大业十年(614)第三次征辽时,"三月壬子,行幸涿郡。癸亥,次临渝宫,亲御戎服,祃祭黄帝,斩叛军者以衅鼓。"[③]

比较隋代的三次祃祭,我们不难发现:第一,三次祃祭均在行军途中举行,其中两次是天子亲征时亲自主祭,这种做法完全符合周代祃祭的基本要求。第二,隋代全面继承了北周祃祭单纯以黄帝为神主的做法,只祭黄帝一人,从而使周代以来对蚩尤的祭祀完全褪去。第三,史书对三次祃祭的记载不尽相同,第一次着重于牢馔

---

① 秃黎山位于隋柳城郡(今辽宁朝阳市)境内,其郡在唐代改称营州都督府。
② 《通典》卷76《军礼一》,第2063页。
③ 《隋书》卷4《帝纪第四·炀帝下》,第60页。

的规格,第二次强调的是陈设和程序,第三次则加入了一个新的内容——"斩叛军者以衅鼓",这反映出隋炀帝在继承北朝礼仪的基础上,力求最大限度还原周礼的现实。

笔者认为之所以三次祃祭各有侧重,其原因在于时移事迁,每次祃祭的背景不同,则其礼也就不尽相同。比如第一次祃祭,杨广的身份是太尉,故其礼参照的是北周定制。而第二次祃祭,杨广已贵为天子,其礼自然与任太尉时不一样,于是他以北齐天子祃祭为蓝本,再结合其他吉礼的做法,设计了从斋戒、陈设到最后拜奠还宫的完整仪礼环节,突出了帝王祭祀的隆重与严谨。同时笔者也注意到,虽然其礼以北齐祃祭为蓝本,但在陈设方面却又与之有诸多不同,比如:第一,"为埋坎神座西北,内壝之外",埋坎的设置是为了在祭奠后沉埋祭品,这就与北齐"设柴与辰地"的做法完全不同,一埋一燎也显示出炀帝对于祃祭的理解不同于北齐。第二,"建二旗于南门外"做法明显与北周建二旗于狩地相一致。第三,"以熊席设帝轩辕神座于壝内"的做法在北齐和北周祃祭中都没有提及,故很可能是炀帝比附周礼所为。这是因为据《周礼·春官·司几筵》记载:"甸役则设熊席,右漆几。"郑玄注:"谓王甸有司祭表貉所设席。"贾公彦疏曰:"甸役,谓天子四时田猎。案《大司马》,大阅礼教战讫,人狩田,既陈,有司表貉于陈前,是时设熊席,右漆几也。"① 也就是说,熊席是周代天子田猎前,大司马主持"祭表貉"礼时设置的熊皮坐席,所以南宋王应麟曰:"惟熊席、漆几设在野所征之地。"② 因此,炀帝在祃祭时用熊席设置黄帝神座明显是依周礼所为。以上三点充分说明了隋代祃祭是杂糅周

---

① 《周礼注疏》卷20,第527—528页。
② 《玉海》卷91《器用》。

代与北朝祃祭礼仪的结果。

至于第三次祃祭炀帝增加"斩叛军者以衅鼓"的环节,笔者认为主要原因也有二:其一,衅鼓之礼早已有之。如《周礼·夏官·大司马》记:"若大师,则掌其戒令,莅大卜,帅执事莅衅主及军器。"郑玄注曰:"大师,王出征伐也。莅,临也。临大卜,卜出兵吉凶也。……主,谓迁庙之主及社主在军者也。军器,鼓铎之属。凡师既受甲,迎主于庙及社主,祝奉以从,杀牲以血涂主及军器,皆神之。"① 因此,历代大军出征前,都有衅鼓的礼仪,隋朝也不例外。如"隋制,皇太子亲戎,及大将出师,则以貂肫一衅鼓,皆告社庙。"②只不过不管是周礼,还是隋礼,衅鼓所用的都是动物血。当然,在历史上也有用人血衅鼓的先例,如公元前627年的崤之战,晋军大败秦师,并俘获了孟明视、西乞术、白乙丙等秦将。战后,晋襄公听从了嫡母文嬴的话,将三人释放回秦,"孟明稽首曰:'君之惠,不以累臣衅鼓,使归就戮于秦。'"注曰:"累,囚系也。杀人以血涂鼓谓之衅鼓。"③ 可见,春秋时就有以俘虏之血衅鼓的传统。据此可知,自周代以来,大军出征前或凯旋后大多有衅鼓的仪式,这是不争的事实。但是,此仪是否也适用于祃祭黄帝或蚩尤的仪式,就不得而知了。因此,笔者认为隋炀帝此次祃祭增加衅鼓一节虽然是有礼可依,但毕竟也算是他的一种创新吧。后来,唐代祃祭就延续了这一传统,据唐人李荃《太白阴经·衅鼓篇》记载:

经曰:军临敌境,使游奕捉敌一人,立于六纛之前而祝曰:"胡

---

① 《周礼注疏》卷29,第781页。
② 《隋书》卷8《礼仪三》,第113页。
③ 《册府元龟》卷744《陪臣部·有词》。

虏不道，敢干天常，皇帝授我旗鼓，翦灭凶渠。见吾旗麾者目眩；闻吾鼓鼙者魄散。"令敌人跪纛前，乃腰斩之，首横路之左，足横路之右，取血以衅鼓鼙，大纛从首足间过，兵马六军从之而往，出胜敌，亦名"祭敌"。①

不能不说是炀帝当年祃祭的遗风。

其二，威慑士卒的需要。大业十年（614）二月，命百官讨论三征高丽，无敢言者，炀帝遂下诏复征天下兵，百道俱进，以击高丽。"三月，壬子，帝行幸涿郡，士卒在道，亡者相继。癸亥，至临渝宫，祃祭黄帝，斩叛军者以衅鼓，亡者亦不止。"②可见，此役不得人心甚矣。虽然衅鼓有礼可依，但此次祃祭不用动物血，不用俘虏血，用的却是己方叛逃士兵的血，这就与传统的做法大不一样了。炀帝此举本欲立威，但最终却适得其反，造成士兵更大量地逃亡，距离隋的灭亡也就不远了。

（二）唐《开元礼》之"皇帝亲征祃于所征之地"

在隋礼基础上，唐代进一步明确将祃祭作为皇帝亲征的专属礼仪，故在《大唐开元礼》之"军礼"部分只有"皇帝亲征祃于所征之地"礼，而没有大将出征祃于所征之地的礼仪。《新唐书》云：

若祃于所征之地，则为墠再重，以熊席祀轩辕氏。兵部建两旗于外墠南门之外，陈甲胄、弓矢于神位之侧，植槊于其后。尊以牺、象、山罍各二，馔以特牲。皇帝服武弁，群臣戎服，三献。其接神

---

① 《太白阴经》卷5《预备·衅鼓篇》，引自《中国兵书集成》（第2册），第555页。

② 《资治通鉴》卷182，炀帝大业十年三月条。

者皆如常祀，瘗而不燎。其军将之位如禡。①

从中我们可以看到，唐代祃祭显然是以隋代祃祭，尤其是炀帝大业七年祃祭作为范本而设置的。首先，两者均以黄帝作为祭主；其次，陈设也大致相同，均是在所征之地设两重坛，建二旗，陈甲胄、弓矢、槊等军器；第三，在程序上，也是皇帝主祭，行三献礼，最后瘗埋祭品。所不同者，唯在牲牢的规格上，隋代用太牢，而唐代则用特牲。

当然，《新唐书》的记载毕竟过于笼统，但是在《大唐开元礼》中还保存着关于唐代祃祭最详细的内容。根据《开元礼》卷84的记载，我们大致可以对唐代"皇帝亲征祃于所征之地"有以下三方面的了解：

第一，祭祀环节严谨完整，尽显皇家威仪。按制，其礼先需卜日，再行斋戒，要求"前祭一日，皇帝清斋于行宫。凡与祭之官清斋于祭所，近侍之官与从祭群官及诸军将皆于军幕清斋一宿。诸卫令其属各以其方器服守卫壝门，亦清斋一宿"。正式祭祀之日，"皇帝服武弁之服，诣祭所，诸将与从祭之官皆戎服陪从，如常驾。"至祭所后，皇帝先下马入大次，大约停留半刻左右，以完成署祝版的仪式。同时这半刻时间也是祭官、从祭群官和诸军将相继就位的时间。待所有人员就位后，侍中版奏："外办"。随后皇帝才在太常卿的引导下，出大次就版位，西向立。首先举行的是奠玉币仪式，"太常卿引皇帝进神座前北向立，太祝以币授侍中，侍中奉币东向进，皇帝受币，太常卿引皇帝进，北面跪奠于神座，俛伏，兴，太常卿引皇帝少退，北向再拜讫，太常卿引皇帝还版位西向立。"接

---

① 《新唐书》卷16《礼乐六》，第251页。

着由司徒奉俎引馔入，随后在侍中和黄门侍郎的协助下，皇帝洗爵盛酒，于神座前"北面跪奠爵，俛伏，兴。太常卿引皇帝少退，北向立"。此时，由太祝在神座之右，东面跪读皇帝刚刚亲笔御署的祝文，读完后，进奠祝版于神座之前。随后，皇帝再次受爵，跪祭酒、啐酒、奠爵。整个奠祝版的仪式完成后，就是皇帝饮福受胙的仪式。这一切完成后，"太常卿引皇帝还版位西向立，谒者引司徒还本位。"接着上将和次将先后上坛奠爵饮福，完成亚献和终献之仪。随后，众官受胙，皇帝就"望瘗位"观看瘗埋祭品的仪式，所进奉的玉币、牲体、稷黍饭爵酒等祭品统统埋入事先挖好的瘗埳，只有祝版是"燔于祭所"。最后，礼成，皇帝"还行宫如来仪，若备六军及严鼓作止，如类告之礼"。通观唐代祃祭的整个仪式环节，除没有纂严外，从卜日、斋戒、出宫、还宫、到奠币、祭酒、读祝文、进熟、饮福受胙，一应俱全，完全等同于类天、宜社等重要祭祀。而且此礼由皇帝主祭，上将、次将任亚献和终献，侍中、司徒、兵部侍郎、黄门侍郎等高官协助祭祀，这一切足以证明此礼虽然是在行军途中举行的军事祭祀，但一点也不马虎，规格之高与前文提到的"告所过山川"之礼形成了鲜明的对比。

第二，陈设内容繁复而有特色，与隋代祃祭一脉相承。唐代祃祭的陈设分三个阶段完成。第一个阶段是祭祀前几天，主要是在外壝东门和南门内外，完成大次、御座、文武侍臣次、群官次、诸军将次的搭建，以作祭祀前后皇帝和群臣停留休整之处。同时，"右校修除祭所，又为瘗埳于神座西北，内壝之外，方深取足容物。"这明显与隋代祃祭最后瘗埋祭品的方式一致，而与北齐柴燎的做法相异，是唐礼主要继承隋礼的又一明证。第二个阶段是祭祀前一日，主要是在内壝内外完成包括御位、祭官位、执事者位、御史位、奉礼赞者位、从祭群官位、军将位、望瘗位和各类人员的门外位在内的各种位置划定。此外，兵部侍郎还要负责在距离南门三十步的位置建旗二面，而郊社令则负责率人把祭祀所用的各种器皿摆放到位。其中"牺尊二，象尊二，山罍二，皆于神座东南，俱北面西上（尊皆加勺，幂有坫以置爵）。设御洗又于酒尊东南，诸将罍洗又（于其）东南，皆北向，罍水在洗东，篚在洗西南肆（篚实以巾爵）"。可见，酒樽的数量与唐出征前祭祀武成王庙的一致，"齐太公牺尊二、象尊二、山罍二……留侯牺尊二、象尊二、山罍二。"① 这两个阶段的陈设内容与唐代吉礼的通常陈设一样，"有待事之次，有即事之位，有门外之位，有牲器之位，有席神之位。"② 一切都按祭祀的有关套路有条不紊，按部就班地进行，虽然看似繁复，实则较为单纯。第三个阶段是祭祀当天，"未明四刻，郊社令奉熊席入设黄帝轩辕氏神座于墠内近北南向，兵部侍郎置甲胄弓矢于座侧，建矟于座后。"这是整个祃祭陈设最重要的部分，也是祃祭陈设有别于其他祭祀的部分，从中能看到北周，尤其是隋代祃祭的影子。

第三，牢馔等级较高。隋代祃祭是用太牢规格，行三献之礼，而唐代祃祭仅仅是"祭日未明十五刻，太官令预备特牲之馔（牲以犊）"。这种规格不仅低于隋代，而且似乎也低于唐代祭告所过山川礼仪。因为按唐代"皇帝亲征及巡狩告所过山川"的规定"岳镇海渎用太牢，中山川用少牢，小山川用特牲。若行速即用酒脯"。③因此，表面上看来似乎祃祭的牢馔仅仅与祭告小山川的相同。其实不然，所谓"特牲"就是指在祭祀时只用一种牲畜，牛、羊、猪皆可。那么到底是选用牛、羊、猪中的哪一种则视祭祀的重要性而定，

---

① 《大唐开元礼》卷55，第304页。
② 《新唐书》卷11《礼乐一》，第200页。
③ 《大唐开元礼》卷84《军礼四》，第406页。

如唐代皇帝亲征祭告小山川所用之"特牲"就是一只羊。但唐代袚祭选用的"特牲"则是牛犊一只,当时"皇帝亲征告于太庙"所使用的牲牢就是"每室各犊一"。① 由此,唐代袚祭虽然低于隋代的太牢规格,但唐人对于袚祭的重视程度已足见一斑。

尽管唐礼对于"皇帝亲征袚于所征之地"有十分详尽的要求,但由于唐代皇帝亲征唯唐太宗贞观年间征高丽而已,当时并未行袚祭之礼,故笔者认为此礼在有唐一代可能只存在于礼制文字当中,而并无机会真正举行过。

四、唐之后袚祭的演变

如上文所述,在《大唐开元礼》中只有"皇帝亲征袚于所征之地"的礼仪,而无大将出征袚于所征之地的礼制,那么这是不是意味着大将出征就没有袚祭呢?笔者认为其实不然。正如"告所过山川"之仪一样,虽然军礼典章中并未有相关规定和仪制,但在实际执行过程中,由于皇帝亲征过于少见,举行真正属于天子的袚祭,机会甚少,因此,唐人在总结历代关于袚祭的不同理解和形式的基础上,兼顾自己的实际需要与情况,对袚祭进行了广义上的延展。

据唐人李筌《太白阴经》卷7《祭文总序》记载:

师初出,则袚军之牙门,祷马群厩。蚩尤氏造五兵,制旗鼓,师出亦祭之。其名山大川。风伯雨师并所过则祭,不过则无妄祠。

毗沙门神,本西方法佛说四天王,则北方天王也。于阗城有庙,身披甲,右手持戟,左手擎化塔,祇从群诸殊形异状,胡人事之。往年吐蕃围于阗,吐蕃人夜见金人披发持戟行于城上,吐蕃众

---

① 《大唐开元礼》卷83《军礼三》,第400页

数千万尽患疮疾，莫能胜。又化黑鼠，咬弓弦无不断绝，吐蕃扶病而遁。国家知其神，乃于边方立庙。元帅亦图其形旗上，号曰："神旗"，出居旗节之前。故军出而祭之，至今州县府多立天王庙也。

一云：昔吐蕃围安西，北庭表奏之救。唐玄宗曰："安西去京一万二千里，八月方到，到则无所及矣。"左右请召不空三藏，令请毗沙门天王。师至，请帝执香炉，师诵真言。帝忽见甲士前立，帝问不空，不空曰："天王差二子独健领兵救安西，来辞陛下。"后安西奏云："城东北三十里云雾中，见兵人各长一丈，五六里，至酉时鸣鼓角，震三百里。停二日，康居等五国抽兵，彼营中有金鼠咬弓弦弩，器械并损，须臾，北楼天王现身。"①

正如笔者在这部分开头就提到的，"祃"字从示旁，当与鬼神、祭祀有关。按《说文解字》的解释："师行所止，恐有慢其神，下而祀之曰祃。"②故对其最通俗的解释为古代行军在军队驻扎之地举行的祭礼。很明显，唐人就是这样来理解祃祭的，所以根据李筌的记载，唐代大将出征后，除了要祭告所过之名山大川，所遇之风伯雨师外，还要祃牙，祃马，祃蚩尤。唐玄宗之后，由于佛教大盛，唐军甚至还将其北方天王也纳入了祭祀范围。唐人将这类在出征前或行军途中举行的祭礼都通称为"祃"。因此，根据祃的对象不同，唐代大将出征的祃祭可以分为四种：第一种是祃神，所谓"若至所征之地祭者，则以黄帝、蚩尤之神，故亦皆得云祃神也。"③；第二种是祃牙纛；第三种是祃马；第四种是祃佛教的毗沙门神。此时

---

① 《太白阴经》卷7《祭文》，引自《中国兵书集成》（第2册），第599-601页。
② 《说文解字》一篇上"示部"，第7页。
③ 《通典》卷76《军礼一》，第2061页。

的"祃"与"祭"同义。

其中第一种以蚩尤、黄帝为对象的祃祭是传统意义的祃祭，第二种祃牙纛即前文所述的祭牙纛，源自西周的"祭表貉"礼。第三种祃马，应该是受汉代应劭对祃祭释义的影响，李筌在《太白阴经》中就提供了一篇《祃马文》，其文曰："维某年岁次，某甲某月朔某日某将军，某谨以清酌少牢之奠祭尔群牧马之神曰：……惟尔马神，使我马肥，风驰电转，龙骧虎奔，……一举成功，投戈脱甲，示不复用，休尔于华山之阳而已矣。"① 至于第四种祃毗沙门神，则完全是唐代的首创，究其原因主要有三：其一与当时佛教兴盛有关；其二是因为对此神的信仰在西域胡人中十分流行，所谓入乡随俗，唐朝在西域的统治需要与当地文化的融合；其三，唐在西域与突厥、吐蕃、回纥等少数民族战争不断，绘毗沙门神形与旗上，对胡人也能起到一定的震慑作用。

至宋代，祃祭一跃而为当时最重要的军事礼仪。根据《宋史·礼志》记载：

祃，师祭也，宜居军礼之首。讲武次之，受降、献俘又次之。军前大旗曰牙，师出必祭，谓之祃。……太宗征河东，出京前一日，遣右赞善大夫潘慎修出郊，用少牢一祭蚩尤、祃牙；遣著作佐郎李巨源即北郊望气，坛用香、柳枝、灯油、乳粥、酥蜜饼、果，祭北方天王。咸平中，诏太常礼院定祃仪。……又择日祭马祖、马社。②

---

① 《太白阴经》卷7《祭文》，引自《中国兵书集成》（第2册），第602-603页。

② 《宋史》卷121《礼二十四》。

可见，唐代大将出征时所行四种祭祀，在宋代都得到全部保留。虽然如此，但我们也注意到，在这四种祭祀中，宋代只称祭旗为"祃"，而将唐代所谓的祃马等祭礼统统改为"祭"。由此，祃祭完成了由祭黄帝，到祭军旗的重大转变，此后，明代更将这种祭旗的祃祭上升为每年都要举行的常制。正因为如此，清人秦蕙田才说："夫以祭造军法之人，而变而祭牙旗，又因旗神而及太乙五兵，又或兼祭蚩尤与旗神纷纷之制，皆非古也"①，它们都是祃祭在唐代逐渐完成转变的结果。

总之，正如清代总结祃祭之演变所言："祃者，祭始造兵法之人，谓黄帝及蚩尤也，至后世则变而为旗纛之祭。顾恺之祭牙文曰：'敢告黄帝蚩尤五兵之神'则似祭牙即祭黄帝蚩尤。宋太平兴国中，既祭蚩尤又祃牙，则又分而为二，而祭蚩尤不名为祃矣。明世旗纛庙祭，神凡七位，祃祭至此益详，盖无事而祃者也。"②明世之祃祭就与本书所言之祃祭有了本质的区别了。

---

① 《五礼通考》卷237《军礼五》。
② 《钦定续通志》卷117。

第二章　命将誓师礼仪

在大军出征之前，除各类祭祀礼仪和命将礼仪——这些明确记入"五礼"之"军礼"部分的军事礼仪之外，还有一些虽未记入"军礼"，但是在大军出征前却实实在在要举行的军事礼仪，如劳遣、誓师、祭牙纛等。如果说，祭祀与命将主要面向的是军队上层，那么，这些出师仪礼则是面向全军，以提振士气、整肃军队为目的，或单独行之，或兼而有之，具有很大的灵活性。

第一节　命将礼仪

大军出征前除了有各项祭祀仪礼用于祈福之外，一项十分重要的军事礼仪就是命将出征。正所谓将在外，君命有所不受，一军主帅的选用固然应该谨慎，而对其之任命更应隆而重之，以达到凝聚军心，明确责权等目的。

一、唐以前命将礼之源变

正如前文所述，古礼命将出征是一个十分隆重的仪式，关于先秦命将之礼，《六韬·龙韬·立将第二十一》记载甚细：

凡国有难，君避正殿，召将而诏之曰："社稷安危，一在将军。今某国不臣，愿将军帅师应之。"将既受命。乃命太史钻灵龟，卜吉日。斋三日，至太庙以授斧钺。君入庙门，西面而立。将入庙门，北面而立。君亲操钺，持首，授将其柄，曰："从此上至天者，将军制之。"复操斧，持柄，授将其刃，曰："从此下至渊者，将军制之。见其虚则进，见其实则止。勿以三军为众而轻敌，勿以受命为重而必死，勿以身贵而贱人，勿以独见而违众，勿以辩说为必然。士未坐勿坐，士未食勿食，寒暑必同。如此，则士众必尽死力。"

将已受命，拜而报君曰："臣闻国不可从外治，军不可从中御。二心不可以事君，疑志不可以应敌。臣既受命，专斧钺之威。臣不敢生还，愿君亦垂一言之命于臣。君不许臣，臣不敢将。君许之，乃辞而行。"

据此，我们了解到先秦时期的命将礼主要分为两大步骤：首先是在王宫偏殿，由国君告知征战命将之事，将领若受命，才进入到最重要的太庙授钺环节。可见第一个环节——偏殿命将较为随意，太庙授钺才是正式的命将大礼。为此，不仅要卜日、斋戒，而且国君还要亲自主持大礼，所授者二，一为钺，一为斧。按周礼，"以军礼言之，非赐弓矢不得征，非赐斧钺不得杀"[①]，可知赐以弓矢是专事征伐的象征，而授以斧钺则是授予大将在军中生杀予夺的大权。先秦命将时不赐弓矢，只授斧钺，其目的是强调大将在军中无可争辩的统帅地位，其实质是战时对国君军权的分享，故其礼不可谓不重也。在命将授斧钺的同时，国君对大将还有一番训诫之辞，主要是告诫将领不可轻敌、独见，要与士兵同甘共苦等。而大将在

[①] 《周官总义》卷12。

聆训之后，也有一番回应之辞，其大意只有一个——将在外，君命有所不受也，可见在命将礼上的这番对话更像是君臣相互立下的承诺而已。

《六韬》关于先秦命将礼的记载止于此，但事实上，这仅仅是命将礼最重要的环节，却不是最后的环节。在《淮南子》中，我们可以看到在完成以上两个重要步骤后，"将已受斧钺……乃爪鬋，（鬋爪，送终之礼，去手足爪。）设明衣也，（明衣，丧衣也，在于闇寞，故言明。）凿凶门而出。（凶门，北出门也，将军之出以丧礼处之，以其必死也。）乘将军车，载旌旗斧钺，累若不胜。其临敌决战，不顾必死，无有二心。是故无天于上，无地于下，无敌于前，无主于后，进不求名，退不避罪，唯民是保，利合于主，国之实也，上将之道也。如此，则智者为之虑，勇者为之斗，气厉青云，疾如驰骛，是故兵未交接而敌人恐惧。"[①] 可知，先秦命将礼的最后一个环节当是将帅剪短指甲，身穿丧衣，凿一扇向北开的门，表示下定了必死的决心。此后将帅登上战车，车上插着刚刚国君赐予的军旗和斧钺，正式出征，其神色"累若不胜"，十分凝重。这种抱定必死决心出征的悲壮场面，与后世誓师时旌甲分明，群情激昂的光鲜场景大为不同。但是此礼的作用是十分明显的，在临敌决胜时，国君亲赐的斧钺让将领和士兵"不顾必死，无有二心"，这样的军队才能做到"兵未交接而敌人恐惧"也。

这种将命将礼放在太庙，并由国君亲自主持授钺的做法，虽然在北齐时期曾经一度恢复，但实际上最迟在汉代，命将礼就已经发生了变化。史载在汉高祖刘邦为汉王时，萧何推荐韩信为大将，刘

---

① （汉）刘文典.《淮南鸿烈集解》卷15《兵略训》，北京：中华书局，1989年，第518-519页。

邦"欲召（韩）信拜之。（萧）何曰：'王素嫚无礼，今拜大将如召小儿，此乃信所以去也。王必欲拜之，择日斋戒，设坛场具礼，乃可。'王许之。"①于是果然如萧何之言，"择良日，斋戒，设坛场，具礼，拜韩信为大将军。部署诸将，东出陈仓，收秦地。"②由于刘邦当时仅仅是汉王，不可能有太庙这样的场所，故拜将礼是专门"设坛场"而行。汉立国后，行命将礼的场所又有所改变，所谓"出征授钺朝堂（汉魏故事云，夫遣将军出征，授节钺于朝堂）。"③到了西晋时期，其礼又有所变化，唐初欧阳询在编《艺文类聚》时就提到："挚虞新礼议曰：汉魏故事，遣将出征，符节郎授钺于朝堂。新礼遣将，御临轩，尚书授节钺，古兵书跪而推毂之义也。"④南北朝时期命将礼又不尽相同，如"北齐命将，皇帝告庙，降就中阶，亲授斧钺。后周遣将，司宪奉钺进授大将，大将拜受以行"。⑤

由此可知，大将出征按例要行命将授钺之礼，但由谁来授，在哪儿授，所授内容，则因朝代而略有不同。先秦时期，命将授钺的主要地点在太庙，由国君亲自主持仪式，所授者主要为斧钺；汉魏以后则是在朝堂之上，由符节郎授钺给大将；西晋行新礼，又改由尚书临轩授之节钺。汉魏时期的符节郎，其前身是周官中"典瑞""掌节"二官，所谓瑞、节皆是符信的一种，其中"典瑞"属春官⑥，"掌

---

① 《汉书》卷34《韩信传》，第1863页。
② 《通志》卷44《礼略第三·命将出征》，第594页。
③ 《北堂书钞》卷64，第226页。
④ 《艺文类聚》卷59《战伐》，第1064页。
⑤ （明）徐一夔：《大明集礼》卷34《军礼二》，明嘉靖九年内府刻本。
⑥ 古代官名。周代春官以大宗伯为长官，掌理礼制、祭祀、历法等事。所属有肆师、大司乐、大祝、大史等官。

节"属地官①,可知"节"当是与军事有关的一种符信。其后,秦汉有符节令、丞,领符玺郎。"后汉有符节令,两梁冠,位次御史中丞。别为一台,而符节令一人为台率,掌符节之事,属少府。魏与后汉同。"②可知符节令当为秩千石以上的中高级官吏,但符节郎一职则品序较低,在汉末三国时期仅为秩三百石的下级官吏③(大唐设符宝郎,位在从六品上,品秩也不高)。因此,在西晋修订新礼时就发现由此官为大将授钺十分不妥,故改由尚书授节钺。尚书一职,秦属少府,秩六百石,品秩不高,在殿中主发布文书。汉武帝时,选拔尚书、中书、侍中组成"中朝"(或称内朝),成为实际上的中央决策机关,因系近臣,地位渐高。东汉朝政悉归尚书台,各曹尚书地位更见重要,其主官尚书令成为总揽事权的贵官。时诸尚书虽分掌各曹,但只称尚书,不冠以某曹之名。汉灵帝时,始分曹名之。魏晋时,诸曹尚书俱为贵官,隋唐时官至正三品。可见西晋改以尚书授钺,是对命将礼的一种高度重视。

到北朝时期,民风尚武,加之军事活动十分频繁,故对命将礼更加重视,北齐时甚至一度恢复周礼命将的做法,由皇帝亲自在太庙主持授钺仪式。北周虽改由司宪奉钺以授大将,但其礼仍在太庙

---

① 古代官名。周代地官以司徒为长官,帅其属而掌邦教,佐王安扰邦国。属下各官有乡师、乡老、乡大夫、遂人、遂师、遂大夫等。

② 《通典》卷21《职官三》,第558页。

③ 《职官分纪》卷16《秘书省》:"魏志武帝置秘书左右丞,以刘放为左丞,孙资为右丞,王肃表:'……建安二十三年秘书丞郎比侍御史下,节度比兰台令史,此为丞郎宜亚侍御史。而今位在符节郎下,符节郎秩三百石,秘书丞秩四百石,高秩在下,违贱贵之宜,符节郎在上,失内外之叙。臣愚以为秘书职于三台,为近密,中书郎在尚书丞郎上,秘书丞郎宜次尚书郎下,不然则宜次侍御史下。秘书丞郎俱四百石,迁宜比尚书郎,出亦宜为郡……。'"(宋 孙逢吉 撰)

举行，皇帝戎服乘马以遣之，其规格自然也不低，如"明帝武成元年（559），吐谷浑寇边。帝戎服乘马，遣大司马贺兰祥讨之。告于太祖之庙，司宪奉钺，进授大将。大将拜受，以授从者。礼毕，出受甲兵。"① 可知当时是将告庙与授钺一并举行，完毕后出受甲兵，准备开拔，就不再返家了。

隋唐之前历代命将授钺情况一览表

朝代	授钺者	授钺地点	皇帝参与方式	备注
先秦	天子/国君	太庙	天子亲授斧钺	告庙并授钺
汉初	皇帝	拜将坛	皇帝登坛拜将	无告庙
汉魏	符节郎	朝堂		只见授钺，不见告庙
西晋	尚书	轩室	御驾临轩	只见授钺，不见告庙
北齐	皇帝	太祖庙	皇帝亲授斧钺	告庙并授钺
北周	司宪	太祖庙	皇帝戎服乘马遣之	告庙并授钺

"隋制，皇太子亲戎，及大将出师，则以豭肫衅鼓，皆告社庙。受斧钺讫，不得反宿于家。开皇八年，晋王广将伐陈，内史令李德林摄太尉，告于太祖庙。礼毕，又命有司宜于太社。"② 可知，隋代大将出征之前仍然有以牲血衅鼓、告社庙、受斧钺等礼仪，但开皇八年（588）晋王广伐陈之前，却只有太尉告庙、宜社的记载，隋文帝本人并未前往太庙授钺。开皇二十年（600），晋王广北伐突厥时，诸书③ 也只有此行于河上祃祭黄帝的记载，而不见行命将授钺之礼，故笔者认为，隋代命将授钺之礼当与先秦有异，更甚者其礼恐并未真正执行过。

---

① 《通典》卷76《军礼一》，第2083-2084页。
② 《隋书》卷8《礼仪三》，第113页。
③ 《通典》卷76《命将出征》，第2084页；《通志》卷44《命将出征》，第594页。

正因为如此，贞观年间，唐太宗在与李靖探讨兵法时，就专门提到："古者出师命将，斋三日，授之以钺，曰：'从此至天，将军制之。'又授之以斧，曰'从此至地，将军制之。'又推其毂，曰：'进退惟时。'既行，军中但闻将军之令，不闻君命。朕谓此礼久废，今欲与卿参定遣将之仪，如何？"李靖的回答是："臣窃谓圣人制作，致斋于庙者，所以假威于神也；授斧钺又推其毂者，所以委寄以权也。今陛下每有出师，必与公卿议论，告庙而后遣，此则邀以神至矣。每有任将，必使之便宜从事，此则假以权重矣。何异于致斋推毂耶？尽合古礼，其义同焉，不须参定。"①从君臣二人的问答中，我们可以了解到：第一，当时命将礼废止已久，所谓"久废"者，恐似不仅仅是唐初而已，至少应从隋代算起。第二，贞观年间遣将出征并无命将授钺之礼。当时的做法是"与公卿议论，告庙而后遣"，同时也允许将领"便宜从事"，可知唐初虽无命将授钺之仪，但却保留了告庙之礼和放权之义，故李靖以为此种做法"尽合古礼"，不需再定命将礼仪。对此，太宗深以为然，乃命近臣记录此事，以为后世之法。故太宗时期并无命将出征的专门礼仪，所有命将事宜都是以诏书的方式下达，如《命张俭等征高丽诏》②、《命将征高丽诏》③等皆是如此。

但这种做法只适用于唐初国家初创，百事待举，百礼待兴的特殊时期，行之久矣，难免有失草草。随着唐国力日渐鼎盛，各项典章制度也日益完备。到唐玄宗时期，在命将礼仪上已经形成了平时与战时的两套做法。平时"诸卫大将军、特进、镇军、辅国大将军、

---

① 《李卫公问对》卷下，引自《中国兵书集成》（第2册），第278-279页。
② 《全唐文》卷7，第85-86页。
③ 《全唐文》卷7，第86-87页。

光禄大夫、太子詹事、太常卿、都督及上州刺史在京者，朝堂受册。"①战时"凡大将出征皆告庙，授斧钺，辞齐太公庙；辞讫，不反宿于家。临军对寇，士卒不用命，并得专行其罚。"②可见正常的武职升授是在朝堂以册命的方式进行，而大将出征按例还是需告庙、授斧钺的。此外，唐玄宗天宝元年（742）正月又下令"改黄钺为金钺"③。通常情况下，"大将出征特加黄钺者，以铜为之，黄金涂刃及柄，不得纯金也。"④因为"假黄钺则专戮节将，非人臣常器"。⑤故魏晋以来享受过此等规格待遇的大将寥寥无几。三国曹魏时"上军大将军曹真都督中外诸军，假黄钺，则总统外内诸军矣。"西晋伐吴之役，"以贾充为使持节，假黄钺、大都督，总统六师。"⑥此外，南北朝时期，也唯有刘宋之江夏王义恭和北周大司马贺兰祥得假黄钺而已。玄宗此令不仅提高了唐钺的规格，更重要的是它证明了当时确有命将授钺的礼仪规章。

二、唐代命将礼的内容

如前文所述，隋代虽有命将授钺的要求，但很可能并未真正执行这一礼仪，遂导致唐初有"此礼久废"之感慨，故在此，笔者主要讨论唐代命将礼的主要做法和内容。

据新旧《唐书》《唐六典》等文献记载：

---

① 《通典》卷19《职官一》，第471页。
② 《唐六典》卷5《尚书兵部》，第159页。
③ 《旧唐书》卷9《玄宗本纪下》，第214页。
④ （宋）李昉.《太平御览》卷680《仪式部》，北京：中华书局，1963年，第3035页。
⑤ 《通典》卷32《职官十四》，第893页。
⑥ 《通典》卷32《职官十四》，第893页。

凡将出征，告庙，授斧钺。①

凡大将出征，皆告庙授钺，辞齐太公庙讫，不宿于家。②

凡大将出征皆告庙，授斧钺，辞齐太公庙；辞讫，不反宿于家。临军对寇，士卒不用命，并得专行其罚。③

从诸书记载内容推断，唐代命将礼的内容主要包括告庙、授钺和告齐太公庙三项，其顺序是先告庙、再授钺，最后辞齐太公庙。其中告庙和告齐太公庙仪已在前文有所交代，故在这里，笔者拟集中讨论唐代授钺的基本情况和后期演变。

（一）授斧钺

要弄清楚唐代命将授钺之仪，我们必须回答三个问题：

第一，谁来负责授钺？据《新唐书》卷46《百官一》记载："凡将出征，告庙，授斧钺。"此处虽没有明确说明由谁来负责授斧钺，但鉴于此文出自"兵部"条下，故可以理解为兵部是负责大将出征前授钺仪式的主责单位。那么，唐代是否沿袭西晋由尚书授钺的惯例呢？答案是否定的。这是因为《唐六典》卷5"兵部郎中"条下明确记载"凡大将出征皆告庙，授斧钺，辞齐太公庙"，故可知当是由兵部郎中具体负责此事。唐制，兵部设有尚书一人，正三品，其下有侍郎二人，正四品下，再下便是郎中二人，从五品上，可知，兵部郎中一职在兵部还是相当重要的。"兵部尚书、侍郎之职，掌天下军卫武官选授之政令。"故笔者认为，兵部尚书和兵部侍郎，作为兵部的正副主官，虽然负责兵部的主要事务，但在大将出征授

---

① 《新唐书》卷46《百官一》，第787页。
② 《旧唐书》卷43《职官二》，第1835页。
③ 《唐六典》卷5《尚书兵部》，第159页。

钺一事上，兵部郎中才是主责官员。

第二，授钺的地点在哪里？关于这一点，诸书皆没有明确记载，但大多是将授钺一事与"告庙"联系在一起，那么唐代命将授钺礼是否与先秦一样，是在告庙的同时授钺呢？答案也是否定的。这是因为在《大唐开元礼》卷88记载的"制遣大将出征有司告于太庙"诸仪中从未见到在告庙同时授钺的内容，故可以断定大将出征前的授钺地点不是太庙，很可能是告庙之后，再在其他地方授钺，如朝堂、兵部等。唐代唯一一次明确记载授钺地点的是唐德宗兴元元年（784）为大将浑瑊授钺。唐德宗即位之初，奉行武力削藩策略，但在其削藩过程中，战局一度对中央十分不利，发生于建中四年（783）十月的"泾原兵变"，更直接导致德宗仓皇出逃奉天（今陕西乾县），成为唐朝继玄宗、代宗以后又一位出京避乱的皇帝。"后三日，（浑）瑊率家人子弟自京城至，乃署为行在都虞侯、检校兵部尚书、京畿渭北节度观察使。"[①] 浑瑊坚守危城，击退数万叛军的围攻，保住了奉天。兴元元年（784）正月，德宗任命浑瑊为行在都知兵马使。二月，由于朔方节度使李怀光叛乱，浑瑊又护卫德宗逃往梁州（今陕西汉中）。于是三月，"加（浑瑊）检校左仆射、同中书门下平章事，兼灵州都督、灵盐丰夏等州、定远西城天德军节度等使，仍充朔方邠宁振武等道兼永平军奉天行营兵马副元帅，上临轩授钺，用汉拜韩信故事。"[②] 唐制，"凡亲王总戎则曰元帅，文、武官总统者则曰总管。以奉使言之，则曰节度使。"[③] 从唐德宗任命浑瑊的职务来看，最初是"行在都虞侯"，再是"行在都知兵马使"，

---

① 《旧唐书》卷134《浑瑊传》，第3704页。
② 《旧唐书》卷134《浑瑊传》，第3707页。
③ 《唐六典》卷5《尚书兵部》，第158页。

最后到"奉天行营兵马副元帅",其级别不断提高,最后更是按大将率军出征的最高规格任命,故按制应对浑瑊行命将授钺之礼,于是"帝临轩授钺,用汉拜韩信故事,制曰:'寇贼干纪,授尔节钺,以戡多难,往钦哉!'瑊顿首曰:'敢不毕力以对扬天子休命?'乃率诸军趋京师"。①

之所以"临轩授钺",一是因为西晋以来就有"临轩授钺"的命将传统;二是因为唐代也不乏皇帝临轩册授的礼仪成例。如唐高宗永徽六年(655)"冬十月己酉,废皇后王氏为庶人,立昭仪武氏为皇后,大赦天下。十一月丁卯朔,临轩,命司空勣、左仆射志宁册皇后"②。再者在职事官的任命上,自隋代以后,五品以下官员的一般是由"中书门下知政事官访择闻奏,然后下制授之。三品以上,德高望重者,亦有临轩册授。自神龙之后,册礼废而不用,朝迁命官,制敕而已。六品已上,吏部选拟录奏,书旨授之"③。由此可知,自隋代以后至唐中宗神龙年间,隋唐两朝都有临轩册授三品以上大员的礼仪。尽管唐中宗之后,此礼已废,"朝迁命官,制敕而已"④,但唐代毕竟有过临轩册后和临轩册授三品以上重要职事官的惯例。因此,唐德宗在当时仓皇出逃,身在行营的情况下,不用中宗朝以来靠制敕命官命将的老套路,而重新采用中宗以前隆重正式的"临轩授钺"礼仪,可谓既合礼又合时。

---

① 《新唐书》卷155《浑瑊传》,第3820页。
② 《旧唐书》卷4《高宗上》,第74页。
③ 《旧唐书》卷42《职官一》,第1804页。
④ 如唐玄宗先天二年(713)的《授解琬朔方道后军大总管张知运副大总管制》、开元二年(714)的《授王晙朔方道行军总管制》(《全唐文》卷20,参见《唐大诏令集》卷59:《(命将)解琬朔方道后军大总管制》《王晙朔方道行军总管制》)、同年《薛讷白衣摄左羽林将军击吐蕃制》唐肃宗上元元年(760)《郭子仪都统诸道兵马收范阳制》(《唐大诏令集》卷59)等。

虽然我们现在已经很难找到有关唐代大将出征前"临轩授钺"具体做法的记载，但我们还是可以通过唐代临轩册授三公的礼仪，一窥其究竟。如贞元三年（787），唐德宗采纳宰相张延赏之言，拜中唐名将李晟为太尉、中书令，以罢其兵权。"及册晟太尉，故事，临轩册拜三公，中书令读册，侍中奉礼，如阙，即以宰相摄之。延赏欲轻其礼，始令兵部尚书崔汉衡摄中书令读册，时议非之。"[1]笔者据此认为，临轩册三公时，由中书令、侍中等枢机重臣执礼，而临轩授钺命将的规格应该不会如此之高，由于前文已言命将授钺的主责单位是兵部，故以兵部尚书、侍郎、郎中执礼的可能性更大，一人读册，一人奉礼之制则不可或缺。

虽然明确记载唐代授钺地点的史料只浑瑊一例，但"临轩"之制在唐代授钺礼仪中并非孤例，如在王维早年创作的《少年行》之四中就有"天子临轩赐侯印，将军佩出明光宫"[2]的诗句，反映了在唐玄宗开元年间就有临轩赐印之例。再如贞元十四年（798），唐德宗在徐泗濠节度、支度营田观察使张建封离朝还镇时，特赐诗一首，诗中也有"宣风自淮甸，授钺膺藩维。入觐展眷恋，临轩慰来思。"[3]的句子。再如唐宣宗"大中时，党项羌震扰，议者以将臣贪牟产虏怨，议择儒臣治边。乃授（李）福夏绥银节度使，宣宗临轩谕遣。"[4]这也是晚唐仍然临轩遣将的一个明证。因此，笔者认为，唐代命将授钺之礼通常是在告庙之后举行，其最常见的地点和方式应该是"临轩授钺"。

---

[1] 《旧唐书》卷129《张延赏传》，第3609页。
[2] （清）曹寅、彭定求等奉敕编撰．《全唐诗》卷128《王维四》，北京：中华书局，1999年，第1305页。
[3] 《旧唐书》卷140《张建封传》，第3832页。
[4] 《新唐书》卷131《李石传》附《李福传》，第3556页。

第三，什么人才有资格受钺？按唐制，率军出征的大将需要授钺，如颜真卿所撰《大唐故冠军将军左羽林军大将军东莞郡开国公上柱国臧府君墓志铭并序》一文中就提到卒于开元十七年（729）的唐左羽林大将军臧怀亮，生前曾经"授钺庙堂筹算"。① 再者，开元二十年（732），唐廷以朔方节度副大使信安王祎为河东、河北行军副大总管，将兵击奚、契丹。高适在其作《信安王幕府诗》中遂云："朝瞻授钺去，时听堰戈旋。"② 此二者皆可为旁证。

中唐以后，情况有所不同。首先，大将出征当然仍会授钺，如前文提到的德宗朝浑瑊"临轩授钺"一事就是最明显的例证。其次如宪宗元和初年，征讨剑南西川节度刘辟时，任命高崇文"充左神策行营节度使，兼统左右神策、奉天、麟游诸镇兵以讨辟"。③ 其职相当于中央神策军的主帅。王师出征，故宪宗按礼"遂拜于齐坛，授以萧斧"。④ 再如元和九年（814），淮西节度使吴少阳死，其子吴元济谋求自立，继而举兵叛乱，威胁东都。第二年正月，宪宗决定对淮西用兵。元和十二年（817）七月，在僵持了三年之久后，宪宗命宰相裴度兼彰义节度使，亲赴前线协调诸军会战。临行之前，宪宗对裴度说："度，汝其往，……赐汝节斧、通天御带、卫卒三百。凡兹廷臣，汝择自从，惟其贤能，无惮大吏。庚申，予其临门送汝。"⑤ 虽然裴度只带了卫卒三百，但却是以王师主帅的身份离开京城出征的，故宪宗也要赐与其节斧。这里提到的"节"，

---

① 郝本性：《隋唐五代墓志汇编》陕西卷（第四册），天津：天津古籍出版社，1991年。

② 《全唐诗》卷214《高适四》，第2235页。

③ 《旧唐书》卷151《高崇文传》，第4051页。

④ 《全唐文》卷63，宪宗《赠高崇文司徒册文》，第670页。

⑤ 《新唐书》卷214《藩镇宣武彰义泽潞》，第4578页。

笔者将在下文专门探讨，而"斧"即钺也，这也是中唐以后大将出征授钺的例证之一。

其次，凡帝子领兵皆要授钺。按唐人自己的说法，"国家承周汉之制疏，子弟之封，虽典册载先，而名实或异，故有从中统外，授钺临戎，推公则然，所寄尤重。"[1] 故一般帝子封建（不出阁），或任天下兵马大元帅（挂名）时都要授钺。如作为肃宗长子，唐代宗李豫在"马嵬事变"后追随其父北上平叛，就曾被任命为"天下兵马大元帅"，统帅诸将收复两京，元帅府就设于禁中。宝应元年（762）十月，即位不久的代宗又任命长子雍王李适（即后来的唐德宗）为新任"天下兵马大元帅"，肩负起与安史余孽最后决战的使命。平定叛军之后，李适因功拜为尚书令，和平叛名将郭子仪、李光弼等八人一起被赐铁券、图形凌烟阁。广德二年（764）正月，李适以长子身份被立为皇太子后，大历初，唐代宗册封第二子郑王邈代皇太子为天下兵马元帅。在册书中，唐代宗提到：

……汉之郡国，分建子弟，则燕代边辽，齐赵渐海也，莫不赋兼千乘，土过数圻，赐铁钺以专征，参卿士而夹辅，拜之于庙，命之于庭。俾其外合群后，同奖王室，是用师古，率由至公。……朕往统藩旄，尝亲戎略，诸子侍从，或有所闻。时与之（郑王李邈）言，颇详其旨，必能当我朝制，叶予师贞。仍选辅车，委（阙）留府，锡以彤弓之宠，称其绿车之尊，尔其大训六师，以率诸夏。敬兹厥服，无废朕命。[2]

---

[1] 《唐大诏令集》卷36，元和五年二月《遂王宥彰信军节度制》，第157页。
[2] 《全唐文》卷49，代宗《册郑王邈为天下兵马元帅文》，第537页。

可知，唐代宗有意效仿汉代分建子弟时"赐鈇钺以专征"的做法，于是在册郑王邈为天下兵马元帅时，"锡以彤弓之宠"，按周礼，赐以弓矢也是专事征伐的象征，故此举等同于授钺之仪。

但大历八年（773），郑王邈薨①，于是撤元帅府，"由是罢元帅之职"②。第二年，田承嗣谋乱河朔，由于诸王皆幼，一时竟不能延续亲王挂名天下兵马元帅领军出征的老办法，于是"大臣奏议请封亲王，分领戎师，以威天下。"③大历十年（775）二月，下诏册封皇四子述等为亲王，并遥领节度。其书曰：

（诸子）可以附众靖人，抚封宣化，而总列城之赋，擅分阃之谋，克勤公家，允辅王室。今则均茅社之宠，盛槐庭之仪，授钺登车，副兹朝典，维城之固，尔其懋哉。述可封睦王，充岭南节度支度营田五府经略观察处置等大使；逾可封郴王，充渭北鄜、坊等州节度大使；连可封恩王；韩王迥可汴、宋等节度观察处置等大使；遘可封鄜王；造可封忻王，充昭义军节度观察处置等大使；遑可封韶王，运可封嘉王，遇可封端王，遹可封循王，通可封恭王，逵可封原王，逸可封雅王：仍并可封开府仪同三司。④是时，皇子胜衣者尽加王爵，

---

① 《旧唐书》卷116《肃代诸子传》记为："大历九年薨，废朝三日，由是罢元帅之职。"但《新唐书》卷82《十一宗诸子》作"（大历）八年薨，遂罢元帅府"。另《资治通鉴》卷224，代宗大历八年五月条下记"辛卯，郑王邈薨，赠昭靖太子"。《旧唐书》卷11《代宗本纪》也记大历八年五月"辛卯，郑王邈薨，赠昭静太子"。故可知《旧唐书》卷116所记"大历九年"当为"大历八年"之误。

② 《旧唐书》卷116《肃代诸子传》，第3391页。

③ 《旧唐书》卷116《肃代诸子传》，第3391页。

④ 《唐大诏令集》卷33《封睦王述等制》，第135页。

不出阁。[1]

从制书中可以看到这些遥领节度的亲王在任命时也是行过授钺之礼的。这一类情况在中唐以后较为常见。

第三，节度使出镇更是要行授钺之礼。如李白晚年所作《宣城送刘副使入秦》一诗中提到"秉钺有季公，凛然负英姿。"[2]"季公"即季广琛，曾拜青徐等五州节度使，因永王之事被贬温州刺史，唐肃宗上元二年（761）正月，起为宣州刺史，充浙江西道节度使，故诗中有"秉钺"一说。到代宗大历年间，甚至出现了"自河之南，至于沧海，……连城之镇累百，授钺之将十数"[3]的现象。这一现象在唐代中后期十分普遍。如：唐穆宗长庆元年（821），成德节度使田弘正被大将王庭凑所杀，河朔大乱，曹华激于义愤，"表请以本军进讨，就加检校工部尚书，升充海为武宁节度，赐之节钺。"[4]期间，深州（今河北深州市）刺史牛元翼也率兵抵抗王庭凑，穆宗以元翼尽忠于国，授任冀深节度使，后迫于军势，长庆二年（822）调任山南东道（今湖北襄樊）节度使。穆宗在制书中专门提到"元翼以大节大忠，绰闻朝野，授钺开府，殿我汉南"。[5]文宗太和三年（829），以兵部尚书崔群为荆南节度使，其祭文中所谓"公又授钺，南抚荆蛮"[6]说的正是这段经历。武宗会昌三年（843）四月，

---

[1] 《旧唐书》卷116《肃代诸子传》，第3392页。
[2] 《全唐诗》卷177，第1814页。
[3] 《唐大诏令集》卷101，常衮《停河南淮南等道副元帅制》，第513页。
[4] 《旧唐书》卷162《曹华传》，第4243页。
[5] 《全唐文》卷662，白居易《张洪相里友略并山南东道判官同制》，第6729页。
[6] （唐）白居易.《白氏长庆集》卷70《祭崔相公文》，长春：吉林人民出版社，2007年，第800-801页。

"昭义节度使刘从谏卒,三军以从谏侄稹为兵马留后,上表请授节钺"。① 唐懿宗咸通十一年(870),在贬斥河东节度康承训的制书中,也提到"河东节度使康承训,将门琐质,戎垒微才,曾不知兵,谬膺重禄。忧韬钤以效任,畜奸恶以事君,几授钺于戎藩,尝执金以徼道,谓其尽节,委以专征"。② 可见,不管是忠是反,是贤是愚,一旦被封为节度使则必受节钺之赐,才能名正言顺地拥兵一方,此为中唐以后之惯例。

(二)授旌节

除授斧钺外,隋唐命将时通常还会授予旌节。所谓"旌",即古代用羽毛装饰的旗子,后泛指旗帜。"节"者,符节也,作为王命的凭证,古代出使、命将、调兵、宣达政令等国家大事皆要用之,其重要性正如《周礼·地官·掌节》中所言"凡通达于天下者必有节,以传辅之。无节者,有几则不达。"

旌节之制同样起于周礼,按周制,"守邦国者用玉节,守都鄙者用角节,凡邦国之使节,山国用虎节,土国用人节,泽国用龙节,皆金也。以英荡辅之,门关用符节,货贿用玺节,道路用旌节,皆有期以反节。"汉代郑玄注曰:"旌节,今使者所拥节是也。将送者执此节以送行者,皆以道里日时课,如今邮行有程矣。以防容奸,擅有所通也。"③ 故此处的"旌节"是为使者之节也。另据《周礼·地官·乡大夫》记载:"国有大故,则令民各守其闾,以待政令,以旌节辅令,则达之。"郑玄注曰:"民虽以征令行,其将之者无节,则不得通。"唐贾公彦疏曰:"国有大事,故恐有奸宄,故使民征

---

① 《旧唐书》卷18上《武宗本纪》,第595页。
② 《旧唐书》卷19上《懿宗本纪》,第674页。
③ 《周礼注疏》卷15,第388页。

令出入来往，皆须得旌节，辅此征令文书，乃得通达使过。故郑云：'民虽以征令行，其将之者无节，则不得通。'"①此处之"旌节"则另具军事征发和王命传达之功用。

正因为"旌节"有这样的功用，至汉代，持节发兵逐渐成为惯例。如汉武帝征和二年（前91），戾太子遭巫蛊事，惧不自明，遂"使舍人无且持节夜入未央宫殿长秋门，因长御倚华具白皇后，发中厩车载射士，出武库兵，发长乐宫卫卒。……使长安囚如侯持节发长水及宣曲胡骑，……太子立车北军南门外，召护北军使者任安，与节，令发兵"。②持节即可调兵，可见旌节与军事活动的关系愈加密切。西晋时期，旌节的适用对象更加广泛，作为军事长官的都督和作为地方行政长官的州刺史均可以持节，其规格高下为"都督诸军为上，监诸军次之，督诸军为下，使持节为上，持节次之，假节为下。使持节得杀二千石以下；持节杀无官位人，若军事得与使持节同；假节唯军事得杀犯军令者"。③至隋代，隋文帝设总管之制，以并、益、荆、扬四州置大总管，其余总管府分上中下三等，均置于诸州，总管也加使持节为之。可见自魏晋以来，由于政局动荡，战事纷乱，地方管理恰恰是通过"加使持节"这一特殊方式，把军政大权捆绑在一起，才得以实现对地方军政的一体化管理。旌节在其中的重要性不言自明。

至唐初，内部纷乱与边患不断的现实，迫使唐王朝不得不沿袭魏晋以来的这一惯例，诸州复有总管，也加号使持节，地方刺史亦加号持节。但随着政治局势的稳定清明，太宗、高宗朝地方军政责

---

① 《周礼注疏》卷12，第300页。
② 《资治通鉴》卷22，汉武帝征和二年七月条。
③ 《通典》卷32《职官十四》，第893页。

权逐渐明晰,刺史加号持节的现象逐渐减少,旌节之制,逐渐演变为命将和遣使的专用礼仪。故《唐六典》明确记载:"旌节之制,命大将帅及遣使于四方,则请而假之,旌以专赏,节以专杀。"[1]因此,唐代命将仪礼中除了授斧钺之制,还当有授旌节之制。

要弄清楚这一礼制,我们同样需要回答三个问题:

第一,此制真正形成于何时?

命将授钺,古礼有之,旌节之制同样古老,但大将出征授予旌节的礼仪始于何时,诸书均缺乏明确记载。在唐以前,使臣出使赐予旌节的记载不绝于书,但关于命将出征时授旌节之事,最早见于《通典》所记"魏故事,遣将出征,符节郎授节钺,跪而推毂"[2]之说,此后诸书记载与之基本相同。故笔者认为把节与钺合在一起,授予出征之大将,这一做法应该始于曹魏时期,由此在"斧钺"一词之外,又新增了"节钺"一说,节是出征时调兵遣将的凭证,钺则代表手握生杀予夺的大权。但当时虽节钺并称,但因为"假黄钺则专戮节将,非人臣常器"[3],所以黄钺只授给军队最高统帅,而旌节则可以授给一般的官员(文武皆可),作为其执掌一方兵权的标志而已,故加使持节、持节、假节常见,"假黄钺"则十分罕见。可知魏晋以来,命将出征一般还是以授钺为主,授旌节则处于亦可亦不可之间,比如北齐、北周之制就是单纯授斧钺,而西晋伐吴之时,贾充就是"为使持节,假黄钺大都督总统六师"[4]。也就是说,当时大将出征前还没有形成较为固定的授旌节礼仪。"隋大业七年

---

[1] 《唐六典》卷8《门下省》,第254页。
[2] 《通典》卷76《军礼一》,第2083页。
[3] 《通典》卷32《职官十四》,第893页。
[4] 《通典》卷32《职官十四》,第893页。

（611），征辽东。众军将发，御临朔宫，亲授节度。"① 这是隋炀帝时期出征前授旌节的明确记载，但是由于隋国祚短促，加之记载不明，很难判断当时授旌节是否已成定制，其细节如何。

那么，此制到底是什么时候固化下来的呢？据《文献通考》记载："旌节，唐天宝中置，节度使受命日赐之，得以专制军事，行即建节，府树六纛。"② 这段文字明确提出此制形成于唐玄宗天宝年间。但事实上"玄宗时，薛讷为陇右防御使。开元二年（714）赐纳旌节，勅王晙、臧怀亮、王海宾、杨楚客等并受讷节度，防御吐蕃，如临时进退，致失权宜，便以军法从事"。③ 此处提及之旌节已被赋予节制诸将，号令大军，生杀予夺之功能，当与本书所言大将出征前所授旌节的意义相同。故笔者认为，大将出征授予旌节之制的真正形成时间应当早与《宋史》等书所言之"天宝中"，当是始于唐初，最终成型于玄宗朝，其理由有三。首先，从文献记载的详略程度来看，诸书与此制有关的内容，在唐代之前除上述曹魏、西晋故事之外，别无记载。但是从唐代开始，记载渐多渐细，此后《明集礼》《钦定续通典》《钦定续通志》等书对此的记载更加详细，甚至出现了专门的大将出征"授节钺仪注"④。故笔者推断此礼当始于唐代，此后渐成定制，此其一。

其二，从唐代命将的习惯来看，不管是前期的行军大总管，还是后来的节度使，都要授予旌节，在册命制诰中"持节"是最常见的字眼。众所周知，唐前期实行府兵制，每遇战事，必须由朝廷派

---

① 《通典》卷76《军礼一》，第2079页。
② （元）马端临：《文献通考》卷115《王礼考十》，北京：中华书局，1986年，第1039页。
③ 《册府元龟》卷78《帝王部·委任第二》。
④ 《大明集礼》卷34《军礼二》。

遣行军总管统率大军出征或备御，规模较大的战役，则需设置行军元帅或行军大总管统领诸总管作战，兵罢则解。由于太宗朝没有命将授钺的礼仪，故对于这些临时任命的统军之将，唐王朝明文规定"大将出，赐旌以颛赏，节以颛杀。"[①] 比如唐太宗贞观十九年（645）征高丽时，在命将诏书中就提到：

可先遣使持节辽东道行军大总管英国公勣，副总管江夏郡王道宗，士马如云，长驱辽左。……行军总管执失思力、行军总管契苾何力，率其种落，随机进讨。契丹蕃长于勾折、奚蕃长苏支、燕州刺史李元正等，各率其众，绝其走伏。使持节平壤道行军大总管张亮、副总管常何、总管左难当等，舟楫相继，直指平壤。[②]

可见在出征之前，李勣、张亮等行军大总管都没有行过命将授钺之礼，相反都被赐予旌节，可见，当时授旌节已经独立成为命将出征礼仪之一。此后一直到玄宗早期，授予即将出征的行军大总管旌节而非斧钺成为惯例。如开元二年（714）二月，任命王晙为朔方道行军大总管的制书中就提到"正议大夫、行鸿胪少卿、上柱国、朔方军副大总管王晙……可持节充朔方道行军大总管，仍兼安北大都护"。[③] 除此之外，其余前后军大总管、行军总管都不能享受这一待遇，如先天二年（713），授解琬等为朔方道后军大总管的制文中就只说"琬可充朔方道后军大总管，知运可充朔方道后军副大

---

① 《新唐书》卷24《车服志》，第351页。
② 《全唐文》卷7，太宗《命将征高丽诏》，第86—87页。
③ 《唐大诏令集》卷59《王晙朔方道行军总管制》，第315页（参见《全唐文》卷20玄宗《授王晙朔方道行军总管制》）。

总管,并准例发遣,主者施行"①而已。

随着唐边境战争的频繁,府兵制的衰败,从唐高宗、武则天时期开始,为了加强防御力量和应对临时征调的困难,唐廷逐渐加大屯戍军的兵力规模,延长屯戍的时间,于是各种长驻边地的镇守大使、经略大使、节度大使、防御使等使职官号频繁出现。为了方便他们领兵,唐代遂有"大使加旌节以统军,置木契以行动"②的规定,旌节是他们得以领兵的一种凭证。到唐睿宗、玄宗时期,整合这些名目众多的军事使职,变临时任命为固定官职,已经成为大势所趋。于是唐睿宗景云元年(710),十月"丁酉,以幽州镇守经略节度大使薛讷为左武卫大将军兼幽州都督。节度使之名自讷始"。③"节度使"这一称谓本身即体现了这个官职与旌节授受之间存在的密切关系,按杜佑的说法:"其边方有寇戎之地,则加以旌节,谓之节度使。"④故当第二年,即景云二年(711)四月,贺拔延嗣以凉州都督充河西节度使后,不仅从此节度使一职成为固定职官,而且授旌节之仪也逐渐成为节度使任命的必需程序,故杜佑记道:"自景云二年(711)四月,始以贺拔延嗣为凉州都督充河西节度使。其后诸道因同此号,得以军事专杀,行则建节,府树六纛,外任之重莫比焉。"⑤

但需要我们加以注意的是,由于当时十节度使制尚未完全形成,"某道总管""某军大使""防御使"与节度使之名往往并行于世,

---

① 《唐大诏令集》卷59《解琬朔方道后军大总管制》,第315页(参见《全唐文》卷20玄宗《授解琬朔方道后军大总管张知运副大总管制》)。
② 《唐六典》卷5《尚书兵部》,第158页。
③ 《资治通鉴》卷210,睿宗景云元年十月条。
④ 《通典》卷32《职官十四》,第895页。
⑤ 《通典》卷32《职官十四》,第895页。

鉴于其性质与节度使相同,故在任命时也有授旌节之仪。如前文所述,在开元二年（714）,薛讷以"陇右防御使"的身份率军出征吐蕃时才有赐其旌节一事的记载。再如开元八年（720）,朔方大使王晙诛河曲降虏阿布思等千余人,以致并州九姓同罗、拔曳固等部落,皆怀震惧。时任"检校并州大都督府长史,兼天兵军大使"的名臣张说率轻骑二十人,"持旌节直诣其部落,宿于帐下,召酋帅以慰抚之。"① 此旌节并非一般使臣旌节,应该是并州大都督府兼天兵军大使之旌节,代表的是并州地区最高军事长官的权威,故能取信于九姓部落,"拔曳固、同罗由是遂安。"② 此后,为了加强对朔方一带的管控,开元九年（721）,唐置朔方节度使,十一年（723）,以王晙兼朔方军节度大使,在制书中就提到："可持节兼朔方军节度大使。其河西、陇右、河东、河北诸军征马,并委晙检察置之。"③ 开元十五年（727）,瀚海州司马护输谋杀河西、陇右节度使王君㚟,也提到其"夺君㚟旌节"④一事。总之,当时不管是陇右防御使、天兵军大使,还是朔方军节度大使,都要授予旌节,可见,玄宗开元年间,为边防大将授旌节之制已逐渐固定下来。

其三,安史之乱后,随着节度使制度的普及,节度使出镇时授予旌节成为一种常态,并直接影响到宋代遣将礼的形成。自安史之乱始,出于平叛的需要,唐廷将节度使制度运用至内地,广设藩镇,不置节度使处遂置防御使。与节度使不同的是,防御使虽然也是地方军事长官,但一般不赐旌节,由刺史或观察使兼任,只负责一州或数州之军事,因此地位低于节度使。可见授不授旌节,成为中唐

---

① 《旧唐书》卷97《张说传》,第3052页。
② 《资治通鉴》卷212,玄宗开元八年六月条。
③ 《全唐文》卷22,玄宗《授王晙朔方节度使制》,第260页。
④ 《旧唐书》卷103《王君㚟传》,第3192页。

以后判断是真节度还是假节度的一个重要标志，"旌节"一词也就经常被用来代指节度使一职，如杜甫《奉待严大夫》诗曰："常怪偏裨终日待，不知旌节隔年回。"[1]正因为节度使与旌节间的关系如此紧密，中唐以后，有关记载一直不绝于书。如唐代宗大历元年（766）二月，以宰相杜鸿渐为剑南西川节度使，以山南西道节度使张献诚兼剑南东川节度使。三月，献诚与西山都知兵马使崔旰战于梓州，"献诚屡败，旌节皆为旰所夺。"[2]献诚仅以身免。唐德宗建中四年（783），李希烈攻陷汝州，朝廷派太子太师颜真卿前往宣慰，恰逢"（江陵节度使）张伯仪败绩于安州，希烈令赍伯仪旌节、首级夸示真卿，真卿恸哭投地"。[3]贞元十五年（799），宣武节度使董晋卒，德宗令行军司马陆长源知留后事。当时有人提出应厚赐以安军心，但"长源曰：'异时河北贼以钱买戍卒，取旌节，吾不忍为。'"[4]终致引发士卒暴乱，被哗变士兵所杀。再者如穆宗长庆二年（822），"贬（杜）叔良为归州刺史，以献计诛幽镇无功，而兵败丧所持旌节也。"[5]如此种种，都说明中唐以后，不管是中央还是藩镇，对旌节的重视程度都越来越高，正因为如此，以至于宋代命将礼中虽有"授节钺"之礼，但却只提旌节，未见斧钺：

宋遣大将则于朝堂授以旌节，其仪大将常服再拜，阁门官宣旨授以制诰，少府监执事者交以旌节，大将受讫，再拜出，勒所部并

---

[1] 《全唐诗》卷228，第2473页。
[2] 《旧唐书》卷117《崔宁传》，第3400页。
[3] 《旧唐书》卷128《颜真卿传》，第3596页。
[4] 《新唐书》卷151《陆长源传》，第3772页。
[5] 《旧唐书》卷16《穆宗本纪》，第494页。

偏裨各建旗帜以正行列，执擎旌节至第。①

在顺序上，也一改唐代命将礼先告庙、再授钺，最后告武成王庙的做法，直接把授旌节放在了第一位：

宋遣将出师则先授旌节于朝堂，次命告于庙社及告武成王庙，又禡祭轩辕黄帝。②

突显了授旌节在宋代命将礼中的重要地位，此后遂成为明代之成例。

综上所述，命将出征前同时授予斧钺和旌节的做法始于曹魏时期，但真正将授旌节作为命将礼中的一项独立礼仪存在的则是始于唐初（唐初无命将授钺礼）。在玄宗朝，随着节度使制度的逐渐形成，中唐以后授旌节之仪日益重要，不仅成为节度使出镇时必不可少的军事礼仪，而且在宋代最终取代授钺之制，成为遣将礼的重要组成部分。

第二，唐代旌节的形制如何？

关于旌节的形制，历代不同。如汉代"以竹为之，柄长八尺，以牦牛尾为眊三重。"③ 隋制，"凡旗，太常④画三辰，（日、月、五星。）旆画青龙（皇帝升龙，诸侯交龙。）旗画朱雀，旌画黄麟，

---

① 《大明集礼》卷34《军礼二》。
② 《大明集礼》卷34《军礼二》。
③ 《大明集礼》卷19《嘉礼三》。
④ 此处的"太常"不是官职名，而是指周天子祭祀时画有日、月、星辰的三辰旗。三辰象征天、昊天上帝、天道，画于旌旗，象天之明，是自虞舜以来代表天子最尊贵的标志。

旗画白兽,旐画玄武,皆加云。其旆物在军,亦书其事号,加之以云气。徽帜亦如之。(通帛为旃,杂帛为物。在军亦书其人官与姓名之事号。徽帜亦书之,但画其所书之例。)旌节又画白兽,而析羽于其上。"可见隋代的旌旗上一般画有黄麟和云纹图案,而旌节之上又绘白虎之形,并用五色縿状羽毛进行装饰。其旌杆,一般有"皇帝六刃,诸侯五刃,大夫四刃,士三刃"①等不同规格。而节则是金节,"金节,隋制也,黑漆竿,上施圆盘,周缀红综拂八层,黄绣龙袋笼之"。②但总体说来,其记载还是过于粗略,难以还原隋代旌节的全貌。

与之相比,唐代旌节之制的记载相对就比较完整详细。如据《新唐书》记载:

大将出,赐旌以颛赏,节以颛杀。旌以绛帛五丈,粉画虎,有铜龙一,首缠绯幡,紫綖为袋,油囊为表。节,悬画木盘三,相去数寸,隅垂赤麻,余与旌同。③

安史之乱中,玄宗第十三子颍王璬领剑南节度大使。马嵬事变后,颍王璬先行就镇,为玄宗入蜀作准备,但因事起仓促,"璬初奉命之藩,卒遽不遑受节,绵州司马史贲进说曰:'王,帝子也,且为节度大使。今之藩而不持节,单骑径进,人何所赡?请建大槊,蒙之油囊,为旌节状,先驱道路,足以威众。'璬笑曰:'但为真

---

① 《隋书》卷10《礼仪五》,第136页。
② (宋)王应麟.《玉海》卷85《器用·符节》,江苏古籍出版社、上海书店1987年影印本。
③ 《新唐书》卷24《车服志》,第351页。

王,何用假旌节乎?'"① 另据清人徐乾学所撰《读礼通考》记:"案唐人卢氏杂说载旌节之制曰:旌用铜龙实之,竿首用紫绢袋盛油囊垂之,寺观行香袋与旌略同。"②

据此可知,唐代的旌、节是两种不同的物件。如《玉海》就明确记载:"旌节,唐天宝中置,凡命节度使,有司给门旗二,旌一,节一,麾枪二,豹尾二。"③ 后来,节度使出镇更有双旌双节之宠。其中旌以红色丝绸为之,绘有粉虎之形,其杆首用铜龙实之,上缠绯幡,以紫缣为袋,油囊为表。油囊是一种可以盛水的器皿,张说《苏摩遮》诗曰:"腊月凝阴积帝台,豪歌击鼓送寒来。油囊取得天河水,将添上寿万年杯。"④ 将其蒙于旌之表面,可以起到防雨水的作用。而唐代的节除上端悬画三个木盘,间隔数寸,以作节状,其边角处下垂赤麻这一显著特征外,其余铜龙、紫缣、油囊之制皆与旌同。比如《明集礼》记唐册后之节时,就明确记载"节垂画木盘三,相去数寸,隅垂赤麻,铜龙一首,紫缣为袋,油囊为表。其册后皆命太尉持节"。⑤

按照五德终始与五色循环的理论,夏后氏尚黑,殷人尚白,周人尚赤,秦人尚黑,汉尚赤与黄,曹魏"服尚黄,……牲以白,节毛尚赤,节幡尚黄",晋朝尚白。至隋,"衣服、旗帜、牺牲尚赤,戎服以黄,七月帝始服黄。"⑥ 此后"隋代帝王贵臣,多服黄纹绫袍……

---

① 《旧唐书》卷107《玄宗诸子》,第3263-3264页。
② (清)徐乾学.《读礼通考》卷78《丧仪节四十一》,光绪七年四月江苏书局刊版。
③ 《玉海》卷85《器用·符节》。
④ 《全唐诗》卷89,第977页。
⑤ 《大明集礼》卷19《嘉礼三》。
⑥ 《通典》卷55《礼十五》,第1546页。

百官常服，同于走庶，皆着黄袍及衫"。① 可见隋代是旗帜尚赤，服尚黄。唐代所尚几经变化，最初因"大唐土德，建寅月为岁首"②，故其色尚黄。武则天天授元年（690），改元称周，第二年正月，旗帜尚赤。直到唐玄宗"天宝九载（750）制：应缘队仗所用绯色幡等，并改为赤黄色，天下皆然。纳崔昌议，以土德承汉火行。"③ 在诏书中，玄宗还强调"其诸节度并营内军使等，亦宜准此"。④ 可见，此后唐朝从中央到地方，所有军队的绯色幡都改成了赤黄色幡。而从上文所述可知，唐代旌节均以红色为主色调，其首之幡也是绯幡，这似乎当是天宝九载以前的形制，其后是如诸卫队仗一般改用赤黄色，还是保持红色主调就不得而知了。

第三，唐代授旌节是如何进行的？

唐廷所授旌节出自门下省，具体而言是由门下省下属符宝郎负责掌纳。唐制，门下省设有"符宝郎四人，从六品上。掌天子八宝及国之符节。……凡命将、遣使，皆请旌、节，旌以颛赏，节以颛杀"。⑤ 也就是说，在一般情况下，所授之旌节是由符宝郎负责请出，并交由门下或兵部授予大将的。在节度使制度正式形成之前，大将们兵罢事解，此旌节还需归还门下。但节度使出现后，旌节成为其

---

① （唐）刘肃.《大唐新语》卷10《厘革第二十二》，北京：中华书局，1984年，第148页。

② 《通典》卷55《礼十五》，第1546页。

③ 《通典》卷55《礼十五》，第1547页。另据《旧唐书》卷49《舆服》"天宝十载五月，改诸卫旗幡队仗，先用绯色，并用赤黄色，以符土德。"由于《资治通鉴》卷216将此事记于天宝九年八月条，故笔者认为《旧唐书》所记"天宝十载"当为"九载"之误，故采纳《通典》的记载。

④ 《唐大诏令集》卷99《诸卫队仗绯色幡改赤黄色诏》，第502页（参见《全唐文》卷33玄宗《诸卫队仗绯色幡改赤黄色诏》）。

⑤ 《新唐书》卷47《百官二》，第795页。

身份地位的象征，归于个人所有，其授予之仪也更加隆重正式。据《新唐书》记载：

> 节度使掌总军旅，颛诛杀。初授，具帑抹兵仗诣兵部辞见，观察使亦如之。辞日，赐双旌双节。行则建节、树六纛，中官祖送，次一驿辄上闻。入境，州县筑节楼，迎以鼓角，衙仗居前，旌幢居中，大将鸣珂，金钲鼓角居后，州县赍印迎于道左。视事之日，设礼案，高尺有二寸，方八尺。判三案：节度使判宰相，观察使判节度使，团练使判观察使。三日洗印，视其刓缺。……罢秩则交厅，以节度使印自随，留观察使、营田等印，以郎官主之。锁节楼、节堂，以节院使主之，祭奠以时。①

节度使上任之前，必先到兵部辞见，"辞日，赐双旌双节"，故很可能是由兵部授予旌节。随后由中官代皇帝行祖送之礼，节度使"行则建节、树六纛"，"衙仗居前，旌幢居中……金钲鼓角居后"，十分威风。到任时，所在"州县筑节楼"，以安置朝廷所授之旌节，并设"节院使"一职专门负责旌节的看护管理工作。平时"考善地，庇丰屋，麾旆以翼之，歌钟以乐之，非征伐宴犒、申威行令未尝出"。②若遇征伐、讲武，旌节出，则必置于军中之显要位置，比如《太白阴经》就提到振旅理兵时，必"于平原高山，大将军居其上，南向左右各置鼓一十二面、角一十二具，各树五色旗，六纛居前，旌节次之，监军、御史、裨副、左右、衙官、骑队如偃月形为候骑，下

---

① 《新唐书》卷49下《百官四下》，第858页。
② 《玉海》卷85《器用·符节》。

临平野，使士卒目见旌旗、耳闻鼓角、心存号令"。① 罢任时，"锁节楼、节堂，以节院使主之，祭奠以时"。②

唐肃宗至德以后，藩镇自请世袭或逐帅自立之事，屡见不鲜，故唐代授旌节之礼也有所变化。史载："自至德已来，方镇除授，必遣中使领旌节就第宣赐，（其家）皆厚以金帛遗之。"③ 这已与玄宗朝的做法大相径庭，中使代替了兵部，节度使也无须再到兵部辞见，只需坐等中使上门宣赐即可。故宪宗元和元年（806），擒获西川节度使刘辟后，"上御兴安楼受俘馘，令中使于楼下诘辟反状。辟曰：'臣不敢反，五院子弟为恶，臣不能制。'又遣诘之曰：'朕遣中使送旌节官告，何故不受？'辟乃伏罪。"④ 再如文宗大和三年（829），唐廷调魏博节度使宪诚为河中节度使，并派中使赴镇赐予旌节，七月"癸未，中使刘弘逸送史宪诚旌节自魏州还，称六月二十六日夜，魏博军乱，杀史宪诚，立大将何进滔为留后"。⑤ 唐昭宗大顺元年（890）征讨河东节度使李克用，昭宗以孙揆为兵马招讨制置宣慰副使，既而授昭义军节度使，"时中使韩归范押揆旌节、官告送至行营。丙申，揆建节，率兵二千，自晋州赴镇昭义。"⑥ 这些记载都说明在中唐以后，唐授旌节礼的变化。但无论其仪式如何变，旌节的实质却始终没变，仍然是节度使拥兵一方的法理凭证，当然更是朝廷权威的象征，一旦藩镇胆敢视朝廷的旌节如无物时，

---

① 《太白阴经》卷6《阵图·教旗篇》，引自《中国兵书集成》（第2册），第581页。

② 《新唐书》卷49下《百官四下》，第858页。

③ 《旧唐书》卷158《郑余庆传》，第4166页。

④ 《旧唐书》卷140《刘辟传》，第3828页。

⑤ 《旧唐书》卷17上《文宗本纪》，第532页。

⑥ 《旧唐书》卷20上《昭宗本纪》，第742页。

朝廷最后的颜面和尊严也就不复存在了。

唐代命将除了授斧钺和授旌节外，"京官五品以上征行者，假甲、纛、旗、幡、槊；诸卫，给弓；千牛，给甲。"①假者，借也，可见京官五品以上在出征之前，兵部之库部需要为其提供甲胄、纛旗等物。但这是只是出征的必备之物，而非授予军中生杀节制大权，与本书所言命将礼不合。此外，有时皇帝也会赏赐大将宝剑、金甲、彤弓、卢矢之属，如唐德宗贞元年间宠信徐泗濠节度使张建封，在其还镇时"令高品中使赍常所执鞭以赐之，曰：'以卿忠贞节义，岁寒不移，此鞭朕久执用，故以赐卿，表卿忠节也。'"②唐宪宗元和五年（810），卢龙节度使刘济因征讨王承宗之功，得"天子赐以宝剑、金甲、彤弓、卢矢"。③但这些主要是大将因功、因宠而得到的赏赐，与命将出征授节钺之意义也无甚关联，在此就不一一赘述了。

第二节　劳遣礼仪

中国古有临行饯别之礼，朝廷为以示荣宠或恩义，一般会有专门的饯行之仪，此即劳遣。劳遣者，慰劳发遣也。与一般饯别礼不

---

① 《新唐书》卷46《百官一》，第788—789页。
② 《旧唐书》卷140《张建封传》，第3832页。
③ 《全唐文》卷505，权德舆《故幽州卢龙军节度副大使知节度事管内支度营田观察处置押奚契丹两番经略卢龙军等使开府仪同三司检校司徒兼中书令幽州大都督府长史上柱国彭城郡王赠太师刘公墓志铭（并序）》，第5138—5140页。

同的是，劳遣既有钱别之义，更重要的是有犒劳慰问的内容，故一般唯官方才有资格行劳遣一事。

一、劳遣与军事劳遣

《诗经·小雅》前三篇分别为《鹿鸣》《四牡》《皇皇者华》，其中"《鹿鸣》燕群臣嘉宾也……《四牡》劳使臣之来也，《皇皇者华》以遣使臣。《四牡》以劳其来，以事言之，当先遣后劳，今先劳而后遣，何也？鹿鸣之三常施于礼乐，不独用于劳遣，故燕礼乡饮酒歌焉，意者以其声为先后欤"。[1]可见《鹿鸣》等三篇就是当时在劳和遣两种场合中经常吟唱的乐歌，同时也适用于燕礼、乡饮酒礼等场合。但是当时的劳遣还是分而行之的，劳是劳其来，遣是遣其往，与后世所谓之劳遣还不完全相同。后来，劳遣合为一词，专指朝廷或皇帝本人对临行者的犒劳抚慰之仪。在国家事务中，劳遣应用的场合极广，诸如使者出使、重臣致仕、遣归少数民族首领、甚至遣散俘虏，安置流民等都可以有劳遣之仪。比如：

（北朝名将毕众敬）以笃老，乞还桑梓，朝廷许之。众敬临还，献真珠珰四具、银装剑一口、刺虎矛一枚、仙人文绫一百匹。文明太后、高祖引见于皇信堂，赐以酒馔，车一乘、马三匹、绢三百匹，劳遣之。[2]

又如：

---

[1] （宋）苏辙.《诗集传》卷9，宋淳熙七年苏诩筠州公使库刻本。
[2] （北齐）魏收.《魏书》卷61《毕众敬传》，北京：中华书局，1974年，第1361页。

(北魏孝明帝正光)二年(521)正月,阿那瓌等五十四人请辞,明帝临西堂,引见阿那瓌及其叔伯兄弟五人,升阶赐坐,遣中书舍人穆弼宣劳。阿那瓌等拜辞。诏赐阿那瓌细明光人马铠一具,铁人马铠六具,露丝银缠槊二张并白眊,赤漆槊十张并白眊,黑漆槊十张并幡,露丝弓二张并箭,硃漆柘弓六张并箭,黑漆弓十张并箭,赤漆楯幡并刀,黑漆楯六幡并刀,赤漆鼓角二十具,五色锦被二领,黄绅被褥三十具,私府绣袍一领并帽,内者绯纳袄一领、绯袍二十领并帽,内者杂彩千段,绯纳小口袴褶一具内中宛具,紫纳大口袴褶一具内中宛具,百子帐十八具,黄布幕六张,新乾饭一百石,麦八石,榛五石,铜乌锜四枚、柔铁乌锜二枚各受二斛。黑漆竹槛四枚各受五升,婢二口,父草马五百足,驼百二十头,牸牛一百头,羊五千口,硃画盘器十合,粟二十万石,至镇给之。诏侍中崔光、黄门元纂,郭外劳遣。①

从中我们可以看到,赐宴,赏物,郊饯,这三个环节构成了劳遣的主要内容。而在遣散俘虏、安置流民这一类低规格的劳遣中,则通常只有赏物这一环节,比如北魏名将贺拔岳随尔朱天光讨伐万俟丑奴时,"虏获三千人,马亦无遗,遂渡渭北,降步兵万余,收其辎重,其有土民,普皆劳遣。"②而隋将贺若弼在总结平陈的经验时更明确提到"其七,臣奉敕,兵以义举。及平京口,俘五千余人,便悉给粮劳遣,付其敕书,命别道宣喻"。③

除此之外,大军出征之前,如果想振奋士气,壮行鼓劲,一般

---

① (唐)李延寿.《北史》卷98《蠕蠕传》,北京:中华书局,1974年,第3260—3261页。
② 《魏书》卷80《贺拔岳传》,第1783页。
③ 《北史》卷68《贺若弼传》,第2382页。

也会有劳遣之仪，这在军事活动频繁的南北朝时期一度十分盛行。比如北魏献文帝时期，因蠕蠕入侵边塞，献文帝亲自率军迎击，此役任城王拓跋云随行，史载："过大碛，云曰：'夷狄之马初不见武头盾，若令此盾在前，破之必矣。'帝从之，命敕勒首领，执手劳遣之。于是相率而歌，方驾而前。大破之，获其凶首。"① 此次阵前临时劳遣，皆因战事紧迫，故不能以赐宴、赏物等方式激励士气，唯有以皇帝执手相送，以歌壮行这样的特殊方式来劳遣敕勒勇士，其结果不仅大破敌军，还一并擒获其首领，故可见劳遣之与士气的密切关联。

献文帝之后，宣武帝也习惯用劳遣礼来为大军鼓气，为大将壮行。比如梁武帝萧衍天监五年（506），南梁派兵侵扰北魏的徐、兖二州。临危之际，北魏派邢峦为使持节、加安东将军，都督东讨军事。临行前，"世宗（北魏宣武帝之庙号）劳遣峦于东堂曰：'萧衍寇边，旬朔滋甚，诸军外互，规致连戍陷没，宋鲁之民尤罹汤炭。诚知将军旋京未久，膝下难违，然东南之寄，非将军莫可。将军其勉建殊绩，以称朕怀，自古忠臣亦非无孝也。'峦对曰：'贼虽送死连城，犬羊众盛，然逆顺理殊，灭当无远。况臣仗陛下之神算，奉律以摧之，平殄之期可指辰而待。愿陛下勿以东南为虑。'世宗曰：'汉祖有云"金吾击郾，吾无忧矣"。今将军董戎，朕何虑哉。'"②

天监七年（508）十月，豫州彭城人白早生据城归顺南梁，宣武帝再次命邢峦持节，加镇南将军，都督南讨诸军事，带领羽林军精锐出师讨伐。临行前，"宣武临东堂劳遣峦曰：'早生走也？守也？何时平？'峦曰：'今王师若临，士人必幡然归顺，围之穷城，

---

① 《北史》卷18《任城王云传》，第653-654页。
② 《魏书》卷65《邢峦传》，第1443页。

奔走路绝，不度此年，必传首京师。愿陛下不足为虑。'帝笑曰：'卿言何其壮哉！知卿亲老，频劳于外，然忠孝不俱，不得辞也。'……即斩早生等同恶数十人，豫州平。峦振旅还京师，宣武临东堂劳之。"①这两次军事劳遣都在东堂举行，而且从天监七年的记载看，还师后也在东堂犒劳将帅。东堂即皇宫正殿——太极殿的东厢房，据《晋书》记载孝怀帝"及即位，始遵旧制，临太极殿，使尚书郎读时令，又于东堂听政，至于宴会辄与群官论众务，考经籍。黄门侍郎傅宣叹曰：'今日复见武帝之世矣。'"②另据《资治通鉴》晋哀帝兴宁三年（365）二月丙申"帝崩于西堂"条，胡三省注："西堂，太极殿西堂也。建康太极殿有东、西堂，东堂以见群臣，西堂为即安之地。"可见，在当时，东堂是皇帝理政，大宴群臣的场所，而西堂则是皇帝的歇息场所。南北朝时期，北魏参考魏晋洛阳宫及南朝建康宫而建新宫，东堂更频繁出现于各种记载中，其与政治的关系更加密切，不仅是理政、议政、宴赏大臣的场所，也是举行文武要员及宫室勋戚丧礼的场所，因此，北魏把这两次军事劳遣放在东堂举行，足见其隆重之义。

同年稍早一些的八月，北魏冀北刺史、京兆王元愉反于信都，宣武帝以李平"为使持节、都督北讨诸军事、镇北将军、行冀州事以讨之。世宗临式乾殿，劳遣平曰：'愉，朕之元弟，居不疑之地，豺狼之心，不意而发。欲上倾社稷，下残万姓。大义灭亲，夫岂获止？周公行之于古，朕亦当行之于今。委卿以专征之任，必令应期摧殄，务尽经略之规，勿亏推毂之寄也。何图今日言及斯事。'因嘘唏流涕。

---

① 《北史》卷43《邢峦传》，第1583–1584页。
② （唐）房玄龄.《晋书》卷5《帝纪五》，北京：中华书局，1974年，第125页。

平对曰：'臣愉天迷其心，构此枭悖。陛下不以臣不武，委以总督之任，今大宥既敷，便应有征无战。脱守迷不悟者，当仰凭天威，抑厉将士，譬犹太阳之消微露，巨海之荡荧烛，天时人事，灭在昭然。如其稽颡军门，则送之大理；若不悛待戮，则鸣鼓衅钟。非陛下之事。'"[1]北魏宫室分前后两部分，前为朝区，建有主殿太极殿；后为寝区，前为帝寝式乾殿，又称中斋，后为后寝显阳殿。太极、式乾、显阳三殿和太极殿南的殿门、宫正门共同形成全宫的中轴线。这次劳遣的地点选在皇帝的寝殿，而不是前朝的东堂，恐与宣武认为此次出征乃为家事有关。

梁天监十四年（515），梁武帝萧衍趁北魏宣武帝薨逝，孝明帝年幼即位之机，派左游击将军赵祖悦进攻北魏硖石（今安徽凤台西南）。北魏灵太后诏令崔亮假镇南将军，齐王萧宝夤镇东将军，章武王融安南将军，并使持节、都督诸军事以讨之，并在大军出征之前，按宣武时期的惯例"劳遣亮等，赐戎服杂物"。[2]

从北魏这四次劳遣的记载中，我们可以看到当时凡大军出征，必行劳遣之仪，劳遣的地点虽不尽相同，但均在皇宫之中，当无异议。其劳遣仪式，除赐宴、赏物外，劳遣双方还分别有一番劳辞和答词，皇帝的劳辞主要是重申出兵的缘由，勉励大将勇敢作战，并表达对大将的信任之情。而大将的答词主要是表达决不辜负皇帝的信任和嘱托之意。因此，所谓军事劳遣主要是指在大军出发前，朝廷用言语或实物慰问大军，以达到壮行鼓劲目的的军事礼仪。在各种劳遣中，军事劳遣因其规格高，仪式感强，参与面广，故最为正式而隆重。

弄清楚这一点后，我们在研究隋唐的军事劳遣时，就很容易将

---

[1] 《魏书》卷65《李平传》，第1452页。
[2] 《魏书》卷66《崔亮传》，第1478页。

一些为离京之臣举行的饯别劳遣仪式,与军事劳遣区别开来。如唐中宗神龙元年(705),曾任太子通事舍人的武攸绪归隐嵩山,中宗专门令京官五品以上饯别于定鼎门外。后来,名臣张柬之表请归襄州养疾,中宗也亲自"赋诗祖道,又令群公饯送于定鼎门外"。[①]玄宗开元十四年,兵部尚书萧嵩"以兵部尚书领朔方节度使,既赴军,有诏供帐饯定鼎门外,玄宗赋诗劳行"。[②]唐宪宗时,武元衡被任命为西川节度使,宪宗专门御安福门慰遣之。唐穆宗长庆三年(823),"杜元颖为西川节度使,帝御安福门临饯(安福门在皇城西门之北)。"[③]事实上,这一类的记载在整个隋唐两朝为数不少,但笔者认为不管是为文臣,还是为武将(节度使)举行的这类劳遣仪式,其对象都是针对离京之臣一人,均以昭示君恩荣宠为目的,故从本质上都只是临行饯别之礼,与本书所言之大军出征前旨在壮行鼓劲的军事劳遣礼仪有别,故并不予以讨论。

二、隋唐劳遣礼场所选择

隋唐两朝,历经三百余年,其间为大军出征所举行的劳遣礼不计其数,通过研究,笔者发现隋唐两朝的劳遣场所呈现出明显的阶段性变化特点。

(一)隋代至初唐时期

隋代和初唐时期,由于政权初创,多御驾巡幸、亲征之事,故在军事劳遣的地点选择上,与北朝大为不同,通常都在京城之外的大驾所在地。

---

① 《旧唐书》卷91《张柬之传》,第2942页。
② 《玉海》卷170《宫室·门阙下》。
③ 《玉海》卷170《宫室·门阙下》。

如隋文帝开皇八年（588）三月，隋文帝下诏伐陈。十月二十八日，隋文帝命晋王杨广、秦王杨俊、清河公杨素为行军元帅，率大军51万，兵分八路，从巴蜀到东海之滨的数千里战线上，向陈朝发起总攻。"十一月丁卯，车驾饯师。……乙亥，行幸定城，陈师誓众。丙子，幸河东。十二月庚子，至自河东。"① 此役是隋朝一统南北的关键战役，文帝虽未亲征，但却极为重视，在大军开拔之日，不仅亲自饯师，而且还离开长安，亲赴潼关三十里外的定城主持誓师大典，随后为稳定河东局势，配合伐陈大事，又巡幸河东二十余日。直到十二月平陈大势已定，隋文帝才回到长安。后来炀帝亲征吐谷浑，三征高丽，其劳遣之地均不在长安。

唐太宗贞观十九年（645）亲征高丽时，大驾于三月至定州（河北保定），为鼓舞士气，"是后将士每到者，遣于定州北门过，太宗御城门楼抚慰之，皆踊跃歌呼，其人心齐一，自古出师命将，未之有也。"②"四月癸卯，誓师于幽州，大飨军。"③ 由于此次征辽乃御驾亲征，太宗既是主将，又是皇帝，因此，这次军事劳遣在唐代所有军事劳遣中是比较特殊的一次。在定州北门，太宗登楼抚慰的是正在集结中的部队，此举不仅彰显抚慰之情，也隐含阅兵之意。而四月在幽州又是誓师，又是大宴诸军，这才是真正的劳遣仪式，随后正式拉开了征辽的大幕。

（二）高武至盛唐时期

经过太宗的努力经营，唐政权逐渐趋于稳定，此后唐代再无御驾亲征之事，因此从唐高宗时期开始，唐代军事劳遣均由皇帝在长

---

① 《隋书》卷2《高祖下》，第23页。
② 《册府元龟》卷117《帝王部·亲征第二》。
③ 《新唐书》卷2《太宗本纪》，第28页。

安主持举行。如高宗永徽六年（655），"夏五月癸未，命左屯卫大将军、卢国公程知节等五将军帅师出葱山道以讨（西突厥阿史那）贺鲁。"第二年，即显庆元年（656）正月"御玄武门，饯葱山道大总管程知节"。① 盛唐以后，军事劳遣更加频繁。如天宝十四载（756）十一月，安禄山反，唐玄宗以荣王琬为元帅，以名将高仙芝为副元帅，"领飞骑、彍骑及朔方等兵，出禁财募关辅士五万，继封常清东讨。帝御勤政楼，引荣王受命，宴仙芝以下。"② "十二月，师发，玄宗御望春亭慰劳遣之，仍令监门将军边令诚监其军，屯于陕州。"③ 显然十一月，玄宗御勤政楼，乃是行命将之礼，十二月，玄宗御望春亭才是行劳遣之仪。在封、高二人相继败北后，玄宗又"召（哥舒）翰入，拜为皇太子先锋兵马元帅……拒贼于潼关。上御勤政楼劳遣之，百僚出饯于郊"。④ 从这两次劳遣中，我们可以看到其地点的选择—在望春亭，一在勤政楼，其中勤政楼的位置比较清楚。

1. 勤政楼。此楼又名勤政务本楼，位于唐玄宗时代政治中心——兴庆宫的西南角。据《玉海》记载："先天后（开元二年九月）尽以隆庆旧邸为兴庆宫，……天子于宫西南置楼，西曰花萼相辉之楼，南曰勤政务本之楼。（一本作开元二年七月于是宫置楼。韦述《东京记》开元八年造二楼）帝时时登之，闻诸王作乐，必召升楼，与同榻坐。"⑤ 可见此楼正好处于兴庆宫的边缘一带，面临长安城最重要的东西干道之一，即从金光门（西）至春明门（东）的东西

---

① 《旧唐书》卷4《高宗上》，第74页。
② 《新唐书》卷135《高仙芝传》，第3599页。
③ 《旧唐书》卷104《高仙芝传》，第3206页。
④ 《旧唐书》卷104《哥舒翰传》，第3213-3214页。
⑤ 《玉海》卷164《宫室·楼》。

干道，这是唐长安城皇城以南第一条贯穿全城的干道，其中点就是著名的皇城南门——朱雀门。而且在兴庆宫的西面有宁王、薛王府第所在的胜业坊，申王、岐王所居的安兴坊，故登上勤政楼不仅能一览长安的民风民貌，还能听到诸王府第的动静，正因为如此，玄宗对此楼可谓情有独钟，不仅经常登临，以显友悌敦睦，以便了解民生，而且还把很多重要的仪式和宴会都放在这里，以彰显与民同乐之意。如：

纪：天宝十三载五月壬戌观酺勤政楼，北廷都护程千里俘阿布思以献。选举志：十月一日御勤政楼，试四科举人（杨绾及第）策外更试诗赋各一道，制举试诗赋自此始。（登科记开元十三年进士试《花萼楼赋》）乐志：玄宗教舞马百匹舞于勤政楼下，后赐宴设酺亦会勤政楼。……旧史：明皇八月五日生，因名其日为千秋节，燕百僚于楼下，观舞倾杯。开元二十五年正月己丑，以望日宴群臣。八月丁未千秋节宴群臣。二十八年正月壬寅望日，御楼宴群臣。天宝元年正月丁未朔御楼受朝贺，改元。四载三月甲申宴群臣。七载五月壬午御楼大赦。十三载三月壬戌御楼大酺。十四载三月丙寅，宴群臣，奏九部乐，上赋诗，效柏梁体。八月辛卯宴群臣。（并于勤政楼）①

可见，从玄宗朝修建勤政楼开始，它就是一个十分重要的皇室宴集场所。再加上此楼虽位于兴庆宫内，但却靠近长安城东三门之中的春明门，故把军事劳遣放在此处举行，不仅与北朝时在宫内劳遣大军之仪相吻合，而且大军开拔也十分方便。但是玄宗朝后，由

---

① 《玉海》卷164《宫室·楼》。

于战乱,勤政楼逐渐衰败,肃宗乾元二年(759),"十月,诏百官上勤政楼观安西兵赴陕州,有狐出于楼上,获之。"①唐宪宗元和十四年(819)和文宗太和三年(829)两次下诏修勤政楼,但此楼的繁华盛况已经随着玄宗朝的流逝一去不复返了。

2. 望春亭:在勤政楼之外,在唐代劳遣中出现次数较多的还有望春亭。除了上文所述天宝十四载劳遣高仙芝大军外,还有唐德宗建中二年(781),"诏移兵万二千戍关东,帝御望春楼誓师,因劳遣诸将。"②笔者发现在唐代史料中,与"望春"之名有关的建筑主要有三个,即望春宫、望春楼和望春亭。那么,这三者到底是一种什么关系呢?据《玉海》记载:

唐望春楼在禁苑东南高原之上,……姚南仲传:王者必据高明烛幽隐先皇所以因龙首而建望春也。玄宗时韦坚凿池于望春楼以聚舟,帝升楼观赐名广运潭。……刘宪《和春幸望春宫》诗有:商山积翠,浐水浮光之句,即望春亭也。旧纪多云望春宫,其东正临浐水。③

可见《玉海》的作者认为"望春宫"即"望春亭"。另据《大明一统志》记载:

望春宫在府城东一十里,浐水西岸,隋文帝建,炀帝改曰长乐宫。④

---

① 《新唐书》卷35《五行二》,第609页。
② 《新唐书》卷156《阳惠元传》,第3824页。
③ 《玉海》卷164《宫室·楼》。
④ (明)李贤.《大明一统志》卷32《西安府·宫室》,西安:三秦出版社,1990年,第561页。

而唐天宝元年（742），韦坚"于长安东九里长乐坡下、浐水之上架苑墙，东面有望春楼，楼下穿广运潭以通舟楫，二年而成"。① 对此事，《旧唐书·玄宗纪》的记载是：

是岁（天宝元年）命陕郡太守韦坚引浐水开广运潭于望春亭之东，以通河、渭。②

综合以上记载，我们可以得知"望春宫"当是始建于隋文帝时的一处宫殿建筑群，其位置在长安东十里，浐水西岸，与同在长安东九里长乐坡下，位于禁苑东南高原之上的"望春楼"位置十分接近，故笔者认为"望春楼"当为"望春宫"中的标志性建筑，而"望春亭"很可能就是"望春楼"，或者如《玉海》所言即是"望春宫"。

弄清楚三者之关系后，我们就不难理解为什么玄宗和德宗都喜欢把军事劳遣放在这个地方举行了。首先，此处位于禁苑之内，虽不在宫城，但仍属皇室重地，有重兵把守，符合北朝以来在宫内劳遣大军的惯例。其次，此处位于长安城东北的长乐坡，长乐坡与长安城的距离正好符合古人"十里长相送"之制，往北而行交通十分便利，再加上附近就有"长乐驿"，既可驻足休憩，又能以酒相送，是十分理想的送别之地。有唐一朝，在这里发生过许多戚戚然离别之事。如白居易《长乐坡送人赋得愁字》曰："行人南北分征路，流水东西接御沟。终日坡前恨离别，漫名长乐是长愁。"③ 正因为如此，位于长乐坡的望春亭在皇室迎送之仪中一直占据着十分重要

---

① 《旧唐书》卷105《韦坚传》，第3222页。
② 《旧唐书》卷9《玄宗下》，第216页。
③ 《全唐诗》卷441，第4947页。

的位置。比如在"送"这个方面,唐高宗永徽二年(651),唐高祖李渊第十二子彭王李元则下葬之日,"高宗登望春宫望其灵车,哭之甚恸。"[1] 开元七年(719),玄宗王皇后之父王仁皎卒,"赠太尉,官供葬事。柩车既发,上于望春亭遥望之,令张说为其碑文,玄宗亲书石焉。"[2] 天宝十三载(755),"禄山之还,帝御望春亭以饯,斥御服赐之。禄山大惊,不自安,疾驱去。"[3] 德宗时,庄懿公主"下嫁魏博节度使田绪,德宗幸望春亭临饯"。[4] 而在"迎"这个方面,望春亭同样扮演着重要角色。如玄宗天宝九载(750)十月,安禄山自请入朝献捷。"帝幸望春宫以待,献俘八千。"[5] 肃宗乾元元年(758),"七月,(郭子仪)破贼河上,擒伪将安守忠以献,遂朝京师,敕百僚班迎于长乐驿,帝御望春楼待之,进位中书令。"[6] 总之,不管是迎还是送,望春亭都是唐代人事兴衰的无言见证。

(三)中唐至唐末时期

中唐以后,唐劳遣大军的地点更趋多样化。如:唐德宗贞元八年(792)四月,"吐蕃寇灵州,掠人畜,攻陷水口城,进围州城,塞水口及支渠以营田。诏河东、振武分兵为援,又分神策六军之卒三千余人戍于定远、怀远二城,上御神武楼劳遣之。吐蕃引去。"[7] 神武楼即皇宫北门——玄武门的城楼,中宗神龙三年(707),太

---

[1] 《旧唐书》卷64《高祖二十二子传》,第2429页。
[2] 《旧唐书》卷183《王仁皎传》,第4745页。
[3] 《新唐书》卷225上《安禄山传》,第4856页。
[4] 《新唐书》卷83《诸帝公主传》,第2977页。
[5] 《新唐书》卷225上《安禄山传》,第4855页。
[6] 《旧唐书》卷120《郭子仪传》,第3452页。
[7] 《旧唐书》卷196下《吐蕃传》,第5257页。

子李重俊起兵诛武三思等，败死，"八月丙子，改玄武门为神武门，楼为制胜楼。"① 由于唐太极宫和大明宫的北门均为玄武门，那么此处之"神武楼"到底所指何处呢？考虑到当时"皇太子重俊与羽林将军李多祚等，率羽林千骑兵三百余人，诛武三思、武崇训，遂引兵自肃章门斩关而入"。② 故我们可以通过肃章门来对神武楼的位置加以判定。据《唐六典》记载：

宫城在皇城之北，南面三门，中曰承天，东曰长乐，西曰永安。若元正冬至，大陈设燕会，赦过宥罪，除旧布新，受万国之朝贡，四夷之宾客，则御承天门以听政（盖古之外朝也）。其北曰太极门，其内曰太极殿，朔望则坐而视朝焉（盖古之中朝也。隋曰大兴门，大兴殿。炀帝改曰虔福门。贞观八年改曰太极门。武德元年改曰太极殿。有东上、西上二阁门。东西廊，左延明，右延明二门）次北曰朱明门，左曰虔化门，右曰肃章门。肃章之西曰晖政门，虔化之东曰武德西门（其内有武德殿，有延恩殿）。又北曰两仪门，其内曰两仪殿，常日听政而视事焉（盖古之内朝也。隋曰中华殿。贞观五年改为两仪殿。承天门之东曰长乐门，北入恭礼门，又北入虔化门，则宫内也。承天门之西曰广运门，永安门，北入安仁门，又北入肃章门，则宫内也）。③

由此可知肃章门居于唐太极宫太极殿之右。由承天门西侧的广运门、到永安门，一路向北，再入安仁门，最后通过肃章门就进入

---

① 《旧唐书》卷7《中宗本纪》，第144页。
② 《旧唐书》卷7《中宗本纪》，第144页。
③ 《唐六典》卷7《尚书工部》，第217页。

内廷了。故可知这里的"神武楼"当指的是太极宫的北门——玄武门城楼。这次劳遣的地点放在玄武门城楼,不仅有高宗朝的成例可依,而且正好与大军开拔的方向相一致。

宪宗朝欲革河北藩镇世袭之弊,用兵的主方向转向河北,其劳遣地点也随之改在了东三门中最靠北的通化门。如元和四年(809)十月十一日下制削夺成德节度使王承宗官爵,并以左神策中尉吐突承璀为左、右神策军、河中、河阳、浙西、宣歙等道行营兵马使、招讨处置等使,使讨王承宗。十月二十七日"己亥,吐突承璀军发京师,上御通化门劳遣之"。① 元和十二年(817)七月,为了尽早结束淮西战事,宰相裴度自请赴淮西行营督战,八月初三"庚申,裴度发赴行营,敕神策军三百人卫从,上御通化门劳遣之。度望门再拜,衔涕而辞,上赐之犀带"。② 长安城南、东、西三面共有九道城门:"南面三门:中曰明德,左曰启夏,右曰安化。东面三门:中曰春明,北曰通化,南曰廷兴。西面三门:中曰金光,北曰开远,南曰延平。"③ 通化门在长安城东三门中位置最靠北,中宗景龙三年(709)八月曾在此"亲送朔方总管张仁亶于通化门外(门在京城东面之北)。上制诗(传云赋诗祖道)。"④ 可见这也是唐代皇帝传统的劳遣地点之一,宪宗把两次军事劳遣放在通化门,也是有先例可循的。

唐廷最后一次正式军事劳遣是在唐昭宗大顺元年(890),为讨伐李克用,四月唐廷于京师募兵至十万人。五月,诏削李克用官爵,以宰相张浚为河东行营都招讨制置宣慰使,京兆尹孙揆为副使,

---

① 《旧唐书》卷14《宪宗上》,第429页。
② 《旧唐书》卷15《宪宗下》,第460页。
③ 《唐六典》卷7《尚书工部》,第216页。
④ 《玉海》卷170《宫室·门阙下》。

以朱全忠为南面招付使，李匡威为北面招付使，赫连铎为副使。"壬子，都招讨使张濬、孙揆率神策诸军三千赴行营，昭宗御安喜门临送，诫誓之"。① 那么这里提到的安喜门在何处呢？据《太平御览》记载："东京，俗曰洛阳城，城高一丈八尺。南面三门，正南曰定鼎门，东建春门，南永通门。北面二门，东安喜门，西徽安门。西面连苑。"② 唐僖宗广明元年（880），"九月，东都奏：'汝州所募军李光庭等五百人自代州还，过东都，烧安喜门，焚掠市肆，由长夏门去。'"胡三省注："烧洛城东北门，由东南门去。"③ 可知唐东都洛阳北二门中靠东的城门即名安喜门。但事实上，由于唐昭宗是在天复四年（904）才被权臣朱温强迫迁都于洛阳的，故大顺元年（890）讨伐李克用时，劳遣大军所在的安喜门就不应当是洛阳城的东北门，而应当是在长安城内。宋人所撰《长安志》在长安城东内大明宫"别见章"中，就提到"永安宫，孝明郑太后所居。左齐藏天诸库、章信门、安喜门、昭德殿、云韶殿、同文殿、昭敬殿……"④ 而唐人裴庭裕所撰《东观奏记》则直接指出："上性至孝，奉郑太后供养，不居别宫，只于大明宫朝夕侍奉。"⑤ 因此，笔者认为《长安志》中所提到郑太后居住的"永安宫"极有可能是大明

---

① 《旧唐书》卷20上《昭宗本纪》，第741页。
② 《太平御览》卷183《居处部十一·门》，第891页。
③ 《资治通鉴》卷253，僖宗广明元年九月条。
④ （宋）宋敏求.《长安志》卷6《宫室四·唐上》，台北：成文出版社，1970年。
⑤ （唐）裴庭裕.《东观奏记》卷上，北京：中华书局，1994，第85页。

宫中的一所宫殿①，而安喜门当为其中的一道宫门无疑。大明宫位于长安城东北部的龙首原，昭宗在安喜门劳遣大军，既符合在皇宫劳遣的惯例，也便于大军集结开拔。这是唐廷最后一次正式军事劳遣，此后再无力量组织这样大规模的军队出征了。

综上所述，我们可以看到整个隋唐时期举行军事劳遣的地点虽然较多，但除去政权初创阶段，御驾亲征，诸事随宜的情况，基本都集中在长安城东北部或北部的城（宫）门楼。这种安排与北朝在宫内劳遣的惯例相比，既有延续，更有区别。区别就在于，这些地点虽然大多也位于皇宫之内，但却不是象北朝一样的殿堂，而是一些地势较高的门楼。它们或处于皇宫边缘，或位于禁苑之内，或干脆就是长安城的城门。其共同之处在于：一、地势较高，方便皇帝检阅部队，也方便军队聆听圣训。二、离皇宫较近，方便皇帝、群臣等大队人马前往。三、与大军行进方向相一致，方便在劳遣结束后队伍开拔。四、相对宽敞，有利于部队集结和家人、百姓观瞻。

三、隋唐劳遣礼仪式构成

隋唐劳遣地点由皇宫中心向皇宫边缘的转移，从殿堂到门楼的改变，其主要的原因还是为了适应仪式重心的改变。

众所周知，从下诏命将到正式劳遣出师，中间通常都有一段时

---

① 比较传统的说法认为永安宫即大明宫之原名。此说主要出自《唐会要》卷30《大内》："贞观八年十月，营永安宫。至九年正月，改名大明宫，以备太上皇清暑……至龙朔二年（682），高宗患风痹，以宫内湫湿，乃修旧大明宫改名蓬莱宫。"但学者高本宪却推翻旧说，提出永安宫和大明宫是两个独立的宫室，而非一个宫室的两个宫名。（高本宪：《大明宫遗址》，西安：陕西出版集团 陕西人民出版社，2011.12 ISBN 9787224100082）笔者综合《长安志》和《东观奏记》的记载，认为唐宣宗时，安置生母郑太后所居的永安宫当处于大明宫中。

间间隔。如前文提到的唐高宗永徽六年（655）"夏五月癸未，命左屯卫大将军、卢国公程知节等五将军帅师出葱山道以讨（西突厥阿史那）贺鲁"。一直到第二年，即显庆元年（656）正月才"御玄武门，饯葱山道大总管程知节"。① 唐宪宗元和四年（809）十月十一日下制以吐突承璀为诸道行营兵马使，使讨王承宗。十月二十七日"吐突承璀军发京师，上御通化门劳遣之"。② 这段时间既是大军集结整肃的时间，也是举行出征前各项军事礼仪的时间。因此，如果说出征前的祭祀礼仪把出征的气氛推向了第一波高潮，那么劳遣则将出征的气氛渲染到了极致。

隋至初唐，礼制与北朝渊源颇深，其军事劳遣之仪在延续北朝劳遣若干做法的基础上，或重在阅军誓师，或重在赐宴赏物，或重在郊饯送别，酌情增减变通，不一而足。由于多皇帝亲征、巡幸之事，故在仪式的内容与顺序安排上无甚定章，一切均按皇帝个人的喜好或军事行动的总体安排而定。如隋文帝开皇八年（588）伐陈之役，据记载：

九月丁丑，宴南征诸将，颁赐各有差。……（十月）甲子，将伐陈，有事于太庙。命晋王广、秦王俊、清河公杨素并为行军元帅以伐陈。……合总管九十，兵五十一万八千，皆受晋王节度。……十一月丁卯，车驾饯师。……乙亥，行幸定城，陈师誓众。丙子，幸河东。十二月庚子，至自河东。③

---

① 《旧唐书》卷4《高宗上》，第75页。
② 《旧唐书》卷14《宪宗上》，第429页。
③ 《隋书》卷2《高祖下》，第22—23页。

从九月开始赐宴诸将，颁赐有差，到十一月"车驾钱师""陈师誓众"，文帝将赐宴赏物、京城钱别和阅兵誓师三项内容分而行之，使整个仪式持续了两个月之久，期间还穿插了一项太庙命将的仪式。如果再加上三月下诏痛数陈后主的罪恶，整个伐陈之前的出征仪式可谓轰轰烈烈，做足了文章。

再如唐太宗贞观十九年（645）亲征高丽之役，是年二月，太宗从洛阳出发，三月至定州，登城楼抚慰检阅正在陆续集结的大军，四月"癸卯，于幽州城南大飨六军，太宗御次，诏长孙无忌宣旨以誓众……丁未，舆驾发幽州"。① 在这次劳遣仪式中，三月定州之劳很可能是太宗临时起意所为，考虑到皇帝已离开京城，故将城门（楼）钱别放在定州北门先期举行，而四月幽州之劳则主要完成阅兵誓师和赐宴赏物两项重头戏。太宗之所以特意将整个仪式放在幽州城南举行，这是因为若在都城，城南一般都是举行祭天等重大国家仪典之所在，故当皇帝出征在外，也大多会将重大仪式放在大驾所在地的城南举行。如隋大业七年（611），炀帝征辽时也是"于蓟城南桑乾河上，筑社稷二坛，设方墠，行宜社礼。……又于（临朔）宫南类上帝"。② 正因为如此，太宗才选择将大次设于幽州城南，亲阅誓师，大宴诸军，以示对这次出师的重视之义。而且考虑到城门钱别之仪在定州已行，故幽州之劳将重点放在了阅兵誓师和大飨诸军上，由此当众宣读誓文就取代了北朝对大将单独勉慰的做法。这篇由长孙无忌宣读的誓文即《征高丽誓师文》，其文曰：

古先帝王，爰有征伐。尧战丹浦，舜伐有苗，文王戡黎，成汤

---

① 《册府元龟》卷117《帝王部·亲征第二》。
② 《隋书》卷8《礼仪三》，第111页。

征葛。此四君者，岂乐栉沐风雨，劳师疲众？以为不诛凶残化不洽，不翦暴乱人不安。高丽莫离支，虐杀其主，尽戮大臣。自馀黎庶，怨入骨髓。此等皆力不能制，拥在寇城，想望朕师，若思膏雨，高丽灭亡征兆，人谁不见？时不可失，天不可违。朕岂厌重帷而安暴露，薄华殿而乐风尘。且以弱年行师，颇识权变。今者士卒咸集，戈甲如山，冲輣云梯，指影可捷。夫农夫勤春，乃始有秋，士卒先力，然后受赏。若能齐力一心，屠城陷敌，高官厚秩，朕不食言。若敢遁逃，违弃营伍，厥身从戮，罪及妻孥，此皆邦国之典刑，古今之常事。记朕誓言，诚宜自勉。[1]

这篇短短二百多字的誓文，从战争的必要性、正义性、可行性入手，分析了敌我双方的态势，指出凭己方主帅之权变、士卒之众，兵力之强，取得战争的胜利指日可待，最后申明军法，勉励诸军奋勇作战。毫无疑问，这篇誓文成为整个劳遣仪式的最大亮点，再配合太宗亲临阅兵的行为，两者在最大限度上提升了全体将士的士气。此后皇帝亲临阅兵誓师遂成为唐代劳遣礼的重点，此时如果再在宫内的殿堂之上行劳遣之礼就不合时宜了，于是才有了劳遣地点由殿堂向门楼的改变。

高宗朝后，有唐一代再无皇帝亲征，劳遣于长安逐渐成为惯例。至玄宗朝，大唐礼制渐趋成熟稳定，劳遣之仪也渐有规章，基本形成了城（门）楼临饯、阅兵誓师、赐宴赏物、饯于道路的固定仪式。如德宗朝建中二年（781）：

河南大扰，羽书警急。乃诏移京西戎兵万二千人以备关东。帝

---

[1] 《全唐文》卷10，太宗《征高丽誓师文》，第124页。

御望春楼亲誓师以遣之，曰："呜呼！东鄙之警，事非获已。唯尔将校群士，各以忠节，勤于王家；南赴蜀门，西定泾垒，甲胄不解，疮痍未平；今载用尔分镇于周、郑之郊，敬听明命。夫王者之师，有征无战，稽诸理道，用正邦国。宜励乃戈甲，保固城池，以德和人，以义制事。将备其侵轶，不用越境攻取，戢而后动，可谓正矣！今外夷来庭，方春生植，品物资始，农桑是时。俾尔将士，暴露中野，我心痛悼，郁如焚灼。嗟尔有众，其悉予怀。"士卒多泣下。及赐宴，诸将列坐；酒至，神策将士皆不饮，帝使问之。惠元时为都将，对曰："臣初发奉天，本军帅张巨济与臣等约曰：'斯役也，将策大勋，建大名。凯旋之日，当共为欢；苟未戎捷，无以饮酒。'故臣等不敢违约而饮。"既发，有司供饩于道路，他军无孑遗，唯惠元一军瓶罍不发。上称叹久之，降玺书慰劳。①

在劳遣时，德宗当众宣读的即是著名的《御望春楼誓师诏》②。此诏除表明战争的正义性之外，慰勉之义甚浓，充分体现了德宗对士卒的爱护之心和不得已之意，故"士卒多泣下"，可见大阅誓师仍然是整个仪式的重中之重。从这段文字，我们可以清晰地看到中唐时期劳遣的一些基本仪式：御驾亲临城（宫）门楼、大阅誓师、赐宴赏物、"既发，有司供饩于道路"。杜甫《后出塞五首》其一云："男儿生世间，及壮当封侯。战伐有功业，焉能守旧丘？招募赴蓟门，军动不可留。……闾里送我行，亲戚拥道周。斑白居上列，酒酣进庶羞。少年别有赠，含笑看吴钩。"③此诗虽写的是乡里送从

---

① 《旧唐书》卷144《阳惠元传》，第3915页。
② 《全唐文》卷53，第577页。
③ 《全唐诗》卷218，第2295页。

军者入伍的场面,但从中不难看出当时民间出征也有路饮的习俗。

综上所述,我们可以看到隋唐军事劳遣在北朝的基础上,已经有所不同。首先是劳遣的地点由宫内之殿堂,改到了地势较高,离市井更近的城门楼或宫门楼。其次,北朝劳遣主要针对的对象是大将,故弱化阅兵誓师的内容,而以赐宴赏物、慰勉大将为主;隋唐劳遣则面向全军,故将阅兵誓师作为一项重要内容,当众宣读的誓师诏文代替了北朝时单独对大将的勉慰之辞。第三,由于隋唐将劳遣之地设在城(宫)门楼这样的开放地带,因此一般百姓或军属也可以前往观礼。如唐武宗会昌年间,昭义军节度使卢钧"兴士五千戍代北,钧坐城门劳遣,帷家人以观。戍卒骄,顾家属不欲去,酒酣,反攻城,迫大将李文矩为帅,钧仓促奔潞城"。[①] 这是当时因家人在劳遣现场观礼,导致军人不愿远戍代北,于是趁赐宴之机发动兵变的一个典型例子,可知中唐以后,地方节度使在遣兵之时也可用城门劳遣之礼,而且在当时的劳遣仪式中,军属是可以参与观礼的。最后需要强调的是,虽然唐代劳遣礼的重点是阅兵誓师,但大军出征未必次次都能享有劳遣之荣,故对誓师礼进行单独的说明还是必要的。

第三节　誓师礼仪

大军出征前,通常都有一项必不可少的军事礼仪——誓师。此礼的主要功能是将出征的目的与意义告知将士,揭露敌人的罪恶,

[①]　《新唐书》卷182《卢钧传》,第4144页。

强调纪律与作风,是一次必需的战前动员和教育,故大军出征可以不行劳遣,但誓师则不能不行。

一、誓师仪式的演变

誓师之仪起源甚早,如虞舜时,派禹讨伐三苗,"禹乃会群后,誓于师曰:'济济有众,咸听朕命。蠢兹有苗,昏迷不恭,侮慢自贤,反道败德,君子在野,小人在位,民弃不保,天降之咎。肆予以尔众士,奉辞伐罪,尔尚一乃心力,其克,有勋。'"[1]夏启时,"有扈氏不服,启伐之,召六卿誓师大战于甘之野,遂灭有扈氏。"[2]据《淮南子·要略》记载,周武王伐纣时,"誓师牧野,以践天子之位。"今天,我们还可以通过《尚书》保留下来的六篇誓词想象当年誓师的盛况,其中《甘誓》记录的就是夏启征伐有扈氏时在甘野誓师的誓词;《汤誓》是商汤伐桀时的誓词;《泰誓》是武王伐纣大会诸侯时的誓词;《牧誓》是武王在牧野之战前的誓词;《费誓》是鲁公伯禽讨伐淮夷、徐戎,在鲁国费邑发表的誓词。

不仅如此,三代誓师的时间和地点还不尽相同,如据《司马法·天子之义第二》记载"有虞氏戒于国中,欲民体其命也。夏后氏誓于军中,欲民先成其虑也。殷誓于军门之外,欲民先意以行事也。周将交刃而誓之,以致民志也。"可见远古有虞氏是在国内誓众,夏后氏在军中誓师,商代在军门之外誓师,周代则在两军交锋的时候才举行约誓。因此,我们大致可以根据誓师的时间,将誓师分为出师之前或交战之前的两类情况。前者一般较为正式,辅以一定的仪式,而后者通常较为简捷,以将领的战前动员演说为主。本书主要

---

[1] 《册府元龟》卷121《帝王部·征讨》。
[2] 《通志》卷3上《三王纪上·夏》,第40页。

探讨的是前一种誓师礼的情况。

关于先秦时期出师之前的誓师仪式，其具体仪节虽已不可考，但在《周礼》中却保留了周人在冬季大阅誓师的详细做法，可以作为参考：

中冬，（大司马）教大阅，前期，群吏戒众庶，修战法，虞人莱所田之野，为表；百步则一，为三表，又五十步为一表，田之日，司马建旗于后表之中，群吏以旗物、鼓铎、镯铙，各帅其民而致。质明，弊旗，诛后至者，乃陈车徒，如战之陈，皆坐，群吏听誓于陈前，斩牲以左右徇陈曰：不用命者斩之。①

从这段记载中，我们可以看到周人大阅前，按例要由掌管山泽、苑囿、田猎的职官——虞人负责平整场地，并立四表于阵中。关于四表的位置，郑玄注曰："后表之中五十步，表之中央。表，所以识正行列也。四表积二百五十步。左右之广当容三军，步数未闻。致，致之司马。质，正也。弊，仆也。皆坐，当听誓。"贾公彦疏曰："此于可陈之中，从南头立表，以北头为后表也。……云'后表之中五十步，表之中央'者，谓从南表至北表。云'表，所以识正行列也'者，于可陈之中央立此四表，表两相各有三军之众，至表则间一而坐，坐而更起，是表正行列也。云'积二百五十步'者，以三表之间有二百步，又加一表五十步，故总为二百五十步也。"②由此可知，虞人负责在阵中央所立之四表，是按从南向北的顺序排列，前三表间隔一百步，第四表，即后表的间隔减为五十步。此四

---

① 《周礼注疏》卷29，第774-776页。
② 《周礼注疏》卷29，第775页。

表的主要作用是"识正行列也",而后表的作用更重要,因为它是大司马建旗之所在。大司马之旗是诸军集结的号令,"质明,弊旗,诛后至者,乃陈车徒,如战之陈。"

部队完成集结后,"群吏听誓于陈前,斩牲以左右徇陈曰:不用命者斩之",郑玄注:"群吏,诸军帅也。陈前,南面乡表也。"贾公彦疏曰:"云'群吏听誓于陈前'者,士卒皆于后表北面坐,群吏诸军帅皆在士卒前南面立,以听誓。云'斩牲以左右徇陈'者,从表左右向外以徇陈。"其中负责斩牲的是周代祭祀时专职进羊切肉的官员——小子。由此可知,平整场地、立表建旗、整军听誓、斩牲徇阵、立军令构成了周代大阅誓师的全过程,其中集军之旗、誓众之令、徇陈之血牲是誓师礼的三大必备要素。

但从后来汉魏关于誓师礼的记载中,我们看到当时的誓师礼主要突出了设坛、血牲和盟誓三项内容,周代誓师中的立表建旗环节则成为后来祭牙纛礼的一个内容。如汉末董卓之乱,广陵太守张超在功曹臧洪的劝说下欲为国除贼,"乃与诸牧守大会酸枣,设坛场将盟,既而更相辞让,莫敢先登,咸共推洪。洪乃摄衣升坛,操血而盟……洪辞气慷慨,闻其言者无不激扬。"[1]又如东晋祖约、苏峻之乱,京师陷落。徐州刺史、大将军郗鉴"闻之流涕,设坛场,刑白马,大誓三军……鉴登坛慷慨,三军争为用命。"[2]南梁侯景之乱,王僧辩与陈霸先于白茅洲合师,"登坛歃血,共读盟文,皆泪下沾襟,辞色慷慨。"[3]

隋唐誓师礼基本与汉魏南朝相同,设坛、血牲和盟誓同样是三

---

[1] 《册府元龟》卷390《将帅部·誓师》。
[2] 《册府元龟》卷390《将帅部·誓师》。
[3] 《通志》卷142《列传第五十五》,第2253页。

项必不可少的内容。如唐肃宗至德年间,永王李璘意图割据,起兵作乱,于是肃宗急令江南东道采访使韦陟以御史大夫,兼江东节度使的身份前往诏谕。韦陟与淮南节度使高适、淮西节度使来瑱同至安州。史载:

陟谓适、瑱曰:"今中原未复,江淮动摇,人心安危,实在兹日。若不齐盟质信,以示四方,令知三帅协心,万里同力,则难以集事矣。"陟推瑱为地主,乃为载书,登坛誓众曰:"淮西节度使、兼御史大夫瑱,江东节度使、御史大夫陟,淮南节度使、御史大夫适等,衔国威命,各镇方隅,纠合三垂,剪除凶慝,好恶同之,无有异志。有渝此盟,坠命亡族。皇天后土,祖宗神明,实鉴斯言。"陟等辞旨慷慨,血泪俱下,三军感激,莫不陨泣。①

韦陟之所以提出在当时必须举行一场正式浩大誓师礼的原因,实际上是基于政治局势的考虑,因为当时永王李璘割据江南,导致江淮人心不稳,民不知所从,"若不齐盟质信,以示四方,令知三帅协心,万里同力,则难以集事矣。"可见在当时,一次浩大的誓师礼不仅能团结士众,提振士气,而且对于民间也有很明显的以正视听之功用,实则是一个巧妙的政治宣传策略。

再如唐德宗建中四年(783),因泾原兵变,德宗避难奉天(今陕西乾县)。奉义军节度使韦皋:"乃筑坛于廷,血牲与将士等盟曰:'上天不吊,国家多难,逆臣乘间,盗据宫闱。而李楚琳亦扇凶徒,倾陷城邑,酷虐所加,爰及本使,既不事上,安能恤下。皋是用激心愤气,不遑底宁,誓与群公,竭诚王室。凡我同盟,一心

---

① 《旧唐书》卷92《韦陟传》,第2960页。

协力,仗顺除凶,先祖之灵,必当幽赞。言诚则志合,义感则心齐;粉骨糜躯,决无所顾。有渝此志,明神殛之,追于子孙,亦罔遗类。皇天后土,当兆斯言。'"①

作为古代举行祭祀、继位、盟会、拜将等大典的特定场所,坛场的设置在誓师礼中是一个十分重要的内容。当然,在条件不许可时,设坛一项也多有变通。如隋末杨玄感之乱,刑部尚书卫玄率骑七万驰援东都,"屯军金谷。于军中扫地而祭高祖曰:'刑部尚书、京兆内史臣卫文升,敢昭告于高祖文皇帝之灵:自皇家启运,三十余年,武功文德,渐被海外。杨玄感辜负圣恩,躬为蛇豕,蜂飞蚁聚,犯我王略。臣二世受恩,一心事主,董率熊罴,志枭凶逆。若社稷灵长,宜令丑徒冰碎,如或大运去矣,幸使老臣先死。'词气抑扬,三军莫不涕咽。"②卫玄此举虽名为祭祀高祖,其实为誓师之仪。再如,隋义宁元年(617)七月"壬子,李渊以子元吉为太原太守,留守晋阳宫,后事悉委之。癸丑,渊帅甲士三万发晋阳,立军门誓众,并移檄郡县,谕以尊立代王之意"。③要知道,殷商时期就有立誓于军门的做法,故李渊军门誓众也并非别出心裁之举。

总之,誓师者,乃将士告誓于天之礼也。誓之双方,一为人,一为天,故设坛,血牲,都只不过是为了更好地把人的意志和决心告诉天,取悦天,并最终得到神明认可、庇佑而采取的一种手段或形式而已,盟誓才是誓师一礼的精髓所在。三者从形式到内容,构成了古代出师前誓师的全貌。当然,若在战场临敌之前,一切从权,设坛、血牲皆可免,唯余盟誓不可少,即相当于是战前动员演讲了,

---

① 《旧唐书》卷140《韦皋传》,第3822页。
② 《隋书》卷63《卫玄传》,第1008页。
③ 《资治通鉴》卷184,隋恭帝下义宁元年七月条。

这就不在本书探讨的范围之内了。

二、誓文的主要内容

如果说设坛和血牲都可能因为条件限制而有所变通,甚至取消,那么誓师礼中唯一不能缺少,也不能取代的内容就是对众盟誓了。但何为"誓"?一篇有准备的誓文又应该具备哪些内容呢?

据《周礼·秋官·条狼氏》记载:"条狼氏掌执鞭以趋辟。王出入则八人夹道,公则六人,伯则四人,子男则二人。凡誓,执鞭以趋于前,且命之。"郑玄注曰:"趋辟,趋而辟行人,若今卒辟车之为也。前,调所誓众之行前也。有司读誓词,则大言其刑以警所誓也。誓者,谓出军及将祭祀时也。"[1] 从中,我们可以看到当时誓师礼中的一个小细节,即在誓师前,天子出入要由条狼氏执鞭清道,在大司马读誓词时,条狼氏还要负责把誓词大声地重复一遍,以方便众人听清誓词。那么当时的誓词应该主要是什么内容呢?《周礼》接着记道:"誓仆右曰杀,誓驭曰车轘,誓大夫曰敢不关,鞭五百,誓师曰三百,誓邦之大史曰杀,誓小史曰墨。"郑玄注曰:"出军之誓,誓左右及驭,则《书》之《甘誓》备矣。……车轘,谓车裂也。师,乐师也。大史、小史,主礼事者。郑司农云:'誓大夫曰敢不关,谓不关于君也。'玄谓大夫自受命以出,则其余事莫不复请。"贾公彦疏:"'誓仆右'者,仆,大仆,与王同车,故《大仆职》云'军旅赞王鼓',注云:'佐击其余面。'通右与驭及王四乘也。右,谓勇力之士,在车右,备非常。誓驭,谓与王驭车者也。……仆右四乘,校军旅时。师与大史小史,皆据祭祀时。

---

[1] 《周礼注疏》卷37,第979页。

大夫敢不关，亦据祭祀须关君。"①从郑氏注和贾氏疏中，我们可以了解到当时出师和祭祀都要行誓师之礼，其中与出师誓词有关的是"誓仆右曰杀，誓驭曰车轘"。所谓仆即负责王车左面攻击的大仆，再加上王车右面的勇力之士，驭者和天子，一共四人一乘。其誓词警告仆右，不奋勇作战则杀之，警告驭者，不勇敢前驱则车裂之。可见，当时誓词的一项主要内容就是申明军纪法令。

所以《说文解字》解释："誓，以言约束也。"段玉裁注："凡自表不食言之辞皆曰誓，亦约束之意也。"②可见，"誓"是一种兼具约束性质和表决心性质的言辞，我们常说的"发誓"就是这种意思。

另据《尔雅·释言》解释曰："诰、誓，谨也。"郭璞注曰："皆所以约勤谨戒众。"邢昺疏曰："皆谨敕也。以大义谕众谓之诰。集将士而戒之曰誓。《尚书》诰、誓之篇是也。故郭云：'皆所以约勤谨戒众也。'"③可见，这里的"誓"已经从单纯的人与人之间表决心的言辞上升为一种对将士的告诫性文体了。虽然"誓"与"诰"都具有"约勤谨戒众"的作用，但两者在适用对象和范围上的不同还是很明显的。"誓"的主要作用是"集将士而戒之"，而"诰"则是谕大义于百姓。所以《周礼·秋官·士师》记："士师之职，掌国之五禁之法，……以五戒先后刑罚，毋使罪丽于民：一曰誓，用之于军旅；二曰诰，用之于会同；三曰禁，用诸田役；四曰纠，用诸国中；五曰宪，用诸都鄙。"④而《册府元龟》中也说："军

---

① 《周礼注疏》卷37，第979页。
② 《说文解字》三篇上"言部"，第92页。
③ 《尔雅注疏》卷3《释言》，第64页。
④ 《周礼注疏》卷35，第919页。

礼兵法有三誓交刃，所以致志，斯盖申严师律，重用民命者也。"①由此可知，在先秦时期，"誓"主要适用于军旅，其内容一般比较单纯，以交代作战原因，申明军纪军令为主。

如夏启征讨有扈氏时，发表的《甘誓》一文曰：

嗟！六事之人，予誓告汝：有扈氏威侮五行，怠弃三正，天用剿绝其命，今予惟恭行天之罚。左不攻于左，汝不恭命；右不攻于右，汝不恭命；御非其马之正，汝不恭命。用命赏于祖，弗用命戮于社，予则孥戮汝。②

全文简洁干脆，在简单地说明征讨原因后，马上转入申明军法军令的部分。以至于后人在记录这场著名的誓师时，直接将其简化为"夏启与有扈氏战于甘之野，誓师云：'用命赏于祖，不用命戮于社。'"③再如武王伐纣之时，"太公望从武王东伐，以观诸侯集否。师行，师尚父左仗黄钺，右把白旄以誓曰：'苍兕苍兕，总尔众庶，与尔舟楫，后至者斩。'遂至孟津，诸侯不期而会者八百。"④东汉光武帝建武三年（27），刘秀的大将傅俊被封为积弩将军后，礼请郅恽为将兵长史，授以军政，"恽乃誓众曰：'无掩人不备人于厄，不得断人支体，裸人形骸，放淫妇女。'"⑤

故唐人李荃在总结誓词的特点时说："夫人以心定言，以言出令，故须振雄略、出劲辞、锐铁石之心，凛风霜之气，发挥号令，

---

① 《册府元龟》卷390《将帅部·誓师》。
② 《太平御览》卷480《人事部·盟誓》，第2198页。
③ 《通典》卷48《礼八》，第1352页。
④ 《册府元龟》卷390《将帅部·誓师》。
⑤ 《册府元龟》卷390《将帅部·誓师》。

申明军法。"即一篇誓文应该做到语言简洁有力,情绪慷慨激昂,内容以"发挥号令,申明军法"为主。为此,他还给出了一篇誓文的范本:

某将军某乙告尔六军将吏士伍等:圣人弦木为弧,剡木为矢,弧矢之利,以威不庭。兼弱攻昧,取乱侮亡。今戎夷不庭,式干王命,皇帝授我斧钺,肃将天威,有进死之荣,无退生之辱,用命赏于祖,不用命戮于社。军无二令,将无二言,勉尔,乃诚,以从王事,无干典刑。①

可见一篇誓文通常可以分为三个部分。第一部分即说明出师的缘由,如"昔武王伐殷,誓师曰:牝鸡无晨,牝鸡之晨,惟家之索,今殷王受惟妇言是用,由是论之"。②第二部分是表达誓者的决心和意志。第三部分是申明军法军令。在这方面,唐太宗贞观十九年(645)亲征高丽,在幽州大阅誓师时的誓文就比较有代表性。(详见前文"劳遣"部分)

但是事实上,汉魏以来,誓文撰写已经出现淡化申令戒众的内容,强化谕大义,表决心部分的趋势。如我们前面提到的东汉末年董卓之乱时,广陵太守张超在功曹臧洪的劝说下,与诸牧守大会酸枣,其誓曰:

汉室不幸,皇纲失坠,贼臣董卓,乘隙纵害,祸加至尊,毒流

---

① 《太白阴经》卷3《杂仪类·誓众军令篇》,引自《中国兵书集成》(第2册),第505页。
② 《文献通考》卷313《物异考十九·鸡祸》,第2452页。

百姓，大惧沦丧，社稷翦覆，四海兖州刺史岱、豫州刺史佃、陈留太守邈、东郡太守瑁、广陵太守超等纠合义兵，并赴国难。凡我同盟，齐心一力，以致臣节，陨首丧元，必无二志。有渝此盟，俾坠其命，无克遗育，皇天后土，祖宗明灵，实皆鉴之。①

而东晋祖约、苏峻之乱，大将军郗鉴的誓词是：

贼臣祖约、苏峻，不恭天命，不畏王诛，凶戾肆逆，干国之纪，陵汨五常，侮弄神器。遂制胁幼主，拔本塞源，残害忠良，祸虐黎庶，使天地神祇靡所归依。是以率土怨酷，兆庶泣血，咸愿奉辞讨罪，以除元恶。昔戎狄泯周，齐桓纠盟，董卓陵汉，群后致讨，义存君亲，古今一也。今主上幽危，百姓倒悬，忠臣正士，志存报国。凡我同盟，既盟之后，戮力一心，以救社稷。若二寇不枭，义无偷安，有渝此盟，神明殛之。②

到唐代，军纪军令部分更多地见于制文、诏书当中，在誓文中更是鲜有体现。按唐制，公文"凡上之所以逮下，其制有六，曰：制、敕、册、令、教、符"。其注曰："天子曰制，曰敕，曰册。皇太子曰令。亲王、公主曰教。尚书省下于州，州下于县，县下于乡，皆曰符。"③ 而笔者在翻检《全唐文》时，发现唐人以"誓师"为题的誓文非常少，但各种与讨伐有关的制书、诏书却举不胜举。总体说来，唐玄宗以前多为诏书，而玄宗以后多是制文。比如唐玄宗开元二年（714）《命

---

① 《册府元龟》卷390《将帅部·誓师》。
② 《册府元龟》卷390《将帅部·誓师》。
③ 《唐六典》卷1《三师三公尚书都省》，第10—11页。

姚崇等北伐制》就先从天命说起，表明战争的不得已，再逐一论及姚崇、张知运等将领的才能，唐军军力的调配、部署，最后谈到"功效灼然者，并委军将，使定功赏，不须定以常格，总管以下有损失兵马，不能力战，弃军逃命者，便斩。其有弃军入贼，不能死节者，妻子依叛缘坐法，凡此和众，誓于师兵"。① 再比如玄宗《讨吐蕃制》：

> 昏迷反道，天地所以制罚，戎狄乱华，帝王所以耀武。吐蕃小丑，频年犯塞，坏我城镇，虏我边人，言念征夫，良深愤惋。今北军羽骑，万弩齐发；山西飞将，百道争先。扫荡之期，在于晷刻，然赏罚必信，惩劝在焉。号令不明，忠勇何望？若回避纵敌，则寘国刑；如克隽擒凶，须悬军格。其河西、陇右、安西、剑南等州，节度将士以下，有能斩获吐蕃赞普者，封异姓王；斩获大将军者，授大将军；获次以下者，节级授将军中郎将。不限白身官资，一例酬赏；速令布告，咸使闻知。②

这些制书除了没有誓文开头结尾的祝祷词，可以说从结构，到内容都与一篇传统的誓文无异，因此，唐代制文实际已经取代了誓文的某些功能。而誓文的篇幅虽越来越长，但大部分是增加在以天命或史实彰显战争正义和告天盟誓以表决心这两部分，其祝祷意味越来越浓，而申戒全军的味道则逐渐消失了。

---

① 《唐大诏令集》卷130，第705-706页。
② 《全唐文》卷23，第266-267页。

第四节　牙纛之祭

中国古代出征之前，通常有祭军旗之仪，隋唐亦不例外，此即祭牙纛之礼。那么，何为"牙""纛"？为什么要祭拜它们？又如何祭拜呢？

一、何为"牙""纛"

"牙纛"中的牙，即牙旗之义也。那么什么是牙旗呢？东汉张衡《东京赋》有"牙旗缤纷"一句，三国吴薛综注："兵书曰：牙旗者，将军之旌。谓古者天子出，建大牙旗，竿上以象牙饰之。"[①]也就是说，薛综认为牙旗就是旗杆上饰有象牙的大旗，通常是天子和将军出征时所建，是一军之主的象征。

但唐人封演则有另外两种不同的解释："诗曰：'祈父，予王之爪牙。'祈父，司马，掌武备。象猛兽以爪牙为卫，故军前大旗谓之牙旗。出师则有建牙，禡牙之事，军中听号令必至牙旗之下。……或云公门外刻木为牙，立于门侧，以象兽牙。军将之行置牙竿首，悬旗于上，其义一也。"[②]封氏的第一种看法即认为牙旗之"牙"是猛兽爪牙之义，他认为周代的大司马掌武备，就好像是天子用以自卫的爪牙，故大司马所建之旗取其义，即名为牙旗。第二种看法则认为"牙"是兽牙之义，军将出征时把兽牙置于旗杆顶，其旗即名为"牙旗"。封氏的看法体现了唐人对于当时牙旗的基本认识，

[①]（梁）萧统编，（唐）李善注.《昭明文选》卷3《东京赋》，上海：上海古籍出版社，1986年，第121页。

[②]（唐）封演.《封氏闻见记》卷5《公牙》，北京：中华书局，2005年，第39页。

换而言之，唐代的牙旗可能就不是用象牙装饰的大旗，而是用兽牙装饰，或绘有猛兽之形的大旗而已。但不管是取其义名之，还是用象牙或兽牙装饰，牙旗为军将出征所建，是一军主将的象征，这一点薛、封二人的看法至少是相同的。后来宋人为柳宗元《柳河东集》之《祃牙文》作注时，大致与封氏的第二种看法一致，其注文曰："《周官》典瑞掌牙璋，以起军旅，以治兵守。注云：牙璋，琢以为牙，牙齿兵象，故以牙璋发兵。"①因此军中大旗名为"牙旗"。

那么何为"纛"呢？据《周礼·地官·乡师》记载："及葬执纛，以兴匠师。"其注曰："郑司农云：'翿，羽葆幢也。'尔雅曰：'纛，翳也，以指麾挽柩之役，正其行列进退。'"其疏曰："'执纛'者，纛谓葆幢也。"②可见在周代葬仪中的"纛"是一种与动物羽毛有关的旗帜，通常置于送葬队伍之首，以起到指挥队伍行进的作用。但据《玉海》记载："秦文公时，梓化为牛以骑击之，或堕地被发，牛畏之入水，因是置旄头骑使先驱。"③故唐柳宗元《祭纛文》中就说"昔惟沣有大特，化为巨梓，秦人凭神，乃建茸头，是为兵主，用以行师"。④可见，"纛"作为行军作战的旗帜时又与牛有关。对"纛"的第三种解释来自《汉书》，楚汉相争时，项羽围攻荥阳，"陈平夜出女子东门二千余人，楚因四面击之。纪信乃乘王车，黄屋左纛。"其注曰："李斐曰：'天子车以黄缯为盖里，纛毛羽幢也，在乘舆车衡左方上注之。'蔡邕曰：'以牦牛尾为之，如斗，

---

① （唐）柳宗元.《柳河东集》卷41，上海：上海人民出版社，1974年，第663页。

② 《周礼注疏》卷11，第289页。

③ 《玉海》卷83《车服·旌旗》。

④ 《全唐文》卷593，第5991–5992页。

或在騑头，或在衡。'应劭曰：'雉尾为之，在左骖当镳上。'"① 可见作为天子车驾的装饰物，"纛"一般是指用雉鸡的尾羽或牦牛尾装饰的旗帜，通常插在车辕的左上方。此后，历朝历代天子所乘金根车基本都保留着左纛的装饰，如东汉光武帝时，"左纛以牦牛尾为之，在左騑马轭上，大如斗。"② 晋武帝时"于戟之杪，以牦牛尾，大如斗，置左騑马轭上，是为左纛。"隋文帝"制玉辂，青质，……轭左立纛"。③ 综合以上三种记载，笔者认为"纛"是古时军队或仪仗队里用动物的毛羽装饰旗杆的大旗。

那么军中建牙纛又始于何时呢？据《明集礼》记载："事物纪原云：黄帝出军诀曰牙旗者一军之形侯也。又云玄女为帝制玄纛十二，以主兵，即知牙纛之制始自轩辕黄帝。"④ 但鉴于黄帝所处乃上古传说时代，故笔者认为此说未尽可信。比较可信的记载来自《周礼》，据《周礼·夏官·大司马》载：

> 若大师，则掌其戒令，莅大卜，帅执事莅衅主及军器。及致，建大常，比军众，诛后至者。

"若大师"一句，郑玄注云："大师，王出征伐也。莅，临也。临大卜，卜出兵吉凶也。……主，谓迁庙之主及社主在军者也。军器，鼓铎之属。凡师既受甲，迎主于庙及社主，祝奉以从，杀牲以血涂主及军器，皆神之。"也就是说，若王师出征，大司马要掌军纪戒令，要负责卜日以定吉凶，并率执事杀牲衅鼓及军器。"及致"

---

① 《汉书》卷1上《高帝本纪上》，第40页。
② 《通典》卷64《礼二十四·嘉礼九》，第1789页。
③ 《通典》卷64《礼二十四·嘉礼九》，第1790页。
④ 《大明集礼》卷34《军礼二》。

一句，其注云："比或作庀。郑司农云：'致，谓聚众也。庀，具也。'玄谓致，乡师致民于司马。比，校次之也。"贾公彦疏曰："'玄谓致，乡师致民于司马'者，据《乡师职》知之，其司马用王大常者，以上文大师王亲御六军，故司马用王之大常致众。若王不亲，则司马自用大旗致之。"[①]据此可知，周代王师开始大集时，大司马首先要在军中建大常。"大常"者，王旗也。据《周礼·春官·司常》记："及国之大阅，赞司马颁旗物：王建大常，诸侯建旂……"郑注云："王画日月，象天明也。"[②]此后如汉、隋等朝都有大常或太常之旗。若天子亲征，大司马在军中建王之大常以集众，若非御驾亲征，那么大司马建自己的大旗以招诸军。在集结的规定时间结束后，大司马亲阅诸军，诛后至者。大司马之旗即唐人封演提到的"牙旗"，所以很清楚的是，军中建牙，并以牙旗作为军队主将的象征，这一做法当始于西周。

与牙旗相比，军中建"纛"的时间就要晚一些了。从前文所引《周礼·地官·乡师》可知，"纛"在西周时期还主要是用作丧仪中的引导旗，那么它又是什么时候在军中使用的呢？关于这一点，《宋书·礼志》记载了晋人就此发生过的一场争论：

（史臣）案周礼辨载法物，莫不详究，然无相风罼网旄头之属，此非古制明矣。何承天谓战国并争，师旅数出，悬乌之设，务察风祲，宜是秦矣。晋武尝问侍臣："旄头何义？"彭推对曰："秦国有奇怪，触山截水，无不崩溃，唯畏旄头，故虎士服之，则秦制也。"张华曰："有是言而事不经，臣谓壮士之怒，发踊冲冠，义取于此，

---

① 《周礼注疏》卷29《大司马》，第781—782页。
② 《周礼注疏》卷27《司常》，第732—733页。

挚虞决疑，无所是非也。"徐爰曰："彭张之说，各言意义，无所承据。案天文毕昴之中谓之天街，故车驾以罼罕前引，毕方昴员，因其象，星经昴一名旄头，故使执之者冠皮毛之冠也。"①

可见，虽然晋人对于"纛"的由来众说纷纭，但不管是异兽说、壮士说和天象说，至少在军中建纛非西周之制，应该大致始于战国时期，尤其是秦制这一点上则是有共识的。因此，笔者比较赞同刘宋著名天文学家、无神论思想家何承天的看法，认为军中建纛当始于战国时期之秦国，其主要作用应当是在战时观察风向和风速所用，但由于"纛"在西周丧仪中有引导的作用，故后来军队也将它作为引导之旗。

二、祭牙纛的由来

牙纛在军中一经出现，就逐渐被赋予极强的象征意义。据宋代高承所撰《事物纪原》记："黄帝出军决曰：'牙旗者，将军之精；金鼓者，将军之气，一军之形侯也。'"②可见牙旗和金鼓对于中国古代军队的重要性。但是由于年代久远，加之此仪并非"五礼"之"军礼"部分的传统内容，故中国古代出征前祭牙纛的具体时间已不可考了。笔者经过研究，大致认为此制当始于东周时期，成形于魏晋南北朝之际，与一度十分盛行的蚩尤崇拜和易学中的望气之术、星象之说有关。

第一，如前文所述，《周礼》中王师出征前有衅鼓及军器的礼

---

① （梁）沈约.《宋书》卷18《礼五》，北京：中华书局，1974年. 第500页。

② （宋）高承.《事物纪原》卷9《戎容兵械部》，北京：中华书局，1989年，第498页。

仪，但并未提及有祭牙旗的仪式，牙旗在当时主要是作为召集军众的标志。另据《周礼·春官·司常》记："凡祭祀，各建其旗。会同、宾客亦如之，置旌门。"①《周礼·天官·掌舍》也曰："掌舍，掌王之会同之舍。……为帷宫，设旌门。"郑注曰："谓王行昼止，有所展肆若食息，张帷为宫，则树旌以表门。"贾氏疏曰："其云旌门，则《司常》所云'析羽为旌'者也。"②可见，在当时，周天子出行建帐有临时设"旌门"的制度。此制后来演变为古代军队驻扎时，主将帐前树牙旗以为军门之制。因此军门由牙旗设置，故又称"牙门"，在古代战争中常常是一军主将之所在，故也是主将的象征。比如东汉末年，袁绍大战公孙瓒，其将麴义大破公孙瓒，"瓒敛兵还战，义复破之，遂到瓒营拔其牙门。"唐李贤在注文就提到："真人水镜经曰：凡军始出，立牙竿必令完坚，若有折，将军不利。牙门旗杆，军之精也，即周礼司常职云：军旅会同，置旌门是也。"③可见，在周代，牙旗的另一个功用是设置"旌门"。但不管是用以集军众，还是设"旌门"，在当时都没有专门的祭牙旗仪式。只不过在牙旗处诛后至者的做法，可能对后来以血祭旗的仪式有一定的启示。

据清人秦蕙田所撰《五礼通考》记："春秋庄公八年春，王正月甲午，祠兵。公羊传：祠兵者何，出曰祠兵，入曰振旅，其礼一也，皆习战也。祠兵，祭也。左氏作治兵。盖礼兵不徒使，故将出兵必祠于近郊，陈兵习战，杀牲飨士卒。丘氏浚曰：此经传言祠兵之始，先儒谓何氏解祠兵有二义，一则祀其兵器，后世祭旗节始此。

---

① 《周礼注疏》卷27《司常》，第736页。
② 《周礼注疏》卷6《掌舍》，第147页。
③ （刘宋）范晔.《后汉书》卷74上《袁绍传》，北京：中华书局，1965年，第2380-2381页。

一则杀牲享士卒，后世犒赏士卒始此。"① 很明显，明清学儒均认为祭旗节之制当始于春秋时期。而且从诸书的记载看，祭旗之说也明显于此后渐至增多，故笔者认为祭牙纛之制始于春秋时期之说是可以采信的。

第二，此仪虽始于春秋时期，但后来渐至盛行的原因，当与南北朝以前曾经十分流行的蚩尤崇拜有关。作为远古传说时代的部落领袖，蚩尤以勇猛善战著称，其部落以牛为图腾，牛头也就成为蚩尤在后世的图腾形象。因此南梁任昉《述异记》记，因为涿鹿位于南北朝时的冀州，因此在当地"有蚩尤神，俗云：人身牛蹄，四目六手。今冀州人提掘地得髑髅如铜铁者，即蚩尤之骨也。今有蚩尤齿，长二寸，坚不可碎。秦汉间说蚩尤氏耳鬓如剑戟，头有角，与轩辕斗，以角抵人，人不能向。今冀州有乐名蚩尤戏，其民两两三三，头戴牛角而相抵，汉造角抵戏，盖其遗制也"。② 由此可见，至少在南北朝时民间一直有崇拜蚩尤的传统，除苗族聚居地外，华北地区的河北、山西、山东一带都有相关的祭祀活动。另据《事物纪原》记载：

兵者，戈、戟、矛、剑之总名也。《太白阴经》曰：神农以石为兵，黄帝以玉为兵，蚩尤乃铄金为兵，割革为甲，始制五兵。《吕氏春秋》曰：蚩尤作五兵，戈、殳、戟、酋矛、夷矛也。世本：蚩尤以金作兵器。然则兵盖始于炎帝，而铸金为刃，即自蚩尤始矣。③

因此，从周代开始，蚩尤就与黄帝一起被视为"造军法者"或"兵

---

① （清）秦蕙田.《五礼通考》卷237《军礼五》，光绪六年九月江苏书局重刊本。
② （梁）任昉.《述异记》卷上，北京：中华书局，1985年，第1-2页。
③ 《事物纪原》卷9《戎容兵械部》，第497页。

主"加以祭祀,此即周代开始的祃祭(后文有详细论述,此处不赘述)。秦始皇封禅泰山后,"东游海上,行礼祠名山大川及八神",八神中"三曰兵主,祠蚩尤。蚩尤在东平陆监乡,齐之西境也。"①此后,汉魏基本延续了这一惯例,如汉高祖刘邦起事之时,"祠黄帝,祭蚩尤于沛廷,而衅鼓。旗帜皆赤。"②所以,后来柳宗元《祭纛文》中才说"汉宗蚩尤,亦作灵旗。既类既祃,指于有罪。"③可见,在当时,被视为战神加以崇拜的蚩尤与祭旗节之礼是结合起来的,故晋代顾恺之撰写的《祭牙文》,起首第一句就是"维某年某月日,录尚书事豫章公裕敢告黄帝、蚩尤、五兵之灵"④但是到南北朝后期,随着南北方均着眼于大兴周礼,标榜正统,蚩尤之祭逐渐被排除出国家的祭祀系统,就连祭牙纛之仪也逐渐与之剥离开来,形成独立的祭牙神仪式。

第三,祭牙纛之礼中融入了许多望气之术和星象之说的内容,可以说,正是中国古代易学为此礼注入了最有力,也最稳定的文化基因,尤其在蚩尤崇拜逐渐从祭牙纛礼中褪去后,它更成为此礼最重要的文化根源。据《五礼通考》记载:"郊祀志:武帝伐南越,告祷泰一,以牡荆画幡日月北斗登龙,以象太一三星,为泰一鏠旗。命曰:灵旗为兵祷,则太史奉以指所伐之国(师古曰:以牡荆为幡竿而画幡为日月龙及星)蕙田案此以太乙为旗神。"⑤此为将祭牙纛与星象之说相联系的最早记载。泰一,即天帝的别称,在汉武帝时被塑造为王朝的最高神祇。太乙亦作太一,属紫微垣,是皇帝的

---

① 《史记》卷28《封禅书第六》,第1367页。
② 《汉书》卷1上《高帝本纪上》,第10页。
③ 《全唐文》卷593,第5991—5992页。
④ 《艺文类聚》卷60《军器部·牙》,第1078页。
⑤ 《五礼通考》卷237《军礼五》。

象征，为岁星之使，用以筹度军国动静。汉武帝伐南越之前举行了专门的告天仪式，在这个仪式上，他别出心裁地设计了一个祭太一旗的仪式。他给旗帜绘上日月龙及星的图案，以象征太一星，在祝祷泰一神，祈求保佑后，这面旗帜随大军出征南越。此后，随着汉代谶纬之学的泛滥，易学更深入祭牙纛之礼，在逐渐使其神秘化的同时，牙神取代蚩尤成为主要祭告的对象。如后汉滕辅所写的《祭牙文》中就明确提到："恭修太牢，……敬建高牙，神武攸托，雄戟推锋，龙渊洒锷。"① 再如《三国志·吴志》记载：

黄武八年（229）夏，黄龙见夏口，于是权称尊号，因瑞改元，又作黄龙大牙常在中军，诸军进退视其所向。命（胡）综作赋曰："……取象太一，五将三门，疾则如电，迟则如云，进止有度，约而不烦。四灵既布，黄龙处中，周制日月，实曰太常，桀然特立，六军所望。仙人在上，鉴观四方，神实使之，为国休祥。军欲转向，黄龙先移，金鼓不鸣，寂然变施，闇谟若神，可谓秘奇。在昔周室，赤乌衔书，今也大吴，黄龙吐符，合契河洛，动与道具，天赞人和，金曰惟休。"②

胡综的这篇赋，虽名为赋，但实则更像是一篇祭牙文，文中提到的黄龙大牙仿效了汉武帝的做法——"取象太一"，其功能相当于周代之太常，"桀然特立，六军所望。""军欲转向，黄龙先移，金鼓不鸣，寂然变施，闇谟若神，可谓秘奇。"之所以如此神奇，

---

① 《五礼通考》卷237《军礼五》。
② （晋）陈寿．《三国志》卷62《吴书》卷17《胡综传》，北京：中华书局，1959年，第1414页。

都是有"仙人在上,鉴观四方,神实使之,为国休祥"。其仙人即牙旗之神,而非蚩尤明矣。除此之外,在谶纬迷信的大环境下,望气说也与祭牙纛融合起来,如东晋葛洪撰《抱朴子》曰:"军所始,举牙立旗,风气和调,幡校飘飘,终日不息者,其军有功也。"①而南北朝时,前凉名将谢艾率军抵御后赵大将麻秋进犯时,"建牙旗,盟将士,有西北风吹旌旗东南指。(索)遐曰:'风为号令,今能令旗指之,天所赞也,破之必矣。'"②果不其然,神鸟一役,谢艾大破麻秋前军,迫使后赵军退回黄河以南。

对于建牙时的望气之术,唐人赵蕤在其所撰《长短经》中有更详尽地记载:

古者初立将,始出门首建牙之时,必观风云之气。若风不旁勃,旌旗晕晕,顺风而扬举,或向敌终日,军行有功,胜候也。若逆风来应,气旁勃,牙扛折,阴不见日,旌幡激扬,败候也。若下轻其将,妖怪并作,众口相惑,当修德审令,缮砺锋甲,勤诚誓士,以避天怒。然后复择吉日祭牙旗,具太牢之馔,震鼓铎之音,诚心启请,以备天问,观其祥应,以占吉凶。若人马喜跃、旌旗皆前指高陵、金铎之声扬以清、鞞鼓之音宛以鸣,此得神明之助持,以安于众心,乃可用矣。③

在建牙祭牙的过程中加入望气之术,并以望气的结果,决定是否要重新举行祭牙仪式,实则是中国古代"天人合一"思想在军事

---

① 《艺文类聚》卷60《军器部·牙》,第1077页。
② 《晋书》卷86《张重华传》,第2243页。
③ 《长短经》卷9《兵权·天时第七》,引自《中国兵书集成》(第2册),第961—963页。

领域的一种体现，也可算是中国古代军队祭旗的一大特色了。

三、隋唐祭牙纛之制

隋唐时期是祭牙纛之制发展的重要时期。正如上文所述，其制始于春秋，经过汉魏的改造，于南北朝之际逐渐形成以祭牙神为主的祭祀传统。这一传统在隋唐时期得到进一步发展，并最终取代传统祃祭，完成了古代军礼中祃祭最为重要的一次转变。

（一）牙纛之制

牙纛之数，历代不尽相同。按《玉海》据《太白阴经》的说法："古者天子六军，诸侯三军。今天子十二，诸侯六军，故纛有六以主之。"[1] 因此，通常而言，大将军置六纛，如"司马穰苴曰：'……正门为握奇，大将军居之，六纛、五麾、金鼓、府藏、辎积皆中垒。'"[2] 但是自从牙纛成为大将的身份标志后，其数量之多少也就与大将的身份高低、受宠程度成了正比。如北魏立国以来，"大将行师，惟长孙嵩距刘裕、（奚）斤征河南，独给漏刻及十二牙旗。"[3] 十二之数是六的两倍，故此举实为对大将的莫大宠信。

但是这样的惯例在隋炀帝时期一度被打破。炀帝为人好大喜功，随性而为，据杜佑《通典》记载："隋大业七年（611），征辽东。……每军，大将、亚将各一人。骑兵四十队，队百人。"杜佑自注曰："百人置一纛。十队为一团，团有偏将一人。"再加上"步卒八十队，分为四团。团有偏将一人。"[4] 如此算来，当时隋军一军共计12000人，其中步兵8000，骑兵4000。骑兵每十队为一团即1000人，而步兵

---

① 《玉海》卷83《车服·旌旗》。
② 《通典》卷第148《兵一·立军》，第3792页。
③ 《魏书》卷29《奚斤传》，第699页。
④ 《通典》卷76《军礼一·出师仪制》，第2079页。

每二十队为一团即 2000 人，一军共分 8 团 120 队。按百人置一纛的方法，即一队置一纛，一军共置 120 纛。这是一个牙纛遍地的时代，牙纛之于大将的意义仅余下指挥作战的实用性而已。

唐制：

> 纛，大将六口，中营建，出引。军门旗二口，色红，八幅，出前列。门枪二根，以豹尾为刃橹，出居红旗后，止居帐门前左右。五方旗五口，中营建，出随六纛后，在营亦于纛后，随方而建。严警鼓十二面，营前左右行队列各六面，在六纛后。角十二具，于鼓左右各列六具，以代金。队旗二百五十口，尚色图禽兽与本陈同。五幅认旗①二百五十口，尚色图禽兽与诸队不同，各自为志认，出居队后，恐士卒交杂。陈将门旗，各任所色，不得以红，恐乱大将陈。将鼓百二十五面，恐设疑警敌用。②

根据这段记载，我们可以统计出唐军一军的旗帜和鼓角大致情况：

内容	归属	数量	颜色或图案	位置
纛	大将	6	黑色	中营，出引
军门旗（牙旗）	大将	2	红色	出前列
门 枪	大将	2		出居牙旗后，止居帐门前左右
五方旗	大将	5	青、赤、白、黑、黄	中营，出止俱随六纛后
严警鼓	大将	12		营前，左右各六面，在六纛后

---

① 行军时各队所有的作为表识的旗帜。旗上有不同的标记，以便士兵辨认。《通典·兵二》："认旗远看难辨，即每营各别画禽兽自为标记。"

② 《通典》卷 148《兵一·今制》，第 3794-3795 页。

续表

内容	归属	数量	颜色或图案	位置
角	大将	12		分列严警鼓左右,各列六具
队旗	每队	250	尚色,图禽兽皆与本陈同	
认旗	每队	250	尚色,图禽兽皆与诸队不同	出居队后
门旗	阵将	2	不得以红	
将鼓	阵将	125		

由此,我们可以看到牙纛在唐军中仍然是大将的身份象征。事实上,自唐睿宗景云二年(711)四月,以贺拔延嗣为凉州都督,充河西节度使,正式建立唐之节度使制度后,"行则建节,府树六纛"[①]遂成为唐代节度使仪仗的标准配置。

不仅如此,从上文中,我们还可以看到隋唐大将之牙旗为红色。另据《隋书·天文志中》记载:"濛星,夜有赤气如牙旗,长短四面,西南最多。"[②]这也从一个侧面反映了主将之牙旗为红色的事实。而纛的颜色则是黑色,据《事物纪原》记载:"六纛:实录曰商有纛,皂丝为之,似蚩尤首。"[③]"皂纛:六典曰后魏[④]有纛头。《宋会要》曰:'皂纛本后魏纛头之制,唐卫尉纛居其一,盖旄头之遗像。'"[⑤]《玉海》也记:"元魏有纛头,行幸及征伐建于旗上。唐卫尉器用

[①] 《通典》卷32《职官十四》,第895页。
[②] 《隋书》卷20《天文中》,第386页。
[③] 《事物纪原》卷9《戎容兵械部》,第503页。
[④] 据《唐六典》卷16《卫尉宗正寺》:"器用之制有八:一曰大角,二曰纛。"杜佑自注:"后汉有纛头,每天子行幸及大军征伐,则建于旗上。"可知《事物纪原》的"后魏"之说当为"后汉"。
[⑤] 《事物纪原》卷3《旗旐采章部·皂纛》,第124页。

纛居其一，盖旄头之遗象。"① 可知在商代，大将之纛就是用黑色丝线为之，其形如牛首，北魏时将纛头置于竿首，旗纛合一，遂为隋唐牙纛之形制。

（二）祭牙纛之仪

如前文所述，祭牙纛之制始于春秋时期。虽然此后汉高祖、汉武帝都曾举行过祭旗仪式，但有关牙纛和祭牙文的记载在魏晋南北朝时期才明显增多，说明此仪在当时已逐渐成为大军出征前的固定礼仪。不管是天子亲征，还是大将率军，都要在出师前祭牙纛之神。前者如北齐，天子亲征前，除类宜告礼外，还有专门"卜日，建牙旗于墠，祭以太牢"②之仪。而后者如前凉，名将谢艾出师抵御后赵进犯前，专门有"建牙旗，盟将士"③之仪。再加上后汉滕辅的《祭牙文》，孙吴胡综的《大牙赋》，晋袁宏、顾恺之的《祭牙文》《宋王诞伐广固祭牙文》，刘宋郑鲜的《祭牙文》④。它们的存在不仅证明了当时祭牙纛礼的普遍，而且也使由建牙纛，血牲，读祭文构成的祭牙纛之仪逐渐清晰起来。

那么唐代祭牙纛之仪又如何呢？据陈子昂《祃牙文》记：

万岁通天二年三月朔日，清边道大总管建安郡王某，敢以牲牢告军牙之神：盖先王作兵，以讨有罪，……今大军已集，吉辰协应，旄头首建，羽旆前列，夷貊咸戚，将士听誓，方俟天休命，为人殄灾。惟尔有神，尚歼乃丑，……无纵大憝，以作神羞，急急如律令！⑤

---

① 《玉海》卷83《车服·旌旗》。
② 《隋书》卷8《礼仪三》，第110页。
③ 《晋书》卷86《张重华传》，第2243页。
④ 《艺文类聚》卷60《军器部·牙》，第1078页。
⑤ 《全唐文》卷216，第2188页。

从文中可知，此《祃牙文》是武则天万岁通天二年（697）三月初一，唐军祭牙所作。事因起于前一年五月，契丹叛唐。九月，武则天以同州刺史建安王武攸宜为右武威卫大将军，充清边道行军大总管，以讨契丹。右拾遗陈子昂任攸宜府参谋。随后在第二年，即万岁通天二年（697）"三月，戊申，清边道总管王孝杰、苏宏晖等将兵十七万与孙万荣战于东硖石谷，唐兵大败，孝杰死之。"①可见这次举行于三月初一的祭牙纛仪式当是在此役之前，武攸宜为王孝杰等出战举行的出征仪式之一。从祭文中可知，当时不仅有建牙，祭牲牢，读祭文的祭牙纛仪式，还举行了誓师仪式。只可惜，牙神并未如愿保佑唐军大胜，反而是大败而归。

唐肃宗上元元年（760），宋州刺史刘展有异志，率兵度淮，唐肃宗命都统江淮之南节度观察处置等使李峘和扬州长史邓景山联兵拒之。在出征之前，李峘所辟的幕府书记，著名散文家独孤及为祭牙纛仪式撰写了一篇《祭纛文》。其文曰：

年月日，都统江淮之南节度观察处置等使、户部尚书李峘，谨以少牢之奠，敬神于六纛之神：天地不仁，神明无亲，……贼刘展假宠多难，敢包狼心，……皇帝震怒，按剑授钺，命我上将，底天之伐。于是虎牙鹰扬之臣，虵矛犀渠之群，横行而东。我伐用张，月羽云旗，以先启行。……今以今月吉日，厘驾即路，是用徼福。于尔有神，惟神降衷，尚弼余志，敢告无靡。旗无纰，骖无汰，辀无偾，车命五将，护野万灵，并毂令天地氛祲，望风扫除，魑魅魍

---

① 《资治通鉴》卷206，则天顺圣皇后中之下神功元年三月条。

魑,罔不率俾,莫我敢遏,为神祇羞。①

虽然独孤及妙笔如花,但还是无法改变最后李峘等战败被贬的结局。

唐宪宗元和十四年(819)十月,唐桂管观察使裴行立为抢战功邀宠,上表自请讨伐从唐德宗贞元以来就率兵反唐的黄洞蛮首领黄少卿。在出征之前,裴行立也举行了专门的祭牙纛仪式。由于唐桂管观察使治桂州,领桂、梧、贺、连、柳、富、昭、环、融、古、思唐、龚、象等十三州,因此,时任柳州刺史的古文大家柳宗元也在裴行立的管辖之下。于是应裴氏所请,柳宗元不顾病体,亲自操刀撰写了《祭纛文》和《祃牙文》两文。其《祭纛文》曰:

维年月日,某官以牲牢之奠,祭于纛神:惟昔沣有大特,化为巨梓。秦人凭神,乃建葺头,是为兵主,用以行师。汉宗蚩尤,亦作灵旗。既类既祃,指于有罪。……有蠢黄孽,保固虐人。……惟守臣某,董众抚师,秉羽先刃,出用兹日。……国有祀典,属于神明。……无或顿刃,以为神耻。急急如律令。②

其《祃牙文》曰:

维年月日,某官某以清酌少牢之奠,祃于军牙之神:秦定百越,汉开九郡,自兹编列,同于诸华。天宝兆乱,北方荐役,惟是南方,

---

① (宋)李昉.《文苑英华》卷995,北京:中华书局,1982年,第5231页

② 《柳河东集》卷41,第662页。

久稽讨伐。藩蛮怙险，乳字生聚，悖傲威命，虐夷齐人。黄姓陋孽，实恣盗暴，僮壮杀老，掠敛使臣。……官臣某钦率邦典，统戎于征。惟尔有神，懋扬乃职，敢告无纵诡类，无刘我徒。镞……往，钦哉！无作神羞。急急如律令。①

由柳氏所撰两文，可见裴行立当时是把牙纛分开祭告的。其祭祀仪式不可谓不浩大，但其结果是"士卒被瘴疠，死者不可胜计。安南乘之，遂杀都护。（裴）行立、（阳）旻竟无功。"② 而撰文的柳宗元也于当年十一月病逝于柳州任上。

综合以上四篇祭文，可知唐代祭牙纛基本包括建牙、祭牲牢、读祭文等环节。

1. 从祭牙的地点来看，玄宗朝之前一般是在军门祭告，但随着唐节度使制度的普及，晚唐时节度使兴兵也有在自己理政正厅——黄堂祭牙的记载。如唐懿宗咸通中，武宁军乱，节度使崔彦曾为对付乱兵，"乃祃纛黄堂前，选兵三千授都虞侯元密"，③ 伏兵欲诛之。

2. 从牲牢的选择来看，虽然在唐人李荃《太白阴经·祃鼓篇》里记载有在敌境，以敌人之血祭牙纛的做法：

经曰：军临敌境，使游奕捉敌一人，立于六纛之前而祝曰："胡虏不道，敢干天常，皇帝授我旗鼓，翦灭凶渠。见吾旗纛者目眩；闻吾鼓鼙者魄散。"令敌人跪纛前，乃腰斩之，首横路之左，足横路之右，取血以祃鼓鼙，大纛从首足间过，兵马六军从之而往，出

---

① 《柳河东集》卷41，第663页。
② 《资治通鉴》卷241，唐宪宗元和十四年十月条。
③ 《新唐书》卷148《康承训传》，第3739页。

胜敌,亦名"祭敌"。①

但此法过于血腥,故从保留下来的唐代祭牙文来看,大多数还是以少牢礼祭告,规格也不低。只不过唐代虽不以人血祭旗,但牙纛之下却是军中处斩有罪之人的地方。如唐玄宗先天二年(713),征兵二十万讲武骊山,"玄宗亲擐戎服,持大鎗,立于阵前。兵部尚书郭元振,以亏失军容,坐于纛下,将斩之。宰臣刘幽求、张说跪于马前,谏……乃舍之,配流新州。给事中知礼仪唐绍,以草军仪有失,斩之。"②

3. 从祭文的撰写来看,此类祭文与檄文相似,中心内容是声讨敌人,说明讨伐理由,宣扬军威,乞求旗神护佑。但笔者发现唐代祭牙文在结尾语的选用上与魏晋南北朝有一个最大的不同,即通常是以"急急如律令"结束。所谓"急急如律令"就是情势紧急,应如同依照法令一般火速办理的意思,最先为汉代公文常用的结尾语。由于道教兴起于汉代,因此,在咒语的结尾处就仿照汉代诏书或檄文中"如律令"一语,以"急急如律令"作为念咒驱使鬼神的结束语。这一句式在魏晋南北朝时期的祭牙文中鲜少出现,而在唐代祭牙文中却是最常见的结尾句式。笔者认为这当与唐代道教昌盛有直接关系。而"急急如律令"这一结束语虽为祈使句式,但强调必须迅速按令执行,其催促和命令的意味较浓,这与魏晋南北朝祭牙文的结尾语多为祝祷语形成了强烈的反差。尤其在文末,除了催促和命令牙神外,唐人还威胁牙神:如果不保佑我,使我大胜,就是你

---

① 《太白阴经》卷5《预备·衅鼓篇》,引自《中国兵书集成》(第2册),第555页。
② 《通典》卷76《军礼一》,第2082-2083页。

作为牙神的羞耻。如此种种,均反映出唐人对牙神的敬畏感大减,而功利性愈强的时代特点。

以上我们主要通过几篇唐代祭牙文来了解了当时祭牙纛的仪式,要说最全面直接地描写唐代祭牙纛仪式的文字当属唐人赵蕤所撰的《长短经》注:

诸谋立武事,征伐四方,兴兵动众,忌大风雷雨,阴不见日,辰午酉亥自刑之日。夫牙旗者,将军之精,凡竖牙旗,必以制日,制日者谓上克下也,初立牙门,祃之曰:"两仪有正,四海有王,寳命在天,世德弥光,蕞尔凶狡,敢谋乱常,天子命我秉钺专征,爰整其旅,讨兹不庭,夫天道助顺,神祇害倾,使凶丑时殱,海隅聿清,兵不血刃,凯归上京,神气增辉,永观厥成,寔正直之赖,凡乃神之灵,急急如律令。"①

这段文字是赵蕤对"故古者初立将,始出门首建牙之时,必观风气之气"一句的注文,其中不仅提到出征前祭牙纛的一些细节和要求,而且还附上了一篇祭牙文的范文。通过研究这段文字,我们发现:第一:赵蕤给出的这篇祭牙范文中,末尾一句为"凡乃神之灵,急急如律令"。这就从侧面反映出赵蕤所记的祭牙仪式虽托名为古,但实际上应当是以唐为范本,故其间记载的应该是唐代祭牙纛的做法。第二,唐代出征十分讲究,通常应选择一个风和日丽的吉日举行。而大将则在制日建牙旗于军门,并祭告牙神。立牙旗时若不顺,则需"复择吉日祭牙旗,具太牢之馔,震鼓铎之音,诚心启请,以

---

① 《长短经》卷9《兵权·天时第七》,引自《中国兵书集成》(第2册),第961页。

备天问,观其祥应,以占吉凶。"①正因为如此,建牙祭旗之后,若牙纛发生毁损,则更被视为败军亡将之兆。如天宝十四载(755),安史之乱,唐玄宗拜大将哥舒翰为帅镇守潼关,"师始东,先驱牙旗触门,堕注旒,干折,众恶之。"②唐德宗时,其子哥舒曜将兵讨李希烈,"及行,帝祖通化门。是日,牙干折。时以翰出师已如此,而斩持旗者,卒以败,今曜复尔,人忧之。"③出师前发生牙干无故折断的事,无疑给大军出征蒙上了一层失败的阴影,直接影响军心士气,这在当时是一件相当严重的事,故斩持旗者以徇。即便如此,也难以消除将士们心中不祥的预感,因为牙纛早已将视为主将的象征,全军的象征,乃至未知军势的象征。

四、从祭牙纛到祭军旗

中唐以后,"唐节度使辞日,赐双旌双节,立六纛,入境筑节楼"。④随着节度使旌节、牙纛之设成为常态,祭牙纛之仪更为普遍,以至于在中唐后出现了许多与"牙"有关的词汇。如唐人封演就提到:"近俗尚武,是以通呼公府为公牙,府门为牙门,字稍讹变,转而为衙也,非公府之名。"⑤中唐时期,魏博节度使田承嗣"选其魁伟强力者万人以自卫,谓之衙兵"⑥,《新唐书》则记为"牙兵"⑦,唐朝节度使的亲兵名为"牙兵"由此始也。节度使所居之城因建有

---

① 《长短经》卷9《兵权·天时第七》,引自《中国兵书集成》(第2册),第963页。
② 《新唐书》卷135《哥舒翰传》,第3594页。
③ 《新唐书》卷135《哥舒翰传》附《哥舒曜传》,第3597页。
④ 《五礼通考》卷237《军礼五》。
⑤ 《封氏闻见记》卷5《公牙》,第39页。
⑥ 《旧唐书》卷141《田承嗣传》,第3838页。
⑦ 《新唐书》卷210《田承嗣传》:"择趫秀强力者万人,号牙兵。"

牙旗，故称牙城。如此种种，也就难怪之后的宋人会把祃祭单纯理解为祭牙纛，并将之列为军礼之首，对牙纛之神予以最隆重的祭祀了。①

最后，我们到底该如何来看待军中设置牙纛的作用，如何看待从春秋以来逐渐兴起，并逐渐神秘的祭牙纛仪式呢？笔者以为明人对此已经有比较精辟的见解，在明代何良臣撰写的《阵纪》一书中，就指出：

得敌剖心以祭旗，取血以衅鼓，大率多方误人，示致其灵，以彰我威也。能兵之士，当自识之。又如坐罪人于白旗，杀罪人于黑纛者，总不外乎惑士卒之不知，悚彼我之观望。然旌旗不可不多用也，旌旗不多则威仪不严，威仪不严则军容不整。又曰多用旌旗，蔽我队伍，使敌不得登高望我动静虚实也。且旗为进导之司，尤能遮蔽矢弹。②

总之，我们应该看到对一军之牙纛大旗的崇拜、尊重历经千年，至今犹存。直至今日，在军旗游戏中，仍然以夺取对方军旗作为最终目标。在军中，军旗仍然是全军荣誉的最高象征，它所具有的凝

---

① 《宋史》卷121《礼二十四》（军礼）曰："祃，师祭也，宜居军礼之首。讲武次之，受降、献俘又次之。……军前大旗曰牙，师出必祭，谓之祃。"另据《大明集礼》卷34《军礼二》记载："遣将而祃于旗纛，为师祭也。……宋祭牙纛用牲币，行三献礼，献官皆将校为之。国朝大将出师，则于旗纛庙坛备牲牢、币帛，行三献礼。大将为初献，次将为亚献、终献。祭将毕则割鸡沥血于酒以酹神，以鸡掷于四方。"故可知宋人的祃祭即唐代之祭牙纛也，宋人将其列为军礼之首，并备牲牢、币帛，行三献礼，可谓隆重之极。

② （明）何良臣.《阵纪》卷2《技用》，引自台湾商务印书馆《影印文渊阁四库全书》子部.兵家类.14，第727-694页。

聚军心，激励士气的作用和功能，是其他任何事物都不能取代的。所以对古代的祭牙纛之仪，我们应该摒弃其中虚妄迷信的内容，而保留其在统一思想认识，凝聚军心，振奋士气等方面的合理做法，让古老的中华军礼焕发新的生机。

第三章　凯旋庆功礼仪

唐太宗贞观十四年（640），唐交河道行军大总管侯君集讨平西域高昌国。"高昌平，君集刻石纪功还。"①"露布初至，便降大恩，从征之人，皆沾涤荡。及其凯旋，特蒙曲宴，又对万国，加之重赏。"②从中，我们可以看到中国古代有较为完整的凯旋庆功礼仪。当大军获胜之后，一般会勒石纪功，并用"露布"先行告捷，大军未归，恩赏便随之而下，从征之人皆受勋赏。凯旋后又设庆功宴，赏赐颇丰。

另据《唐六典》卷5《尚书兵部》记载："既捷，及军未散，皆会众而书劳，与其费用、执俘、折馘之数，皆露布以闻，乃告太庙。元帅凯旋之日，天子遣使郊劳，有司先献捷于太庙，又告齐太公庙。（诸军将若须入朝奏事，则先状奏闻。）"由此，我们也可以归纳出宣露布、郊劳、告庙并齐太公庙等军礼。综合两者的记载，本章拟就其中最重要的大宣露布、遣使郊劳、献俘告庙、奏凯受降、饮至策勋等礼仪逐一梳理，一窥古代凯旋庆功礼仪的面貌。

---

① 《新唐书》卷94《侯君集传》，第3084页。
② 《旧唐书》卷69《侯君集传》，第2512页。

第一节　大宣露布

《左传·桓公二年》（前710）曰："凡公行，告于宗庙。反行，饮至、舍爵、策勋焉。礼也。"可见当时大军凯旋，按礼有饮至、舍爵和策勋等礼仪。而在《左传·僖公二十八年》（前632年）里记载，晋楚城濮之战后，晋文公曾"献楚俘于王"，周天子用飨礼招待晋文公，并予以重赏。同年"秋七月丙申，振旅，凯以入于晋，献俘，授馘，饮至，大赏。"故先秦时期，"征伐结束、军队获胜，要高奏凯乐，高唱凯歌，是为奏凯。天子亲征凯旋，百官大臣都要出城迎接（若是将帅出征凯旋，天子或亲率百官郊迎，或遣大臣出城迎接）。然后将庙主、社主奉还，并在太庙和太社报祭，行献捷、献俘礼。然后择日行饮至礼，即合饮于宗庙，以示庆贺，同时论功行赏。"[①]可见，在先秦时期的凯旋庆功礼仪中是没有宣露布之礼的。那么何为"露布"？宣露布之礼始于何时，定型于何时？历代宣露布礼有何具体做法？这些都将是本节要探讨的内容。

一、"露布"的由来

"露布"者，顾名思义即上书文字以公之于众的布帛。对于"布"的形制，虽然不同时代有不同的尺幅大小，但研究者基本上都认可它是一种将文字书写其上以公示大众的布帛。分歧在于，作为与军事相关的一种文书，这些书写在布帛上的文字应该是什么内容，到底是讨伐的檄文，还是告捷的捷书？对这个问题的回答，就涉及对"露布"到底为何物，作何用途这个关键问题的回答。

---

① 杨志刚.《中国礼仪制度研究》，上海：华东师范大学出版社，2000年，第429页。

（一）讨檄之文

据南朝刘勰《文心雕龙·檄移篇》云：

齐桓征楚，诘苞茅之阙；晋厉伐秦，责箕郜之楚；管仲吕相，奉辞先路。详其意义，即今之檄文。暨乎战国，始称为檄。檄也者，皦也，宣露于外，皦然明白也。张仪檄楚，书以尺二，明白之文，或称露布，播诸视听也。①

可知露布作为军旅文书，可上溯至春秋时期，只是当时还没有"露布"的叫法。到战国时，人们开始把这种声讨他国的文字叫作"檄"。由于这种声讨的文字往往要公诸天下，以便让民众知道战争的原委和己方之正义性，故通常需要用布帛明白书之，宣露于外，因此有人就将张仪檄楚时书于尺二之帛上的文书叫作"露布"。

后来南梁任昉在《文章缘起》中也说："露布，汉贾洪为马超伐曹操作。"②显然这里所说由贾洪所做的"露布"也是讨伐檄文的意思，所以其注文专门提到："露布者，露而不封，布诸视听者也。……文章明辨云：岂露布之初，告伐告捷，与檄通用，而后始专为奏捷云。"③

《太平御览》引南朝宋刘义庆《世说新语》记："世说曰：桓武北征，袁虎（袁宏）时从，被责免官，会须露布文，唤袁倚马前

---

① （梁）刘勰.《文心雕龙》卷4《檄移第二十》，北京：中华书局，1959年，第148—149页。

② （梁）任昉.《文章缘起》，丛书集成初编（王云五主编），上海：商务印书馆，民国二十六年，第11页。

③ 《文章缘起》，第11页。

令作,手不蹔辍,俄顷得七纸,殊可观。王东亭亦在侧,绝叹其才"①。袁宏倚马而作的也应当是讨伐檄文一类的文字。

后来唐代李贤为《后汉书·鲍昱传》作注时,也称:"檄,军书也,若今之露布也。"②故可知,在唐代仍然有把檄文称为"露布"的习惯。武则天时期,权奸李义府作恶多端,获罪流放,当时,就有人利用露布的形式,书其罪状声讨之。史载"或作《河间道行军元帅刘祥道破铜山大贼李义府露布》,榜之通衢。义府先多取人奴婢,及败,一时奔散,各归其家。"③时人戏作之"露布"也当是声讨之义。北宋熙宁七年(1075),越南李朝大将李常杰和宗亶带领二十万大军,水路并进,悍然发动了对宋朝的进攻。为师出有名,李军四处张榜,表明进军的缘由,其榜文即曰《伐宋露布》。

作为檄文的"露布"多用于军队出动之前,有时也用在两个战役之间,用以宣扬战争的合理性,鼓舞斗志,瓦解敌人。但这种对"露布"的解释是比较少见的一类,常见的理解还是将其作为战后报捷的一种军旅文书。

(二)献捷之书

据《封氏闻见记》卷4记载:

露布,捷书之别名也。诸军破贼,则以帛书建诸竿上,兵部谓之"露布"。盖自汉以来有其名。所以名露布者,谓不封检,露而宣布,欲四方速知,亦谓之"露版"。魏武奏事云:"有警急,辄露版插羽。"是也。

---

① 《太平御览》卷597《文部十三》,第2691页。
② 《后汉书》卷59《鲍昱传》:"中元元年,拜司隶校尉,诏昱诣尚书,使封胡降檄。"李贤注曰:"檄,军书也,若今之露布也。"
③ 《旧唐书》卷82《李义府传》,第2770页。

宋时沈璞为盱眙太守，与臧质固拒魏军，军退，质谓璞城主，使自上露版。

后魏韩显宗大破齐军，不作露布。高宗怪而问之，答曰："顷闻诸将获贼二三驴马，皆为露布，臣每哂之。近虽仰凭威灵，得摧丑虏，斩擒不多，脱复高曳长缣，虚张功捷，尤而效之，其罪弥甚。所以敛毫卷帛，解上而已。"

然则露布、露版古今通名也。

隋文帝时，诏太常卿牛宏撰宣露布仪。开皇九年平陈，元帅晋王以驿上露布。兵部请依新礼，集百官及四方客使于朝堂，内史令称有诏，在位者皆拜。宣露布讫，舞蹈者三，又拜。郡县皆同。自后因循至今不改。

近代诸露布，大抵皆张皇国威，广谈帝德，动逾数千字，其能体要不烦者鲜云。"[1]

根据封氏这段话，我们可以清晰地勾勒出"露布"作为捷书的一个发展脉络：

1. "露布"一词最早当出现于汉代。

据《后汉书·鲍昱传》记载：西汉末年，鲍永为司隶校尉，其子鲍昱于：

中元元年（56年），拜司隶校尉，诏昱诣尚书，使封胡降檄。光武遣小黄门问昱有所怪不？对曰："臣闻故事通官文书不著姓，又当司徒露布，怪使司隶下书而著姓也。"帝报曰："吾故欲令天

---

① 《封氏闻见记校注》卷4，第30-31页。

下知忠臣之子复为司隶也。"①

李贤在其注文中引《汉官仪》的内容解释道：

汉官仪曰：群臣上书公卿校尉诸将不言姓。凡制书皆玺封，尚书令重封，唯赦赎令司徒印，露布州郡也。②

另据东汉蔡邕《独断》卷上记载：

凡制书有印，使符下远近皆玺封，尚书令印重封。唯赦令、赎令，召三公诣朝堂受制书，司徒印封，露布下州郡。③

可见按汉代的公文规矩，群臣上书皆不言姓，下行公文制书、使符等都是有封印的，不公开的，唯有赦令和赎令等由司徒印封，然后"露布下州郡"，即晓喻天下。所以当光武帝特意要鲍昱封"胡降檄"，即署名这份檄文时，鲍昱就提出了质疑，认为这份檄文不该由司隶校尉来封印，更不能用他个人之名公开署名，而应当由司徒来"露布"，即由司徒来公开下达。而光武帝告诉他，自己的本意就是要让鲍昱署名封印，以这种超出常规的处理方式，向天下显示对忠臣之后的恩宠之意。

东汉桓帝年间，外戚宦官为祸，延熹二年（159），桓帝与宦官单超等合谋诛灭外戚梁氏，政权由是落入宦官之手。又立掖庭民

---

① 《后汉书》卷29《鲍昱传》，第1022页。
② 《后汉书》卷29《鲍昱传》，第1022页。
③ （东汉）蔡邕：《独断》卷上，丛书集成初编（王云五主编），上海：商务印书馆，民国二十八年，第4页。

女亳氏为皇后,数月间,后家封者四人,赏赐巨万。白马令李云"素刚,忧国将危,心不能忍,乃露布上书,移副三府"①,对立后一事公开表达自己的忧虑。李贤对其注曰:"露布,谓不封之也,并以副本上三公府也"。可知,这里的"露布"指的就是不封口的上书。

综合以上事例,可知最初的"露布"一词并不是指某一类特定的文书,而是指文书传递的一种方式。"露",暴露;"布",公布,宣布之义,故"露布"即不封缄,公开下达、公之于众,以便于四方速知的意思。

2. 露布作为文书种类之一,始于魏晋时期。

在汉代"露布"的基础上,魏晋时期,"露布"由一种文书传递的方式逐渐演化为文书名称。其义有三:一是指不缄封的文书,类似于布告、公告一类。比如曹操《让县自明本志令》中就提到:"人有劝(袁)术使遂即帝位,露布天下。答言:'曹公尚在,未可也。'"②此处之"露布"就是用公告的形式昭告天下的意思。再如曹操《表论田畴功》中提到田畴在助曹操北征乌丸时:"又使部曲持臣露布,出诱胡众。"③这里的"露布"显然就是曹操征乌丸时的安民告示一类文书。

二是指一种紧急文书。如西晋"八王之乱"时,赵王伦等矫诏废贾后为庶人,发动宫廷政变,"诏尚书以废后事,仍收捕贾谧等,……尚书始疑诏有诈,郎师景露版奏请手诏。伦等以为沮众,斩之以徇。"④露版者,露布之通名也。因为当时有人将这类紧急

---

① 《后汉书》卷57《李云传》,第1851页。
② (汉)曹操:《曹操集》文集卷2,北京:中华书局,1974年,第75—76页(参见《册府元龟》卷48《帝王部·谦德》)。
③ 《曹操集》文集卷1,第35页。
④ 《晋书》卷59《赵王伦传》,第1599页。

文书写在木板上,故称露版,其目的也是便于让大家火速了解最新形势,起到政治宣传和鼓动的作用。故封演在其书中才记:"所以名露布者,谓不封检而宣布,欲四方速知,亦谓之露版。"

三是指军旅文书。正是由于露布兼具公告、声讨和紧急公文等特征,因此在魏晋时期,它还逐渐被应用于军事领域,演变为军旅专用文书。正如封演所引《魏武奏事》云:"有警急,辄露版插羽",露版上插羽毛,表示急上加急,正所谓"插羽以示迅,不可使辞缓;露版以宣众,不可使义隐"[1]也。可见三国时的"露布"或"露版"还是一种类似于今天军事加急件的军事文书。

另据《册府元龟》记载:"贾洪,汉末以儒学为县令。其后马超反,超劫洪,将诣华阴,使作露布,洪不获已,为作之。司隶钟繇在东,识其文曰:'此贾洪作也。'"[2]清人赵翼在《陔馀丛考·露布》就提出:"自贾洪作此讨曹操后,遂专用于军事。"[3]但正如前文所述,此时开始专用于军事的"露布"还主要是一种讨伐檄文。"故文心雕龙又云,露布者,天子亲戎则称恭行天罚,诸侯御师则称肃将王诛,是本以声罪致讨也。"[4]

3. 露布作为报捷和自陈军功的军事专用文书,始于北魏。

在魏晋时期,露布既可以是公告、军事加急件,也可以是讨伐檄文。但是在北魏时期,北魏统治者赋予了露布一项新的功能,即将其作为报捷和自陈军功的捷书。故唐代杜佑在其《通典》卷76《军礼一》中就专门记载有:"后魏每攻战克捷,欲天下闻知,乃书帛,建于漆竿上,名为露布,自此始也。其后相因施行。"

---

[1] 《文心雕龙》卷4《檄移第二十》,第149页。
[2] 《册府元龟》卷915《总录部·废滞》。
[3] (清)赵翼.《陔余丛考》卷21,上海:商务印书馆,1957年,第412页。
[4] 《陔余丛考》卷21,第412页。

比如北魏孝文帝拓跋宏太和二十一年（497），车驾南伐萧齐，右军府长史韩显宗将别军屯赭阳。萧齐大兵攻其营，显宗力战破之，斩萧齐裨将高法援。"显宗至新野，高祖诏曰：'卿破贼斩帅，殊益军势。朕方攻坚城，何为不作露布也？'显宗曰：'臣顷闻镇南将军王肃获贼二三，驴马数匹，皆为露布，臣在东观，私每哂之。近虽仰凭威灵，得摧丑虏，兵寡力弱，擒斩不多。脱复高曳长缣，虚张功捷，尤而效之，其罪弥甚。臣所以敛毫卷帛，解上而已。'"①由韩显宗所言，可知当时战胜后，用露布报捷已成定制，韩显宗不为露布倒显得特立独行了。

又如太和二十二年（498），北魏孝文帝御驾南征，其异母弟——彭城王勰领中军大将军一职，从征沔北。第二年三月，北魏终于攻占了雍州的南阳、新野、南乡等郡，继而大败崔慧景、萧衍于邓城，斩首、俘获二万余人。"高祖令勰为露布，勰辞曰：'臣闻露布者，布于四海，露之耳目，必须宣扬威略以示天下。臣小才，岂足大用？'高祖曰：'汝岂独亲诏，亦为才达，但可为之。'及就，尤类帝文。有人见者，咸谓御笔。高祖曰：'汝所为者，人谓吾制，非兄则弟，谁能辨之？'勰对曰：'子夏被蚩于先圣，臣又荷责于来今。'"②由于此役乃孝文帝御驾亲征之役，故元勰不敢妄自撰写露布，得高祖之令后，其所撰露布全然以孝文帝的口吻写就，以至"有人见者，咸谓御笔"，可知皇帝亲征获胜也是要写露布，以昭告天下的。

北魏这种大军一旦获胜，即书捷报于布帛之上，高悬竿首，由士兵从战场上一路快马加鞭，高举露布，传递捷报的制度，可谓是所经之处，路人皆知，的确起到了振奋人心，以正视听的功效，给

---

① 《魏书》卷60《韩显宗传》，第1344页。
② 《魏书》卷21下《彭城王勰传》，第573—574页。

人以十分深刻的印象。此后，北齐、北周征讨敌手，露布报捷的做法就屡见不鲜了。比如537年十月，西魏权臣宇文泰在沙苑（今陕西大荔）大破东魏高欢军，高欢丧甲士八万。史载"沙苑之捷，命（吕思礼）为露布，食顷便成，太祖（宇文泰）叹其工而且速。"[①]543年，东魏高欢渡河，与西魏军战于河南邙山，擒西魏督将已下四百余人，俘斩六万计。时杜弼"从高祖破西魏于邙山，命为露布，弼手即书绢，曾不起草。"[②]由此可见，第一，当时的露布篇幅较小，言简意赅，体要不烦，所以对于吕思礼、杜弼一类的撰文能手而言，均能在很短时间内完成，这与唐代动辄数千字的长篇露布形成了鲜明对比。第二，北魏创立的露布告捷制度对整个北朝影响甚大，不管是东魏、西魏，还是北齐、北周，甚至后来的隋唐都基本沿用了这一军事礼仪。但是，我们也应该看到北魏的露布告捷之制，重在书写露布和露布的沿途传递之仪，对于宣读露布之仪言之甚少，这说明露布告捷制度在北朝时期虽然十分流行，但还没有发展为成熟完备的宣露布之礼。

4. 隋文帝时期，宣露布之仪被正式写入国家礼制，并得到实践和规范。

据《隋书》卷8《礼仪三》记载：

开皇中，乃诏太常卿牛弘、太子庶子裴政撰宣露布礼。及九年平陈，元帅晋王以驿上露布。兵部奏，请依新礼宣行。承召集百官、四方客使等，并赴广阳门外，服朝衣，各依其列。内史令称有诏，

[①] 《周书》卷38《吕思礼传》。
[②] （唐）李百药.《北齐书》卷24《杜弼传》，北京：中华书局，1972年，第348页。

在位者皆拜。宣讫，拜，蹈舞者三，又拜。郡县亦同。

其中提到的行礼地点"广阳门"即唐代长安城宫城之南门——承天门。据《陕西通志》卷72《古迹一》记载："正殿南承天门，隋开皇三年作初名曰广阳门，仁寿元年改曰昭阳门，唐武德元年改曰顺天门，神龙元年改为承天门。……元正、冬至，大陈设宴会，赦过宥罪，除旧布新，受万国之朝贡，四夷之宾客，御承天门以听政。銮驾出宫，守宫设从驾之官五品以上次，于承天门外东西朝堂。"隋文帝开皇二十年（600）十月，废太子杨勇时就是"集群官于广阳门外，宣诏以戮之。……乃移勇于内史省，立晋王广为皇太子"。[①]把宣露布礼放在广阳门举行，足见隋文帝是将此礼视作与受万邦朝贡、除旧布新相类的重大国家礼仪的。

可见宣露布礼真正上升为一种完备成熟的军礼，当是在隋文帝杨坚开皇三年（583）至开皇九年（589）之间。文帝在北朝露布告捷制度的基础上制订了一套完整的宣露布礼仪，并在开皇九年平陈之役结束后，按新制订的宣露布礼隆重接受了晋王杨广的献捷露布，不失为隋代军事礼仪文化的一大盛事。从中我们可以看到，整个宣露布礼的重点是在露布途经各地州郡，并最终传至京城后，地方、中央该如何接受露布、宣读露布这一部分。此后历朝历代宣露布礼皆是以隋礼为基础，进一步细化而来。

总之，露布一词，在汉代仅仅是指文书传递时不缄封，以示众的一种方式，后来在魏晋时成为文书之一，并逐渐与军旅相结合，最终在北魏时期由战前公告性的檄文类文书，演变成战后军队专用的献捷文书。隋代进一步发展充实内容，最终使宣露布成为之后历

---

① 《隋书》卷45《文帝四子传》，第827页。

朝历代非常重要的凯旋庆功礼之一。

二、唐代宣露布之仪

唐承隋制，同样把宣露布礼作为凯旋庆功礼仪的重要组成部分。所谓宣露布者，即当众宣读捷书——露布也。其仪主要是通过隆重的集众宣读露布仪式，表彰将士之功劳，彰显国家之威势，正所谓"宣露布所以彰成功之盛也。"[1]

唐玄宗天宝六年（747）七月，安西四镇都知兵马使、节度副使高仙芝出兵攻打小勃律，监军边令诚随行。八月，仙芝俘获小勃律王及其所尚吐蕃公主而返。九月与边令诚等会合后，随即遣使奏捷状于京师。史载高仙芝"虏勃律王及公主，自奏捷书。仙芝军还，节度使夫蒙灵詧都不使人逆劳，骂仙芝曰：'安得不待我处分，悬奏捷书，据此罪当斩，但缘新立大功，不欲处置。'中使边令诚具奏其状，制授仙芝代灵詧为节度使，徵灵詧入朝。"[2]可见当时战胜奏捷虽是惯例，但越级自奏捷书，却是按律当斩的死罪。高仙芝获胜凯旋，按理应当第一时间向安西四镇节度使夫蒙灵詧报告，再由夫蒙灵詧向朝廷上奏露布，但是他却在回军途中擅自上奏捷书，也难怪夫蒙灵詧会如此大发雷霆。那么，高仙芝为何甘冒死罪，也要擅自奏捷呢？笔者认为，这当与唐玄宗重视边功有直接关系。正因为天子重边功，于是在《大唐开元礼》中专门写入了"平荡寇贼宣露布"的内容，将领们自然也就十分看重能否有受宣露布之仪的机会了。

---

[1] 《大明集礼》卷34《军礼二》。
[2] 《册府元龟》卷431《将帅部·器度》。

（一）宣露布之仪

据《大唐开元礼》卷84"平荡寇贼宣露布"仪记载：

其日守宫量设群官次。露布至，兵部侍郎奉以奏闻，仍承制集文武群官客使于东朝堂。群官客使至，俱就次各服其服。奉礼设群官版位于东朝堂之前近南，文东武西，重行北向，相对为首。又设客使之位如常仪。设中书令位于群官之北，南向。

量时刻，吏部、兵部赞群官客使出次，谒者、赞引各引就位立定。中书令受露布，置于案，令史二人绛公服对举之。典谒引中书令，举案者从之，出就南面位，持案者立于中书令西南，东面立定。持案者进中书令前，中书令取露布，持案者退复位。中书令称："有制。"群官客使皆再拜。中书令宣露布讫，群官客使又再拜，皆舞蹈，讫又再拜。谒者引兵部尚书进中书令前受露布，退复位。兵部侍郎前受之，典谒引中书令入，谒者引群官客使各还次。[①]

很明显，唐代宣露布之仪是在隋礼的基础上细化而来的。但与隋礼相比，唐礼也有两点值得注意的地方：

第一，隋代宣露布的地点是在广阳门，即唐之承天门，此门为宫城之正南门，正对着的就是长安城的横街，是长安城南北轴线上非常重要的地标之一。而唐代宣露布的地点是在东朝堂。其位置在宫城正殿之前，与西朝堂相对，平时是供百官上朝前暂时休息之处。在唐礼中，东朝堂之前又是常见的设次之地，如銮驾出宫、临轩醮戒、临轩册皇太子等礼，或设文臣之次于东朝堂之南，或设太子之次于

---

① 参见《通典》卷132《开元礼·平荡寇贼宣露布》《新唐书》卷16《礼乐六》。

东朝堂之北。虽然与广阳门相比,东朝堂的位置更靠里,但不管是广阳门还是东朝堂都属于外朝,距离长安城最重要的东西大道——横街不远,便于士庶共瞻此礼,共享此荣,这一点倒是一致的。

第二,隋代宣露布礼的记载过于简略,只提到兵部奏请行宣露布礼,由内史令宣读之,其余不知其详。要知道《隋书》的作者均是唐初饱学之士,具有很高的修史水平,且修史时间距离隋亡不远,有不少隋朝的史料尚可资证,也有许多隋朝遗老仍健在于世,还有不少修史人本身就曾亲身经历过隋唐两个王朝的统治。那么,对隋代宣露布礼记载之略,笔者认为其原因恐不在于史料缺乏,而在于隋代初创此礼,故显粗略所致。而唐礼在隋礼的基础上,对宣露布礼进一步细化和规范仪礼环节,故记载十分详细。

通过《大唐开元礼》的记载,可知唐代宣露布的全过程由中书令、兵部尚书、兵部侍郎来共同完成。露布到京后,一般首先上呈尚书省下属之兵部,由兵部侍郎奉制进奏,随后皇帝才下制,要求集百官于东朝堂行宣露布礼。行礼当日,中书令受露布和制书从内廷出,并当众宣读。众所周知,隋朝定三省制,三省长官分别为内史省的内史令、门下省的纳言、尚书省的尚书令,均为宰相。唐改内史省为中书省,内史令为中书令,纳言为侍中。故唐之中书令即隋之内史令,其职仍然是负责宣读露布。宣毕,兵部尚书代表兵部上前承接露布,退而复位后,兵部侍郎再从兵部尚书手中接过露布,收纳之。

在盛唐时期,如此隆重的宣读露布之礼,对将士而言是莫大的荣耀,对士庶而言也能激发其对国家强盛的强烈自豪感和自信心。可以说,非植根于隋唐浓厚的尚武土壤不能成其礼。但是唐中期后,藩镇割据,武人为祸,时人对于宣露布的看法也逐渐发生了转变。比如唐宪宗元和四年(809),汉州刺史充威胜军使王真上所撰《道

德经论兵要义述》一书,其中就指出:

> 古者杀人众多,以悲哀泣之;战胜,以丧礼处之。为所杀者皆吾人,安得不以丧礼处之乎!后代则不然,……设有一胜,必先以大帛显书其事,露布其文,彼主将者仍皆以十作百、以百为千、以千为万,用要其功。上之人或知其诈欺,且借以为势,务立其威。此则使人怨于显明之中,神怨于幽暗之处。故曰:"不可得志于天下矣。"如此为将,岂得谓以道佐人主乎![①]

可见,王真就认为由于大宣露布,盛赞军功,才导致露布中存在谎报军功,不仁好杀等与古礼不合之处,所以战胜后不必大宣露布,"不可得志于天下矣"。

宋太祖得天下后,更是对武人有诸多顾忌,于是崇文抑武之风大盛,宣露布礼在这一大环境下,也逐渐有了一些变化。比如《明集礼》卷34《军礼二》中记载:

唐宣露布于东朝堂,文武百官朝服序立,中书令宣露布讫,群官客使舞蹈称贺。宋献俘、宣露布于明德门楼,或于宣德门楼,百官朝服序立,通事舍人于文武班南宣露布讫,群官客使舞蹈称贺如唐仪。国朝大将师还,则于午门楼前献俘、宣露布,百官朝服序立,大将献俘毕,礼部官宣露布,百官舞蹈称贺,以露布付中书省,颁示天下,其仪见后。

从《大唐开元礼》的记载来看,唐代宣露布是一个单独而隆重的礼仪。而从明人的记载来看,从宋以后,其礼与献俘礼联系在一

---

① (唐)王真.《道德经论兵要义述》卷2,引自《中国兵书集成》(第2册),北京:解放军出版社;沈阳:辽沈书社,1987年,第831页。

起，不再是一个单独的庆功礼仪，此其一。其二，宋代负责宣露布的是通事舍人，而明代则笼统地记载为"礼部官宣露布"，与唐代由中书令宣露布相比，宣读者的品级也降低了。因此，可以说，此礼始于后魏，成于隋代，大盛于唐，此后宋明之仪式虽愈加繁复，但尚武之实质已失，唯余"张皇国威，广谈帝德"[①]而已。

（二）撰写露布的要求

唐代公文之制规定：

凡下之通于上，其制有六：一曰奏抄（谓祭祀，支度国用，授六品已下官，断流已上罪及除、免、官当者，并为奏抄）；二曰奏弹（谓御史纠劾百司不法之事）；三曰露布（谓诸军破贼，申尚书兵部而闻奏焉）；四曰议（谓朝之疑事，下公卿议，理有异同，奏而裁之）；五曰表；六曰状。（蔡邕《独断》："凡群臣上书通于天子者四品：一曰章奏；二曰奏；三曰表；四曰驳议。"……章表制度，自汉以后，多相因循。《隋令》有奏抄、奏弹、露布等，皇朝因之。其驳议、表、状等至今常行。其奏抄、露布侍中审，自余不审。）皆审署申覆而施行焉。（覆奏书可讫，留门下省为案。更写一通，侍中注"制可"，印缝，署送尚书施行。）[②]

据此亦可证，在汉代，露布还仅仅是公文的传递方式，而不是具体的公文种类，此后历魏晋北朝之演变，在隋代才成为正式公文之一，与奏抄、奏弹等并列。唐代进一步把"露布"列为六大类上行公文之一，并规定专用于诸军破贼献捷之事。其上行程序为"申

---

① 《封氏闻见记校注》卷4，第31页。
② 《唐六典》卷8《门下省》，第241–242页。

尚书兵部而闻奏焉", 此后, 需经由门下省主官侍中审查纠核, 才能送达天子处。唐代门下省的职责主要是负责纠核朝臣奏章, 复审中书诏敕, 如认为不当, 则封还和加以驳正, 此为"封驳"。在六大类上行公文中, 唯奏抄和露布需要侍中审查纠核, 足见其特殊性。露布由兵部上奏后, 为什么还需侍中审查呢? 这就主要涉及露布的内容了。据《唐六典》卷5《尚书兵部》记载:"既捷, 及军未散, 皆会众而书劳, 与其费用、执俘、折馘之数, 皆露布以闻, ……(诸军将若须入朝奏事, 则先状奏闻。)"

由此可知, 第一, 作为一种公文, 露布在唐代已经有固定的公文格式和公文用语。其基本写作样式为:

尚书兵部: 臣某言臣闻云云, 恭惟皇帝陛下云云, 臣等云云, 臣无任庆快激切屏营之至(唐露布云: 不胜庆快之至, 或云无任庆跃之至)。谨遣(或云谨差)某官奉露布以闻。①

在"臣闻云云"这一部分主要是写战争的缘由, 己方征讨的正义性等, "恭惟皇帝陛下云云"则是表明征伐是天子授意, 并得到天子的指挥和护佑, 就好比今天公文中一起首也要把功劳归于上级领导有方一样。从"臣等云云"开始才是露布的主要内容, 在这一部分就需要写明战斗的经过, "费用、执俘、折馘之数", 比如"拔贼某城若干, 所生擒首领某人若干, 斩大将若干级, 斩首若干级, 获贼马若干匹, 甲若干领, 旗若干面, 弓弩若干张, 箭若干只, 枪

---

① 《玉海》卷203《辞学指南·露布》(参见[元]潘昂霄.《金石例》卷9《露布式》)。

牌若干面，衣装若干。"① 在唐剑南西川节度使韦皋所上的一篇露布原文中，我们可以清楚地看到这样的公文结构和内容要求：

> 尚书兵部，臣韦皋等言：臣闻天讨有罪，兵应者胜义者王；夷不乱华，师直为壮曲为老。……有吐蕃之丑类。侵败王略，……臣等请奋其旅，以歼乃仇；……诸将陈泊等，统五万军，出十一道，……荡平七城，斩馘万级，获铠械五十万计，燔堡垒百七十馀。遂贯通而围昆明，将决胜而定青海。……臣等承帝之明，敌王所忾。开远门揭候，坐收西极之旧封；紫微殿受俘，重睹昆兵之茂绩。臣等无任庆快激切屏营之至！谨遣某官奉露布以闻。②

正是因为在露布中需要写出具体的战斗经过，关系到军将们的战功大小，这才需要侍中进行审查纠核。

第二，唐代军将的上行公文主要有两种，若是一般奏事，即用状；若是告捷，则用露布。故告捷既可以用捷状，也可以用露布，当然如果是捷状就无须行宣露布之礼。笔者的理解是一般的小胜小捷大多就是以捷状的形式上报，只有重要战役的重大胜利才以露布的方式上呈。故宋人"西山先生（真德秀）曰：露布贵奋发雄壮，少麤无害，不然则与贺胜捷表无异矣。"③ 可见在唐代，贺表捷状与露布还是有区别的。

由于要"张皇国威，广谈帝德"，唐代露布的篇幅通常都较长，

---

① 《太白阴经》卷7《捷书露布篇第七十九》，引自《中国兵书集成》（第2册），第610—611页。
② 《全唐文》卷453，韦皋《破吐蕃露布》，第4627—4628页。
③ 《玉海》卷203《辞学指南·露布》。

"动逾数千字，其能体要不烦者鲜云。"[1]比如唐德宗时，于公异所写《破朱泚露布》[2]就洋洋洒洒数千言。很难想象篇幅如此之长的露布写在布帛之上，挂于竿首，沿路传递，事实上，这样的露布也无法起到让沿途民众一目了然，了解战况的作用，故笔者认为唐代的露布很可能就不再像后魏一样书于布帛之上了。不仅篇幅增长，而且唐代露布的语言还要求雄壮有力，形象生动，使人读之仿佛身临战境，心中豪气顿生。起草还需迅捷，上呈必须及时，如此才能保证其时效性，故上贺表捷状易，上露布难。在唐代，擅长写露布的无一不是才思敏捷，文采飞扬的俊杰之辈，如唐初秦王府十八学士之一的薛收，"时太宗专任征伐，檄书露布，多出于收。言辞敏速，还同宿构，马上即成，曾无点窜。"[3]其中也不乏因为露布写得好，而一写成名的例子。如唐玄宗时期的名将封常清就因为替高仙芝写了一篇好的露布，才得以从高仙芝的随从中脱颖而出，步入仕途，官至北庭都护，持节充伊西节度等使。唐人对于露布的重视程度之深，足见一斑。

总之，在隋唐崇尚武功的大背景下，继隋代首次在国家礼仪体系之中增加正式的宣露布礼之后，唐代的宣露布礼更为详尽而完备。露布作为唐代六大上行公文之一，已形成较为固定的格式和内容要求。此后，历朝历代皆大致沿袭这一定制，遂使中国古代军礼在周礼的框架外又得以增一新礼也。

---

[1] 《封氏闻见记校注》卷4，第30-31页。
[2] (宋)姚铉.《唐文粹》卷30上.《中华传世文选》(任继愈主编)——长春：吉林人民出版社，1998年，第355页。
[3] 《旧唐书》卷73《薛收传》，第2587页。

第二节　告功献俘

相对于广宣"露布"而言,大军凯旋之际告功献俘的军事礼仪更为古老。据《周礼·夏官·大司马》记:"若师有功,则左执律,右秉钺,以先恺乐献于社。"郑玄注:"功,胜也。律所以听军声,钺所以为将威也。先犹道也。兵乐曰恺。献于社,献功于社也。"[①]这里是说,周代大军凯旋要奏凯乐,献功于太社。但在《周礼·春官·大司乐》中又记:"王师大献,则令奏恺乐。"其注文曰:"大献,献捷于祖。恺乐,献功之乐。"[②]因此,郑玄的弟子赵商曾经就这一问题请教郑玄,到底是献捷于祖,还是献功于社呢?

郑玄的回答是:"司马主军事之功,故献于社。大司乐,宗伯之属,宗伯主宗庙,故献于祖。若然,军有功,二处俱献,以其出军之时告于祖,宜于社,故反必告也。"[③]事实上,郑玄的回答还不尽准确,因为据《礼记·王制》记载,西周时期,王师"出征执有罪,反释奠于学,以讯馘告"。[④]郑玄注曰:"释菜奠币,礼先师也。讯馘,所生获断耳者。"孔颖达疏:"讯是生者,馘是死而截耳者。"之所以要献俘于庠序学校,主要是因为周代出师前要定兵谋于学里,所以回师后有呈俘虏和敌人断耳于学里,以向先圣先师告成功的礼仪。故孔颖达认为:"此记不云祖及社者,文不具。《周礼》不云献恺于学者,亦文不具。"也就是说,孔颖达认为周代凯旋告功当有三献之礼,即献学、献祖和献社,其间均要高奏恺

---

① 《周礼注疏》卷29《大司马》,第782页。
② 《周礼注疏》卷22《大司乐》,第592页。
③ 《周礼注疏》卷29《大司马》,第782页。
④ 《礼记正义》卷12《王制》,第371页。

乐，所献者生俘与断耳也。

比如周武王克商后，就举行过浩大的献社告功仪式，史载：

> 周武王克商之明日，除道、修社及商纣宫。及期，百夫荷罕旗以先驱，武王弟叔振铎，奉陈常车，周公旦把大钺，毕公把小钺以夹武王，散宜生、太颠、闳夭皆执剑以卫武王。王既入，立于社南，大卒左右毕从，毛叔郑奉明水，卫康叔封布兹，召公奭赞采师，尚父牵牲，尹佚策祝曰："殷之末孙季纣，殄废先王明德，侮蔑神祇不祀，昏暴商邑百姓，其彰显闻于天皇上帝。"于是武王再拜稽首曰："膺更大命革殷，受天明命。"武王又再拜稽首，乃出。①

在这场浩大的告社仪式中，周武王及一干宗亲重臣悉数登场，以最隆重的祭典向社神报告了自己灭商代商的事实，并表明此举"受天明命"的合法性。

告功于社，是表明受天命恭行征伐之义，告功于庙则是由于宗法血缘社会的特质，表明不忘祖宗庇佑之义。因此，此后历朝历代皆把献俘、告功于社庙作为主要的凯旋礼仪予以保留，献俘于学里的礼仪则逐渐被废弃。而在告功献俘仪式中，不管献俘的地点在哪里，高奏凯乐都是其中十分重要的礼仪内容。

一、历代凯乐演变

（一）周代凯乐

在周代以大宗伯为首的春官体系中，有不少乐官的职掌就与军乐奏凯有关。乐官之长为大司乐，"大司乐，中大夫二人；乐师，

---

① 《册府元龟》卷12《帝王部·告功》。

下大夫四人,上士八人,下士十有六人。"①其下还有大胥、小胥、大师、小师、瞽矇、眡瞭、典同、磬师、钟师、笙师、鎛师、韎师等各类乐工和府、史、胥、徒等数量众多的工作人员,共计1339人②。在王师回军大献时,他们要各司其职,奏凯助威。如大司乐"王师大献,则令奏恺乐"③。乐师"凡军大献,教恺歌,遂倡之",贾公彦疏曰:"云'教恺歌'者,恺谓恺诗,师还未至之时,预教瞽矇入祖庙,遂使乐师倡道为之,故云'遂倡之'。"④而瞽矇"掌播鼗、柷、敔、埙、箫、管、弦、歌。讽诵诗,世奠系,鼓琴瑟。掌《九德》《六诗》之歌,以役大师"。⑤可知,《九德》《六诗》之歌就是周代军队的凯乐,在王师大献时,由预先进入祖庙的瞽矇负责歌诵之。此外,还有眡瞭"宾射,皆奏其钟鼓,鼗、恺献,亦如之"。⑥鎛师"军大献,则鼓其恺乐"。⑦

总之,周代拥有一支数量庞大,且分工极其明确的乐工队伍,它不仅在各种祭祀、朝仪中负责发挥礼乐的作用,而且也负责在大军回师献捷时,大奏凯乐,高唱凯歌,以壮军威。

春秋时期,虽"礼崩乐坏",但奏凯献俘之礼仍然被视为国家生活的一大盛事而被诸侯沿袭传承,如《左传·僖公二十八年》记载:公元前632年,晋楚城濮之战后,晋军于"秋七月丙申,振旅,凯以入于晋,献俘,授馘,饮至,大赏。"但随着周天子势力

---

① 《周礼注疏》卷17《春官宗伯第三》,第439页。
② 《隋书》卷13《音乐上》记:"《周官》大司乐一千三百三十九人。"
③ 《周礼注疏》卷22《大司乐》,第592页。
④ 《周礼注疏》卷23《乐师》,第601-602页。
⑤ 《周礼注疏》卷23《瞽矇》,第616-617页。
⑥ 《周礼注疏》卷24《眡瞭》,第618页。
⑦ 《周礼注疏》卷24《鎛师》,第628页。

愈加衰落，周代礼乐也随之渐至不闻。秦统一六国后，周代军乐更难觅踪迹了。

（二）汉魏凯乐

汉祚兴起，"汉高祖时，叔孙通爰定篇章，用祀宗庙。唐山夫人能楚声，又造房中之乐。武帝裁音律之响，定郊丘之祭，颇杂讴谣，非全雅什。汉明帝时，乐有四品：一曰《大予乐》，郊庙上陵之所用焉。……二曰雅颂乐，辟雍飨射之所用焉。……三曰黄门鼓吹乐，天子宴群臣之所用焉。……其四曰短箫铙歌乐，军中之所用焉。……则《周官》所谓'王师大捷，则令凯歌'者也。"[1] 可知东汉明帝时，短箫铙歌乐即是献捷时所奏的凯乐。其乐共二十二曲，据元代马端临《文献通考》记载："按汉时有短箫铙歌之乐，其曲有《朱鹭》、《思悲翁》、《艾如张》、《上之回》、《翁离》、《战城南》、《巫山高》、《上陵》、《将进酒》、《君马黄》、《芳树》、《有所思》、《雉子班》、《圣人出》、《上雅》、《临高台》、《远如期》、《石留》、《务成》、《元云》、《黄雀》、《钓竿》等曲，列于鼓吹，多序战阵之事。"[2]

汉末"董卓之乱，正声咸荡"。[3] 此后，随着汉王朝的衰落，汉之雅乐也渐渐流散。汉代短箫铙歌本来共二十二曲，"及（曹）魏受命，改其十二曲，使缪袭为词，述以功德，言代汉之意。"[4] 此十二曲之内容、曲目在魏晋南北朝时期虽屡经变动，但十二之数基本固定。比如萧齐永明八年（490），随王萧子隆为使持节都督荆雍梁宁南北秦六州、镇西将军、荆州刺史。大诗人谢朓奉随王之

---

[1] 《隋书》卷13《音乐上》，第195-196页。
[2] 《文献通考》卷128《乐考一》，第1147页。
[3] 《隋书》卷13《音乐上》，第196页。
[4] 《文献通考》卷128《乐考一》，第1147页。

命，于荆州道中作《齐随王鼓吹曲》十首，"一曰元会曲，二曰郊祀曲，三曰钧天曲，四曰入朝曲，五曰出藩曲，六曰校猎曲，七曰从戎曲，八曰送远曲，九曰登山曲，十曰泛水曲。钧天已上三曲颂帝功，校猎已上三曲颂藩德。"萧梁时，梁高祖又命文学家沈约作《梁鼓吹曲》十二首："一曰木纪谢，二曰贤首山，三曰桐柏山，四曰道亡，五曰忱威，六曰汉东流，七曰鹤楼峻，八曰昏主恣淫慝，九曰石首局，十曰期运集，十一曰于穆，十二曰惟大梁。"[1]

可见，周代奏凯之制由于其凯乐因年代久远，实在难以恢复原貌，故仅仅是为后世奏凯献俘提供了仪礼蓝本，而汉代短箫铙歌才是魏晋南北朝，乃至隋唐凯乐直接继承和模仿创作的对象。

（三）隋唐凯乐之演变

隋唐凯乐之演变与两朝礼乐之兴衰密切关联，同时又根据各自时代的特点，不断注入新的内容，并不断更新着乐歌的表现形式。

1. 隋代凯乐

魏晋南北朝以来，各朝"功成奋豫，代有制作。莫不各扬庙舞，自造郊歌"[2]。自隋文帝践祚伊始，文帝随即着手增修雅乐之事宜，但一直到开皇九年（589）平陈后，始获江左旧工及四悬乐器，帝令廷奏之，叹曰："此华夏正声也，非吾此举，世何得闻。""……隋氏始有雅乐，因置清商署以掌之。"[3]在这一大背景下，隋代的凯乐创作也得到重视。据宋人郭茂倩《乐府诗集》记载，隋代凯乐主要有《述帝德》《述诸军用命》《述天下太平》三首。其辞分别为：

---

[1] （宋）郭茂倩．《乐府诗集》卷20《鼓吹曲辞》，北京：中华书局，1979年，第293页；第296-297页。

[2] 《隋书》卷13《音乐上》，第196页。

[3] 《旧唐书》卷28《音乐一》，第1040页。

《述帝德》：于穆我皇，睿哲钦明，膺天之命，载育群生，开元创历，迈德垂声，朝宗万寓，祗事百灵，焕乎皇道，昭哉帝则，惠政滂流，仁风四塞，淮海未宾，江湖背德，运筹必胜，濯征斯克，八荒雾卷，四表云塞，雄图盛略，迈后光前，寰区已泰，福祚方延，长歌凯乐，天子万年。

《述诸军用命》：帝德远覃，天维宏布，功高云天，声隆韶护，惟彼海隅，未从王度，皇赫斯怒，元戎启路，桓桓猛将，赳赳英谟，攻如燎发，战似摧枯，救兹涂炭，克彼妖迡，尘清两越，气静三吴，鲸鲵已夷，封疆载（一作在）辟，班马萧萧，归旌奕奕，云台表效，司勋纪绩，业并山河，道固金石。

《述天下太平》：阪泉轩德，丹浦尧勋，始实以武，终乃以文，嘉乐圣主，大哉为君，出师命将，廓定重氛，书轨既并，干戈是戢，弘风设教，政成人立，礼乐聿兴，衣裳载缉，风云自美，嘉祥爰集，皇皇圣政，穆穆神猷，牢笼虞夏，度越姬刘，日月比耀，天地同休，永清四海，长帝九州。[1]

从内容上看，隋代凯乐以歌颂天子圣明，军将勇猛为主，较少沿袭汉魏凯乐的现实主义传统。从形式上，隋代凯乐也与汉魏凯乐不同，后者多为五言体制，间杂三言、七言，而隋代凯乐以四言为主，句式工整，喜好铺陈，显然直承《诗经》和汉赋的写法。整体风格堂皇凝重，所不足者，大气有余，生气不足矣。

此后，由于众口难调，莫衷一是，由协律郎祖孝孙修订的大隋庙乐"竟不施用。隋世雅音，惟清乐十四调而已"。由此可见，当时南北初统，双方文化在汇通交融方面尚存在诸多困难，但所幸的

---

[1] 《乐府诗集》卷20《鼓吹曲辞》，第301页。

是"隋末大乱,其乐犹全"。①

2. 唐代凯乐

①初唐时期:唐高祖受禅之时,祖孝孙也投奔麾下,但"时军国多务,未遑改创,乐府尚用隋氏旧文。武德九年,始命孝孙修定雅乐,至贞观二年六月奏之"。② 所以有学者认为:"太宗平东都、破宋金刚,苏定方执贺鲁,李世勣平高丽,皆举凯歌入京师,盖用前代旧制也。"③ 笔者认为这一说法不完全准确,通过研究,笔者发现初唐时期凯乐的构成既有前代旧制,也有自创编排之作。

比如贞观十九年(645),唐太宗率军攻打高丽辽东城时,"命检校太常卿鄂国公敬德,领黄门之军乐,奏元云之雅歌,将帅闻而增愤,士卒繇其作气。"④ 可知,汉魏短箫铙歌中的《元云》一曲在当时攻高丽的关键战役中还发挥了极大的激励士气的作用,此为前代旧制之明证。

但是据《乐府诗集》记载,唐代凯乐有四:分别为《破阵乐》《应圣期》《贺圣欢》《君臣同庆乐》。郭氏指出:"太常旧有破阵乐,应圣期两曲歌词。至(文宗)太和三年始具仪注,又补撰二曲为四曲云。"⑤ 据唐人刘悚《隋唐嘉话》记载:"太宗之平刘武周,河东士庶歌舞于道,军人相与为秦王破阵乐之曲,后编乐府云。"⑥ 太宗平刘武周是在武德三年(620),可见《秦王破阵乐》最早在

---

① 《旧唐书》卷28《音乐一》,第1040页。
② 《旧唐书》卷28《音乐一》,第1040-1041页。
③ 任爽:《唐代礼制研究》,长春:东北师范大学出版社,2000年,第99页。
④ 《全唐文》卷7,太宗(四)《克高丽辽东城诏》,第89页。
⑤ 《乐府诗集》卷20《鼓吹曲辞》,第302页。
⑥ (唐)刘悚:《隋唐嘉话》卷中,北京:中华书局,1979年,第18页。

此时由军中创制。由于当时太宗还是秦王，故此曲根本不可能成为唐军的凯乐。但是等到太宗即位之后，"贞观元年，宴群臣，始奏秦王破阵之曲。太宗谓侍臣曰：'朕昔在藩，屡有征讨，世间遂有此乐，岂意今日登于雅乐。然其发扬蹈厉，虽异文容，功业由之，致有今日，所以被于乐章，示不忘于本也。'"① 可见，此时《破阵乐》已经被纳入朝廷雅乐之当中，故初唐时期，以此为凯乐是完全可能的。至于后来，太宗又改乐为舞，就是另一回事了。

唐初《破陈乐》辞为："受律辞元首，相将讨叛臣。咸歌破阵乐，共赏太平人。"《应圣期》辞为："圣德期昌运，雍熙万寓清。乾坤资化育，海岳共休明。辟土欣耕稼，销戈遂偃兵。殊方歌帝泽，执贽贺升平。"② 与隋代凯乐相比，初唐凯乐显然受到当时诗歌创作的影响，以五言为主，篇幅短小，虽然也是歌颂之作，但语言通俗浅显，注重声律，使人易于接受，朗朗上口。如："太宗平东都，破宋金刚，执贺鲁，克高丽，皆备军容，凯歌入京都，然其礼仪不传"③，因此这些凯歌最终得以流传下来。

②盛唐时期：自则天建周，毁唐宗庙，太宗、高宗两朝君臣在前朝基础上拟制的大唐礼乐随之被破坏，凯乐也不例外。同时，由于时移事迁，汉魏古曲因不合时用也自然消亡。故至玄宗时，李白拟古作《鼓吹入朝曲》，南宋郑樵便感慨"观李白作《鼓吹入朝曲》，亦曰'铙歌列骑次，飒沓引公卿'，则知唐时犹有遗音，但大乐氏失职耳。"④ 但是这样的"遗音"远远不能满足盛唐诗人的创作欲望。此时的唐朝正是国力最鼎盛的时期，也是诗歌发展最鼎盛的时期，

---

① 《旧唐书》卷28《音乐一》，第1045页。
② 《乐府诗集》卷20《鼓吹曲辞》，第302页。
③ 《新唐书》卷23下《仪卫下》，第339页。
④ 《通志》卷49《乐略第一》，第626页。

加之天子好武功，军队捷报频传，于是一大批诗人投身军旅，走向边塞，用他们手中的笔讴歌英勇善战的军队，英明神武的将领，圣明伟大的君主。因此，这一时期是唐自创凯乐的高峰期。其中的代表人物就是著名的边塞诗人岑参，他在充任安西北庭节度使封常清判官期间，为封常清率领的唐军创作了大量军旅诗歌，其中就包括《献封大夫破播仙凯歌》六首。

其一曰：汉将承恩西破戎，捷书先奏未央宫。天子预开麟阁待，祗今谁数贰师功。

其二曰：官军西出过楼兰，营幕傍临月窟寒。蒲海晓霜凝剑尾，葱山夜雪扑旌竿。

其三曰：鸣笳擂鼓拥回军，破国平蕃昔未闻。大夫鹊印摇边月，天将龙旗掣海云。

其四曰：日落辕门鼓角鸣，千群面缚出蕃城。洗兵鱼海云迎阵，秣马龙堆月照营。

其五曰：蕃军遥见汉家营，满谷连山徧哭声。万箭千刀一夜杀，平明流血浸空城。

其六曰：暮雨旌旗湿未干，胡尘白草日光寒。昨夜将军连晓战，蕃军只见马空鞍。①

这些凯歌在形式上多为五言、七言绝句，在内容上或着力描写将士们浴血奋战，不计艰险的战斗场面，或极力铺陈大军得胜回营的凯旋场景，大大减弱了以前凯乐中歌功颂德的色彩，其情辞悲壮慷慨，诗风浓郁雄浑，成为足以表现盛唐气象的凯歌。

---

① 《乐府诗集》卷20《鼓吹曲辞》，第303页。

③中唐以后：安史之乱后，肃、代、德、宪诸朝忙于避难、平叛、削藩，自顾不暇，于是从肃宗朝开始，礼乐诸事一律从简，因此，盛唐以前盛大的奏凯仪式已经模糊不清，鼓吹铙歌散落殆尽。于是唐宪宗元和年间，柳宗元谪居永州时，遂自创《唐铙歌鼓吹曲十二篇》以献。在序文中，柳氏自述创作之原委：

> 伏惟汉魏以来，代有铙歌鼓吹词，唯唐独无有。臣为郎时，以太常联礼部，尝闻鼓吹署有戎乐，词独不列。今又考汉曲十二篇，魏曲十四篇，晋曲十六篇，汉歌词不明纪功德，魏晋歌功德具。今臣窃取魏晋义，用汉篇数，为唐铙歌鼓吹曲十二篇。纪高祖太宗功能之神奇，因以知取天下之勤劳，命将用师之艰难。每有戎事，治兵振旅，幸歌臣词以为容。①

柳宗元认为"汉魏以来，代有铙歌鼓吹词，唯唐独无有……尝闻鼓吹署有戎乐，词独不列"，唐代凯乐的衰微可见一斑。其所创十二首鼓吹铙歌：一曰晋阳武，二曰兽之穷，三曰战虎牢，四曰泾水黄，五曰奔鲸市，六曰苞枿，七曰河右平，八曰铁山碎，九曰靖本邦，十曰吐谷浑，十一曰高昌，十二曰东蛮。主要用以"纪高祖、太宗功德及征伐勤劳之事"。但郭茂倩认为："按此诸曲史书不载，疑宗元私作而未尝奏，或虽奏而未尝用，故不被于歌，如何承天之造宋曲云。"② 柳氏自创十二曲鼓吹铙歌虽未被朝廷采纳用作凯乐，但是此事反映出当时文人们对奏凯一礼的关注度在上升。文宗大和三年（829），唐中央重新重视奏凯仪礼和凯乐创作，于是模仿原

---

① 《柳河东集》卷1《雅诗歌曲》，第7—8页。
② 《乐府诗集》卷20《鼓吹曲辞》，第303页。

有的《破阵乐》《应圣期》二凯乐,再创作《贺圣欢》和《君臣同庆乐》二曲以增补之,从而形成了唐官方的凯乐四曲,在献俘时通奏之。

其中《贺圣欢》一曲,其辞曰:"四海皇风被,千年德水清。戎衣更不着,今日告成功。"《君臣同庆乐》其辞曰:"主圣开昌历,臣忠奉大猷。君看偃革后,便是太平秋。"由于中唐以后,藩镇割据混战,对中央时叛时顺,战事不断,故这两首凯乐主要体现了当时人们对天子圣明,消弭战争,恢复太平盛世的渴望。

总之,通过对唐代凯乐的梳理和研究,我们可以看到在隋唐时期,汉魏凯乐的影响已逐渐淡去,唐人开始根据自己的时代特点,创作符合自身精神需要和审美习惯的凯乐。到宋代,随着商品经济的发展,市民阶层的壮大,中国文化整体发生了由雅至俗的变化,于是凯乐也逐渐市井化,宋人沈括在其所撰《梦溪笔谈》中写道:

> 边兵每得胜回,则连队抗声凯歌,乃古之遗音也。凯歌词甚多,皆市井鄙俚之语。予在鄜延时,制数十曲,令士卒歌吟之,粗记得数篇。[①]

凯歌从形式上更加口语化,"皆市井鄙俚之语";在内容上完全以反映普通的军旅生活为主,这与周代凯乐的庄重肃穆和汉魏凯乐的大气凝重距离就更远了。因此,我们不能不说,隋唐凯乐是中国军歌发展史上一个重要的过渡时期。凯乐由献俘的太庙、太社和都门,逐渐走进了普通的军营之中,由歌功颂德逐渐归于抒发士兵

[①] (宋)沈括.《梦溪笔谈》卷5《乐律一》,北京:中华书局,2009年,第78页。

情感，最终完成了来自军营、服务军营的功能性转变。

二、隋唐奏凯之仪

据《册府元龟》卷12《帝王部·告功》记载：

隋高祖开皇九年四月，晋王平陈还，帝幸骊山亲劳之，三军凯入，献俘于太庙。

（唐高祖武德）四年六月秦王平王世充、窦建德，凯旋，亲披黄金甲，陈铁马万余骑，甲士十三万人，前后部鼓吹，俘二伪主及隋器物、辇辂，献于太庙。帝大悦，行饮至礼以享焉。

（唐高宗）总章元年十月，司空李勣破高丽，虏高藏男建男产等以归京师。帝令领高藏等俘囚便道献于昭陵，仍备军容，奏凯歌，入京城献于太庙。

可见隋至唐初，大军凯旋时是有奏凯这一传统礼仪的。但有意思的是，到唐文宗时期，唐人自己已经发现"谨检贞观、显庆、开元礼书，并无仪注。"① 于是，太常礼院遂参酌今古，补充了奏凯的陈设和仪式。根据新旧《唐书》《唐会要》等文献记载，我们可以将唐代奏凯可分为两个阶段：

1.陈设。唐制规定"凡命将征伐，有大功献俘馘者，其日，备神策兵卫于东门外，如献俘常仪。其凯歌用铙吹二部，笛、筚、篥、箫、笳、铙、鼓，每色二人，歌工二十四人也。乐工等乘马执乐器，

---

① 《旧唐书》卷28《音乐一》，第1053页。

次第陈列，如卤簿之式。鼓吹令丞前导，分行于兵马俘馘之前。"①据此可知，奏凯所用的乐器有笛、笙、篥、箫、筇、铙、鼓等7种，据杜佑《通典》注文记载，隋炀帝大业七年（611）第一次征高丽时，每军设有"前部鼓吹一部：大鼓、小鼓及鼙、长鸣、中鸣等各十八具，掆鼓、金钲各二具。后部铙吹一部：铙二面，歌箫及筇各四具，节鼓一面，笙、篥、横笛各四具，大角十八具"。②可知，奏凯所用的乐器均是当时军中常见的铙吹乐器，这就充分体现了奏凯之乐与一般祭祀、朝仪音乐的不同之处。此外，七种乐器各有二名乐工，共14名乐工，再加上歌工24人和相当于指挥的鼓吹令、丞，整个唐代奏凯的礼乐队伍一共约40人左右。乐队一行骑马分行于大军和俘虏之前，成为整个献俘队伍的先导。这与周礼规定王师未至之时，预先让瞽矇进入祖庙等候，遂使乐师倡道的做法是十分不一样的。

2.三奏凯乐。乐工最主要的工作是奏乐导引，整个告功献俘其间要三次演奏《破阵乐》等四曲。第一次是大将入都门时，"鼓吹振作，迭奏《破阵乐》等四曲。"乐队边奏凯乐，边导引大将、兵马和俘虏前往太社和太庙。"候行至太社及太庙门，工人下马，陈列于门外。……并于门外陈设，不奏歌曲。"这与周礼规定要在社庙里面奏乐的做法也不一致。唐人认为"以尊严之地，铙吹哗欢，既无明文，或乖肃敬"，所以只要求乐工、歌工在门外静候而已。等到告献礼毕，乐工们又奏乐导引大将一行前往皇帝所在的城楼前，此为二奏凯乐。"至皇帝所御楼前兵仗旌门外二十步，乐工皆下马

---

① 《唐会要》卷33《凯乐》，第607页（参见《旧唐书》卷28《音乐一》，《新唐书》卷23下《仪卫下》）。

② 《通典》卷76《军礼一·出师仪礼》，第2079-2080页。

徐行前进。"至此,乐队的导引任务告一段落,在鼓吹令、丞的引导下至演奏位立定,"太常卿于乐工之前跪,具官臣某奏事,请奏凯乐。协律郎举麾,鼓吹大振作,遍奏《破阵乐》等四曲。"① 此为三奏凯乐,也是最正式的一次演奏。奏毕"乐工立于旌门外,引俘馘入献,及称贺,俘因出,乃退"。②

据《明集礼》的记载:"宋大将师还,先献凯乐于庙社,亦不奏曲,伺告祭礼毕,复上马导引奏曲。至宣德楼兵仗外二十步下马,兵部尚书引乐至楼下,遍奏歌曲。国朝大将师还,先献凯乐于太庙太社门外,不奏歌曲,伺告祭礼毕,然后于午门楼前遍奏歌曲。"③可知,自唐文宗时期拟定唐代奏凯之仪后,宋明等朝均以此为蓝本,略有调整而已。由此,也可见唐礼在中国礼制发展史中所具有的承上启下的重要性。

三、告献之礼

奏凯仅仅是告功献俘礼仪的前奏,此礼的重头戏还是告献本身。如前文所述,《周礼》中提到的告功献俘礼仪就有告献于太庙、太社和学里的三献之仪。而著名的小盂鼎铭文则详细记载了周康王时命盂率军出征,获胜班师后,献俘庆赏的事迹。李学勤先生根据铭文,将当时的献俘庆赏之仪划分为七大步骤:"一,在宗庙,向王和邦宾献酒;邦宾尊其旅服。二,盂用旂负鬼方首级,进入南门,向王报告斩获数目。三,盂将鬼方三酋带进大廷,王命荣审讯,斩杀三酋。四,盂带俘虏和馘耳进门,进献于西方道上;在宗庙举行

---

① 此段所有引文均来自《唐会要》卷33《凯乐》,第607-608页(参见《旧唐书》卷28《音乐一》)。
② 《新唐书》卷23下《仪卫下》,第340页。
③ 《大明集礼》卷34《军礼二·遣将篇·奏凯》。

燎祀。五，孟率其部属进入三门，依次向王报告战绩，向邦宾献酒；王命人向孟等献酒。六，在宗庙，禘祀先王；向邦宾献酒；王命人使孟送进所获取的各种玉。七，次日在宗庙，向王和邦宾献酒；对孟进行赏赐。"① 周礼之繁复和严谨可见一斑。虽然如此，我们仍然可以从中归纳出当时告功献俘礼最核心的内容，大致包括大将报功，献首恶斥责而诛之，献俘祭庙，饮至赏赐等。

公元前632年，晋楚城濮大战后，晋文公率军于"秋七月丙申，振旅，恺以入于晋，献俘授馘，饮至大赏，征会讨贰"。② 南宋理学家真德秀就提出："此虽春秋时事，而亦可见三代振旅凯旅之遗制。"③ 当然，我们从中也可以看到，春秋时期，献俘于学里的做法就已经被废弃。此后，历代告功献俘礼仪，或重献俘杀酋，或重告祭庙社，虽然皆是视当时之实际情况而定，但大体不偏而已，故清人秦蕙田曰："汉唐以下凯还仪节历代不同，未便细分。"④ 也正因为如此，笔者才将与此相关的礼仪皆归入告功献俘一节统一整理，以窥全貌。

隋唐时期，战争频繁，告功献俘之事亦多。为了便于对其进行研究，笔者以《唐会要》《册府元龟》的文献为主，以新旧《唐书》的记载为辅，对这一时期数量众多的告献史实进行梳理，制成下表，以做说明。

---

① 李学勤.《小盂鼎与西周制度》,《历史研究》1987年第5期，第20—29页。
② 李梦生.《左传译注》,上海：上海古籍出版社，1998年，第306页。
③ 《五礼通考》卷239《军礼七》。
④ 《五礼通考》卷239《军礼七》。

隋唐告功献俘一览表[①]

皇帝	时间	事由	告献	赦或杀	备注
隋文帝	※开皇九年（589）四月	晋王平陈	乙巳，三军凯入，献俘于太庙。丙午，帝坐广阳门受俘问罪[②]		帝幸骊山亲劳。陈朝君臣器物从晋王广、秦王俊入，列于庙廷
唐高祖	武德元年（618）十一月二十三日	秦王平薛仁杲	献于太庙	斩于市	
唐高祖	武德三年（620）四月二十四日	秦王破宋金刚，复并州地	献于太庙		
唐高祖	武德四年（621）七月九日	秦王平东都，俘王世充、窦建德及隋神器辇辂	献于太庙	数而赦世充为庶人；斩窦建德于市	高祖迎劳于长乐宫，秦王被金甲，陈铁马一万，甲士三万
太宗	贞观四年（630）三月二十九日	张宝相俘东突厥颉利可汗	献于太庙	数而赦之	
太宗	贞观十四年（640）十二月丁酉	交河道行军大总管、吏部尚书侯君集执高昌王麹智盛[③]	献俘于观德殿	以智盛为左武卫将军、金城郡公	
太宗	※贞观二十年（646）三月	征辽回京，献俘授馘，备法驾，具凯旋之礼			天子亲征，故有盛大入城式
太宗	※贞观二十二年（648）五月	右卫率长史王玄策破中天竺，俘其王阿罗那顺以诣阙	以一太牢虔告宗庙		

---

① 文献来源《唐会要》卷14《献俘》，《册府元龟》卷12《帝王部·告功》。表中用"※"号标注的即为只见于《册府》，而不见于《唐会要》的记录。

② 参见《资治通鉴》卷177，隋文帝开皇九年四月条。

③ 《旧唐书》卷3《太宗下》，第52页。

续表1

皇帝	时间	事由	告献	赦或杀	备注
太宗	贞观二十三年（649）正月	阿史那社尔执龟兹王及相等至长安	献于社稷，再献于紫微殿	释之，以为左武卫大将军	
高宗	永徽元年（650）九月七日	高侃执突厥车鼻可汗	献于太庙①	释之，拜左武卫将军	
高宗	显庆三年（658）十一月	苏定方俘西突厥阿史那贺鲁到京师	献于昭陵，告于太庙，受俘于武德殿	赦免其死	首次献俘于帝陵
高宗	显庆五年（660）正月	苏定方俘思结俟斤都曼至东都	献俘于乾阳殿	赦免其死	
高宗	总章元年（668）十二月	李勣平高丽	献于昭陵、太庙，受俘于含元殿	赦高藏，任为司平太常伯、员外同正	
高宗	永隆二年（681）十月	裴行俭执突厥阿史那伏念等献之。		斩伏念、温傅等五十四人于都市	

① 《唐会要》卷14《献俘》只记"献于太庙"。但《册府元龟》卷12《帝王部·告功》记："高宗永徽元年（650）九月庚子，右骁卫郎将高侃执车鼻可汗至京师。癸卯献于社庙。又献于昭陵，甲寅献于武德殿。"《旧唐书》卷4《高宗上》记：永徽元年，"九月癸卯，右骁卫郎将高侃执车鼻可汗诣阙，献于社庙及昭陵。"《旧唐书》卷194上《突厥上》记："侃率精骑追车鼻，获之，送于京师。仍献于社庙，又献于昭陵。高宗数其罪而赦之，拜左武卫将军，赐宅于长安。"《新唐书》卷215上《突厥上》记："获之，献京师。高宗责曰：'颉利败，尔不辅，无亲也；延陀破，尔遯亡，不忠也。而罪当死，然朕见先帝所获酋长必宥之，今原而死。'乃释缚，数俘社庙，又见昭陵。拜左武卫将军，赐居第。"似乎是《唐会要》所记有误。但考虑到诸书均记显庆三年，高宗问询许敬宗是否可以先献俘于昭陵一事，故笔者认为当是《册府》和新旧《唐书》有误。也许正因为发现了其中的不一致，故司马光《资治通鉴》卷199，高宗永徽元年九月条很谨慎地记载："九月，庚子，高侃执车鼻可汗至京师，释之，拜左武卫将军。"

续表2

皇帝	时间	事由	告献	赦或杀	备注
玄宗	※开元二十年（736）	信安王祎大破叛奚及契丹于幽州之北	告享诸陵庙，献俘告庙		
	开元二十二年（738）六月	幽州节度使副大使张守珪大破契丹	遣使献捷，告太庙		
	开元二十二年（738）十二月	幽州节度使张守珪斩契丹王屈烈及可突干		传屈剌、可突干等首于东都，枭于天津桥之南	
	开元二十五年（737）八月	幽州节度使张守珪奏破奚契丹于捺禄山	告庙		有敕：自后，诸军每有克捷必先告庙
	※天宝五载（746）正月己巳	皇甫惟明献陇右所获吐蕃突厥俘于太清宫	献俘于太清宫，再献于太庙		
	天宝十三载（754）三月	北庭都护程千里擒阿布思献①	上御勤政楼受俘	斩于朱雀街	
肃宗	※至德二年（757）九月	广平王收西京	捷书至行在，遣使入京告郊庙社稷		
	乾元元年（757）七月	郭子仪擒安守忠以献②	郊迎长乐驿，帝御望春楼待之		
	※上元元年（762）十月	广平王收怀州，生擒七千余众	献俘于太庙		
	※上元二年（761）二月	刘展斩伪署大将军汲子澄、杨子英等九人，传首至京	告于太庙	枭诸街市	

---

① 《旧唐书》卷9《玄宗下》，第228页
② 《旧唐书》卷120《郭子仪传》，第3452页

续表3

皇帝	时间	事由	告献	赦或杀	备注
代宗	※宝应二年（763）正月	李怀仙取史朝义首以献	告献朝义首于太庙		
	※大历二年（767）正月	平华州逆贼周智光	告太清宫太庙、七陵	枭首于皇城之南街	
德宗	※贞元元年（785）八月	李怀光败死，传首京师	告于太庙		
宪宗	元和元年（806）十月	东川节度使高崇文擒刘辟，槛送京师	上御兴安门问罪	斩于子城之西南隅，族诛	
	元和二年（807）十月	平浙西，擒镇海节度使李锜，械送京师	献太清宫、太庙、太社；上御兴安门亲诘反状	其子师回皆腰斩，因为功臣之后免族诛	
	元和十二年（817）十一月	李愬平淮西，擒逆贼吴元济以献	献庙社，狥市，引至兴安门问罪	斩于子城之西南隅，独柳之下	
	元和十四年（819）二月	魏博节度使田弘正平淄青李师道乱，以露布报朝廷，并函送李师道并男二人首级	先献于太庙、郊社。上御兴安门受俘，群臣称贺于楼前	师道妻魏氏并女没入掖庭，堂弟师和配流岭表	
穆宗	长庆元年（821）四月	河北诸道平	荐告太庙		
	※长庆二年（822）八月	汴州平，逆贼李锜枭首，及其男四人至京师	分命摄太尉三人告社稷、太庙、太清宫	斩于京城之西市	
文宗	太和三年（829）五月	宣慰使谏议大夫柏耆奏斩横海节度使李同捷于将陵	上御兴安楼下受俘。	宥李同捷母妻并男元达等，令于湖南安置	槛送至将陵，有传言王庭凑欲救之，乃斩而传首

续表4

皇帝	时间	事由	告献	赦或杀	备注
武宗	会昌四年（844）二月	河东监军吕义忠擒太原横水都将杨弁等五十四人	献俘于阙下	斩之	
武宗	会昌四年（844）八月	平泽潞，枭逆贼刘稹，传首京师	告宗庙、社稷，再至兴安门受献①	其母、弟、妹门客等并斩于独柳②	
僖宗	中和四年（884）七月	徐州节度使时溥函送黄巢及家人首级以献	上御大玄楼受俘，献于行庙	黄巢姬妾皆戮之于市	
僖宗	光启二年（886）	王重荣斩邠州节度使朱玫及嗣襄王煴，函首以献	上御兴元行在城门阅俘，受贺		
昭宗	龙纪元年（889）二月	朱全忠槛送秦宗权并妻赵氏以献	告社庙，徇市，上御延喜门受俘	宗权斩于独柳树下，赵笞死	
昭宗	乾宁二年（895）十一月	庆州行营兵马都统斩王行瑜，函首献于京师	献首太庙，上御延喜门受俘		

通过上表，我们可以了解到隋唐时期的告功献俘礼主要包括百官郊迎、奏凯入城、献俘庙社、天子受俘、法司问罪等五大步骤。但并非所有时期，都保持完整的礼仪环节，在不同阶段，根据实际

---

① 《册府元龟》卷12作"兴安门"，而《唐会要》卷14作"安福门。"《新唐书》卷214《藩镇宣武彰义泽潞》记"函稹首送王宰，献京师，告庙社，帝御兴安门受之。刘公直亦降于宰。"故这里采纳《册府》和《新唐书》的记载，记作"兴安门"。

② 《旧唐书》卷18上《武宗本纪》，第602页。

情况，或增或减，呈现出各自不同的特点。

(一)隋文帝至唐太宗时期

这一时期虽然有炀帝暴政带来的动荡混乱，但从总体上看，其主题是统一和开拓。由于政治相对清明，国家趋于统一安定，疆域不断拓展，民族融合持续深入，民族文化心理也随之更加自信稳定。因此，这一时期有记载的告功献俘虽然只有9次，但从仪式上看却是整个隋唐时期最为盛大的阶段。不仅有天子亲迎郊外的荣宠，而且在奏凯入城这一环节，特别盛大的入城式就有三次。第一次是隋文帝开皇九年(589)，晋王杨广率领平陈大军和陈朝君臣，从三月开始"诣长安，大小在路，五百里累累不绝"。及四月，"乙巳，诸军凯入，献俘于太庙，陈叔宝及诸王侯将相并乘舆服御、天文图籍等以次行列，仍以铁骑围之，从晋王广、秦王俊入，列于庙廷。"①第二次是唐高祖武德四年(621)，秦王李世民平东都王世充、窦建德，七月"甲子，秦王世民至长安。世民被黄金甲，齐王元吉、李世勣等二十五将从其后，铁骑万匹，甲士三万人，前后部鼓吹，俘王世充、窦建德及隋乘舆、御物献于太庙"。②第三次是贞观二十年(646)太宗亲征辽东凯旋，"三月，至自辽东献俘授馘，备法驾，具凯旋之礼。蛮夷君长及京邑士女夹道陈设，观者填噎，咸称万岁"。③在震天的凯乐声中，将士们耀眼的铠甲，整齐的军容和众多的俘虏、战利品，构成了一幅何等盛大的凯旋入城画卷。这样的仪式，不仅能起到扬我军威的作用，使社会形成一种崇军尚武的氛围，更能激发老百姓对国家强盛的强烈自豪感和自信心，进而增强其身份认同

---

① 《资治通鉴》卷177，隋文帝开皇九年四月条。
② 《资治通鉴》卷189，唐高祖武德四年七月条。
③ 《册府元龟》卷12《帝王部·告功》。

感,促进统一国家的形成。

　　当然,仅有盛大的入城式还远远不够。如果说西方古代战争喜欢以"圣战"相号召,那么中国古代战争就格外强调"义战"的重要性。为正义而讨伐罪恶,为仁政而推翻暴政,这样的战争才能占领舆论高地,才有以暴制暴的正当理由。所以,在盛大的入城式后,就是最重要的献俘、受俘环节,这可以说是整个仪式的高潮。由于"献俘礼赏刑兼备,不仅具有庆功的性质,统治者也行使杀戮大权以显示威严"。[1]故早在周礼中,就有献俘问罪,斥而诛之的做法。但与周礼将献俘、问罪、杀俘皆放在宗庙举行不同的是,隋唐时期,天子受俘问罪的地点通常并不在太庙,而是在城楼或大殿上。换句话说,周代献俘太庙是实实在在的真献,而隋唐时期的献俘社庙其象征性意味较深,真正决定俘虏命运的还是天子受俘问罪一节。

　　比如隋文帝开皇九年的平陈凯旋仪式就是在太庙献俘后的第二天,在广阳门举行单独的天子受俘问罪仪式。史载:"隋文帝坐于广阳门,观(陈)叔文从后主至朝堂。文帝使内史令李德林宣旨,责其君臣不能相弼,以致丧亡。后主与其群臣并愧惧拜伏,莫能仰视。"[2]前文已经提到,隋代的"广阳门"即唐代长安城宫城的南大门——承天门。作为隋代长安城南北轴道上的重要地标建筑,广阳门恰好又位于长安城最重要的东西大道——从开远门至通化门的横街之上。在此举行受俘问罪仪式,既可以方便士庶共瞻此礼,更是为了向天下昭示己方战争的正义性。关于唐高祖和太宗受俘的地点,其文献记载并不清晰明确,但从侯君集和阿史那社尔分别献俘

---

[1] 杨志刚.《中国礼仪制度研究》,上海:华东师范大学出版社,2000年,第423-424页。

[2] (唐)李延寿.《南史》卷65《陈宗室诸王》,北京:中华书局,1975年,第1588页。

于"观德殿"和"紫微殿"推断,唐初天子应该是在宫城大殿之上受俘。虽然隋唐所选的受俘地点不一致,但在如何处理俘虏的最终选择上,却比较一致,大多时候是责而宥之。比如隋文帝之于陈朝君臣,就是在一番义正词严的训斥之后,以获胜者和正义者的姿态,赦免了他们。这既是为了彰显大国上君的威严权柄,也是出于南北尽快统一安定的考虑。唐高祖和太宗除了在统一战争中斩杀过危险的竞争对手,如薛仁杲、窦建德外,其余在与周边少数民族的战争中,为了推进民族融合,维护地区稳定,也大多是责而宥之。

(二)唐高宗时期

唐高宗时期的告献仪式,与前一时期相比,不同之处主要有两点:一是在献俘太庙之前增加了献俘昭陵的环节。据记载:

显庆三年十一月,苏定方俘贺鲁到京师。上谓侍臣曰:"贺鲁背恩。今欲先献俘于昭陵。可乎?"许敬宗对曰:"古者出师凯还,则饮至策勋于庙。若诸侯以王命讨不庭,亦献俘于天子。近代将军征伐克捷,亦用斯礼,未闻献俘于陵所也。伏以园陵严敬,义同清庙。陛下孝思所发,在礼无违亦可行也。"十五日,还献于昭陵。十七日,告于太庙。皇帝临轩,大会文武百寮、夷狄君长。苏定方戎服,操贺鲁献于乐悬之北。上责之,不能对。摄刑部尚书长孙冲跪于阶下奏曰:"伊丽道献俘贺鲁,请付所司。"大理官属受之以出,诏免其死。[①]

由于《周礼》中并无献俘帝陵的做法,故历代只有献俘太庙、太社的成例,而无献俘帝陵的先例。显庆三年(658)正是高宗颁行《显

---

① 《唐会要》卷14《献俘》,第320-321页。

庆礼》最关键的时期。这一年正月,高宗刚刚下诏在全国颁行由长孙无忌等新修的《显庆礼》,这时又提出在告献礼仪中增加献俘帝陵的环节,虽然孝心可嘉,但也反映出《显庆礼》在施行的过程中存在随意解释和任意变通的情况。加之,这部唐礼从一开始就饱受非议,所以,上元三年(676),高宗不得不下诏复用《贞观礼》。"由是终高宗世,《贞观》《显庆》二礼兼行。而有司临事,远引古义,与二礼参考增损之,无复定制。武氏、中宗继以乱败,无可言者,博士掌礼,备官而已。"[1] 虽然《显庆礼》施行效果欠佳,但此后献俘帝陵的做法却一直保留了下来。

第二,开了在唐初羁縻怀柔大环境下杀降的先例,这就是永隆二年(681)十月,高宗斩东突厥阿史那伏念、温傅等五十四人于市一事。调露元年(679),唐将裴行俭刚刚计平西突厥,使唐得以第三次复置安西四镇,不久东突厥阿史德温傅、奉职二部又反,立东突厥末代可汗颉利之侄为泥熟匐可汗,单于大都护府所辖二十四州酋长皆叛应,拥众数十万。十一月,高宗特授裴行俭为定襄道行军大总管,总兵三十余万讨之。第二年,即永隆元年(680),裴行俭不负众望,大败东突厥于黑山,泥熟匐可汗为其下所杀,擒奉职而还,余众败走狼山。但是唐军班师后,东突厥阿史那伏念又与温博联手起兵,并自立为可汗。于是永隆二年(681),裴行俭再度率军征讨东突厥,伏念终因形势不利,在得到裴行俭不杀的承诺后,亲自执送温傅等请降。三年中,唐军三次出动讨伐突厥,简直不胜其扰。故在讨论如何处置这些突厥酋长时,虽然裴行俭以事先"许伏念以不死"[2],才使伏念最终投降为由,主张按惯例宽赦之,

---

[1] 《新唐书》卷11《礼乐一》,第198页。
[2] 《新唐书》卷108《裴行俭传》,第3263页。

但高宗最终却出人意料的下令将伏念、温博等五十四人并斩于都市。至于这次杀降的原因,史官们均认为是侍中裴炎忌妒行俭之功,进谗言所致,但笔者认为,这仅仅是表面原因,真正的原因还是与高宗朝君臣试图对唐初羁縻政策做出调整转变有关。

众所周知,早在武德二年(619),唐高祖就颁布诏书,表示"怀柔远人,义在羁縻"①。唐太宗即位后,进一步确立了怀柔招抚和军事征讨兼而有之的边疆政策。在这一政策之下,对于武力对抗者,派大军进击是威的一面,显的是霹雳手段,事后赦免则是恩的一面,显的是菩萨心肠,故初唐的将领们大多深谙此道,在恩与威之间拿捏得当,收放自如,游刃有余,屡屡创造军事奇迹。可以说,正是靠着恩威并重的两种手段与太宗超强的个人魅力和余威,初唐的羁縻政策才得以收到较好成效。但是,较为松散的羁縻府州管理体系,并不能真正消除少数民族上层不断产生的分权或独立的欲望;"七擒孟获"式的征伐模式也使少数民族首领认为起兵的成本很低,计穷则降,如此而已,因此,均不惮于起兵与唐抗衡,这一切都给唐边疆的稳定与和平造成了极大的隐患。于是,高宗朝不得不逐渐改变唐初临时派遣行军大总管出征的模式,开始在边疆驻扎长期驻守的边兵以应对这种不时发生的叛乱。同时,也不得不改变宽待叛乱首领的政策,力图以杀立威,以儆效尤。

这种转变其实早在高宗显庆年间已初露端倪。当时因显庆四年(659)十一月,铁勒族思结俟斤都曼率领疏勒、朱俱波和谒般陀三个国家起兵反唐,唐高宗命大将苏定方统军征讨,苏定方在马头川大败都曼,进而围之,都曼无奈投降。显庆五年(660)正月,"定方献俘于乾阳殿。法司请诛都曼,定方请曰:'臣许以不死,

---

① 《册府元龟》卷170《帝王部·来远》。

故都曼出降，愿丐其余生。'上曰：'朕屈法以全卿之信。'乃免之。"① 可见，都曼之降也是计穷而降，并非真心要降，故高宗当时已明言是为了成全苏定方个人的信用而屈法赦之，并不意味着他赞同这种做法。尤其是上元二年（675）三月，高宗因病委政武则天之后，性格刚毅的武则天也越来越倾向于严惩这些起兵的酋长。故时隔21年后，当裴行俭重演当年苏定方降都曼故事时，裴炎适时进言，"以伏念为（唐将）程务挺、张虔勖胁逐，又碛北回纥逼之，计穷而降。"② 就轻松勾起了高宗的不悦之情，加之武后性严，于是最终斩之。

此后，唐代告功献俘的最后一个环节就是斩俘于都市。安史之乱后，由于平叛的形势需要，天子受俘之后，更是大开杀戒，皇城西南隅的独柳树和东市、西市都是当时著名的刑场。③

（三）唐玄宗朝之后时期

唐玄宗拨乱反正后，在军事上做的第一件大事就是在先天二年（713），征兵二十万，讲武于骊山之下，结果却发现唐军军容不整，军礼不肃，于是流兵部尚书郭元振，斩给事中、知礼仪事唐绍。于是，治军、治礼、治吏遂成为开元年间的重中之重。其中对唐礼的重新修订，促成了《大唐开元礼》的问世，这部礼典被视为唐礼真正的代表，其中就规范了告祭献俘的有关内容。

第一，关于告庙与告社之仪。据正式颁行于开元二十年（732）的《大唐开元礼》记载："凯旋告日，陈俘馘于（庙）南门之外，

---

① 《资治通鉴》卷200，高宗显庆五年正月条。
② 《新唐书》卷108《裴行俭传》，第3263页。
③ 赵望秦.《唐代长安新设刑场独柳树考论》，《史学月刊》2003年第2期，第121—123页。

北面西上,军实陈于后,其告奠之礼皆与告礼同。"① 同样,"若凯旋,惟陈俘馘及军实于(社)北门之外,南面东上,其告礼如上仪。"② 可见,在当时,献俘于太庙和太社仍然是明文规定的大唐军礼。但是这种献俘太庙、太社的礼仪,在当时出现了新的变化。那就是随着唐节度使制的逐渐推开,长期驻守边疆的边兵取代了临时出征的府兵和兵募,镇守一方的节度使取代了临时任命的某某道行军大总管。这些专职征讨某一方的节度使大军,与边疆民族接战的次数增多了,捷书增多了,更出现了节度使人不离镇,只献捷书,或传首告捷的情况。这种情况虽是献捷,但又有别唐初的献俘,那么告不告庙呢?答案是肯定的,开元二十五年(738),"守珪讨契丹,再破之,有诏自今战有功必告庙。"③ 至此就算不献俘,有战功也必须告庙。

第二,关于祭告齐太公庙。据《唐六典》记载:"既捷,及军未散,皆会众而书劳,与其费用、执俘、折馘之数,皆露布以闻,乃告太庙。元帅凯旋之日,天子遣使郊劳,有司先献捷於太庙,又告齐太公庙。"④ 关于唐正式设置齐太公庙的时间,笔者在前文中已经提到是在唐玄宗开元十九年(731),故《唐六典》所反映的当是这一时间之后的唐代告功献俘的情况,与《开元礼》颁行的时间大致相当。从这段文字中,我们看到当时有关告功献俘的告祭仪式主要有三:即在大军凯旋之前,露布先至京城时,要告捷于太庙;凯旋当日,又要献俘于太庙,同时告祭于齐太公庙。这与《开元礼》所记献俘于太庙、

---

① 《大唐开元礼》卷83《军礼三·皇帝亲征告于太庙》,第402页。
② 《大唐开元礼》卷87《军礼七·制遣大将出征有司宜于太社》,第417页。
③ 《新唐书》卷219《北狄》,第4690页。
④ 《唐六典》卷5《尚书兵部》,第159页。

太社矛盾吗？笔者认为并不矛盾，相反还是对《开元礼》的一种补充。这是因为在《开元礼》卷88中除了"制遣大将出征有司告于太庙"礼仪外，还有"制遣大将出征有司告于齐太公庙"礼，由此可见当时对齐太公庙的尊崇，故在献俘时既然要献于太庙，那么告祭于齐太公庙也是完全合理和正常的。

第三，关于献俘太清宫仪。众所周知，李唐为了便于抬高家族地位，认老子为祖宗，高宗、睿宗和玄宗都极力尊崇老子。睿宗景云二年（711），作玄元皇帝庙。玄宗天宝元年（742）正月，置新的玄元庙于大宁坊。大宁坊位于宫城之东，通化门之西，同样处于横街边上，距离太极宫和兴庆宫都比较近，方便皇帝亲临拜祭。同年二月，玄宗亲享玄元皇帝于新庙，八月，改两京玄元庙为太上玄元皇帝宫，天下一准此例。天宝二年（743）三月，"改西京玄元庙为太清宫，东京为太微宫，天下诸郡为紫极宫。"① 九月，又令谯郡紫极宫改为太清宫。天宝五载（746）正月，陇右节度使皇甫惟明败吐蕃，入朝献捷，遂下令先献俘于太清宫，再献于太庙。自此，唐朝告功献俘礼中又增加了献俘太清宫一礼，一直持续到穆宗长庆年间，直到文宗修订告功献俘礼后，才逐渐取消这一内容。

第四，关于勤政楼受俘之仪。前文已经提到，勤政楼位于兴庆宫的西南角，登上此楼不仅能一览长安之风土人情，还能听到诸王府第的动静，故玄宗对此楼情有独钟，把很多重要的仪式和宴会都放在这里，以彰显与手足同乐，与民同乐之义。故当天宝十三载（754），北庭都护程千里擒阿布思以献时，玄宗就是在此楼受俘赐宴的。此后，唐朝诸帝一改初唐以来在宫内大殿受俘的成规，宪、

---

① 《旧唐书》卷9《玄宗本纪下》，第216页。

穆、文三朝基本固定在兴安门①受俘,武宗朝改为安福门②,唐末昭宗又改于延喜门③。不管是兴安门、安福门、还是延喜门,它们都属于宫城的外城门,是宫城与外坊的连接部。天子登楼受俘,百官称贺楼前,遂成为唐之惯例。

第五,关于传首京师的制度。自高宗朝开了杀降的先例后,玄宗朝开元二十二年(738),幽州节度使张守珪斩契丹王屈烈及可突干,于是传屈剌、可突干等首于东都,枭于天津桥之南。自此以后,传首京师遂成为惯例,并有越演越烈之势,以至于唐肃宗上元元年(762),不得不下诏规定:"其诸军所获首级,除元恶之外,一切不得传送。"④此后,传首之风虽稍有遏制,但在唐中后期与藩镇的斗争中,传元恶之首级至京师还是成为一种另类的告捷方式。

总之,经过高宗和玄宗朝的调整,献俘于帝陵、太清宫、太庙、太社,告祭于齐太公庙,再受俘于城门楼,最后斩元恶于都市就构成了文宗朝之前唐代告祭献俘的全貌。这一复杂纷乱的礼仪制度,直到唐文宗大和三年(829),才得到简化和规范。此后,奏凯入城,献俘庙社,引俘徇市,天子登楼阅俘受贺,闹市斩俘被固定下来,形成了完整的唐代告功献俘礼仪。

---

① 位于唐代长安城东北部,与建福门相邻,是西内苑通往外坊的重要通道。
② 唐长安城皇城西面偏北门,是皇城与宫城之间横街的西面出口,西对外廓城的开远门。建于隋初,上有楼观。唐太宗和太子李治曾在安福门城楼上举行隆重的典礼,执香炉送玄奘法师从弘福寺移居慈恩寺,观礼者达数万人。永徽三年(652),高宗临此门楼观观赏百戏;唐睿宗曾在此,宴见突厥请婚使者。唐玄宗先天二年(713)元宵灯会在此举行,连续三夜,成一代盛观。宪宗时,习惯于此饯别重臣。
③ 唐长安城皇城东面偏北门,是皇城与宫城之间横街的东面出口,与安福门相对。
④ 《唐会要》卷14《献俘》,第322页。

第三节　饮至策勋

《孔丛子·问军礼》曰："舍奠于帝学，以讯馘告；大享于群吏，用备乐，飨有功于祖庙，舍爵策勋焉，谓之饮至。天子亲征之礼也。"[1]可见在告功献俘礼之后，周礼中还有在祖庙举行宴饮、赐爵授勋的军礼，此即饮至礼。在周代，这是天子亲征才能享有的军礼。在周代军礼体系中，此礼被认为具有"数军实。昭文章，明贵贱，辨等列，顺少长，习威仪也"[2]的功能和作用。但是从春秋时期开始，在"礼崩乐坏"的大背景下，周代的饮至礼也随之发生着变化。

首先，饮至礼从天子亲征之礼变成了"凡公行，告于宗庙。反行，饮至、舍爵、策勋焉，礼也。"[3]这与春秋时期权柄下移的时代特点是相吻合的。其次，从《孔丛子》的表述中，我们不难发现周代饮至礼其本身就包括赐宴和策勋两项内容，故并不存在所谓"饮至策勋"的说法。但是在上文所引用的《左传·桓公二年》的记载中，"饮至、舍爵、策勋焉，礼也"，很显然是将"饮至"与"舍爵""策勋"作为平行礼仪来表述的。这样的表述还不仅此一例，再比如鲁僖公二十八年（前632），晋楚城濮之战后，晋人得胜归国，"秋七月丙申，振旅，恺以入于晋，献俘授馘，饮至大赏，征会讨贰。"[4]这里也是把"饮至"与"大赏"并列，可见在春秋战国时期，"饮至"

---

[1] （东周）孔鲋.《孔丛子》卷6《问军礼第二十》，北京：中华书局，2009年，第265页。

[2] （东周）左丘明.《十三经注疏·春秋左传正义》卷3，北京：北京大学出版社，1999年，第94-95页。

[3] 《左传译注》，第53页。

[4] 《左传译注》，第306页。

一词已经不再是对周代凯旋献俘、朝会伐盟后至宗庙祭祀、宴饮记功之礼的统称，而开始单指庆功宴了。故清人秦蕙田在撰写《五礼通考》之"饮至"礼时，也以是否有宴饮之举作为记录与否的标准，"案以上二事俱有燕乐，故采入饮至之末。"[①] 由于在庆功宴会上通常都要赐爵授勋，于是后世才有了所谓"饮至策勋"的说法。第三，周代举行饮至礼的地点是在宗庙，体现的是敬祖敬宗的宗法礼仪本质，但是从春秋时期开始，由于"饮至"已经单指奏凯献俘后的庆功宴，其宗法血缘色彩逐渐淡化，故举行饮至的地点也就逐渐多样化了，尤其是在宫殿举行饮至策勋之盛典，就逐渐与在宗庙献俘分离开来。第四，"饮至"一词不仅被用于凯旋庆功场合，后来它还被用来泛指庆功宴，如汉代焦赣在《焦氏易林·鼎之第五十》中就提到："吉日举钓，田弋猎禽。反行饮至，以告喜功。"作为田猎之后，为庆贺有所斩获而举行的庆功宴，这就已经不在本书研究的范围之中了。

隋唐之际，饮至策勋礼虽然并未见诸礼书，但史书中关于饮至的记载却一直不绝于书，其礼与大宣露布、告功献俘并为当时凯旋庆功礼仪的三项内容。如隋文帝开皇九年（589），晋王杨广平陈班师：

夏，四月，辛亥，帝幸骊山，亲劳旋师。乙巳，诸军凯入，献俘于太庙，陈叔宝及诸王侯将相并乘舆服御、天文图籍等以次行列，仍以铁骑围之，从晋王广、秦王俊入，列于庙廷。……丙午，帝坐广阳门观，引陈叔宝于前，及太子、诸王二十八人，司空司马消难以下至尚书郎凡二百余人，帝使纳言宣诏劳之；次使内史令宣诏，

---

① 《五礼通考》卷239《军礼七》。

责以君臣不能相辅,乃至灭亡。叔宝及其群臣并愧惧伏地,屏息不能对,既而宥之。……庚戌,帝御广阳门宴将士,自门外夹道列布帛之积,达于南郭。班赐各有差,凡用三百余万段。①

从记载来看,隋代的献俘、受俘和饮至策勋礼分别在四月的"乙巳""丙午""庚戌"举行,其中献俘之后一天举行了专门的受俘仪式,受俘后十九天才举行庆功宴,地点也不在太庙,而在广阳门。可见隋代的饮至策勋礼是相对独立的仪式,这与周代将告庙、献俘、饮至集中在祖庙一并举行的做法显然不同。

此后,唐高祖武德四年(621),秦王世民平东都,俘王世充、窦建德凯旋。"高祖大悦,行饮至礼以享焉。高祖以自古旧官不称殊功,乃别表徽号,用旌勋德。"②太宗贞观十四年(640),"十二月丁酉,交河道旋师。吏部尚书、陈国公侯君集执高昌王麴智盛,献捷于观德殿,行饮至之礼,赐酺三日。"③开元十二年(724),宦官杨思勖平溪州蛮,玄宗"依品级宴思勖以下立功将士于朝堂,谓曰:'蛮夷不道,贼害平人,卿等竭诚,一举而定,穷深尽险,罔不率从,往返若飞,当甚劳弊,各赐卿少物,宴毕领取。'"④十五年(727),凉州都督王君㚟破吐蕃,"凯旋,诏置酒朝堂宴之及将士等,并赐物有差。帝谓君㚟及将士等曰:'吐蕃小丑,敢怀逆命,趣窥亭鄣,以逞凶狂,卿等智勇夙彰,军威克振,才整旗鼓,屡翦渠魁,深入寇庭,当甚劳耳。'"⑤二十二年(738),幽

---

① 《资治通鉴》卷177,隋文帝开皇九年四月条。
② 《旧唐书》卷2《太宗上》,第28页。
③ 《旧唐书》卷3《太宗下》,第52页。
④ 《册府元龟》卷136《帝王部·慰劳》。
⑤ 《册府元龟》卷136《帝王部·慰劳》。

州节度使张守珪斩契丹可突干、屈刺,"二十三年春,守珪诣东都献捷,会籍田礼毕酺宴,便为守珪饮至之礼,上赋诗以褒美之。遂拜守珪为辅国大将军、右羽林大将军、兼御史大夫,馀官并如故。仍赐杂彩一千匹及金银器物等,与二子官,仍诏于幽州立碑以纪功赏。"① 唐代宗大历末年进士李子卿、崔损皆有《饮至赋》② 可见,整个隋唐时期,每逢大胜,在凯旋庆功礼仪中则有饮至策勋之荣。但是由于隋唐时期的礼书和《通典》等典章制度史中未见有关此礼的详细记载,故笔者通过仔细翻检文献,收集与之相关的内容,通过零散的点滴之貌来努力呈现隋唐饮至策勋礼的一些情况。

一、天子与饮至礼

在周礼体系中,饮至礼是天子亲征享有的军礼。春秋以后,诸侯出征凯旋也行饮至礼。此后大将出征,班师凯旋时,也有饮至之说。虽然可以享有饮至之荣的对象在不断变化,但主持此礼的必是国家的最高统治者,这一点却一直未变,否则就不是"饮至策勋"之礼。事实上,领军出征的主帅在大捷之时,也会宴赏大军,但这种庆功宴就不能叫作"饮至"。比如开元二十二年(738),契丹别帅李过折"斩屈刺、可突干,尽诛其党,率余众以降。(张)守珪因出师次于紫蒙川,大阅军实,宴赏将士,传屈刺、可突干等首于东都,枭于天津桥之南。"③ 换而言之,只有由天子亲自赐宴,并记功受勋的凯旋礼仪才能叫作饮至礼。

那么,在这样一种隆重的军礼中,对作为主持者出席的天子有

---

① 《旧唐书》卷103《张守珪传》,第3195页。
② 《全唐文》卷454 李少卿《饮至赋》,第4639页;《全唐文》卷476 崔损《饮至赋》,第4860-4861页。
③ 《旧唐书》卷103《张守珪传》,第3194页。

什么样的礼仪要求呢？首先，主持此礼的天子在服饰方面是有明确要求的，虽为军礼，却不着戎服，按《隋志》：

四时祭庙、圆丘、方泽、明堂、五郊、封禅、大雩、出宫行事、正旦受朝及临轩拜王公，皆服衮冕之服。还宫及斋，则服通天冠。籍田则冠冕，……拜陵则黑介帻，白纱单衣。释奠则服通天金博山冠，玄纱袍。春分朝日，则青纱朝服，青舄，秋分夕月，则白纱朝服，缃舄，俱冠五梁进贤冠。合朔，服通天金博山冠，绛纱袍。季秋讲武、出征告庙，冠武弁，黄金附蝉，左貂。祃类宜社，武弁，袜衣。纂严升殿，服通天金博山冠，绛纱袍。入温、凉室，冠武弁，右貂附蝉，绛纱服。征还饮至，服通天冠。庙中遣上将，则衮冕，还宫则通天金博山冠。赏祖罚社，则武弁，左貂附蝉。元日、冬至大小会，皆通天金博山冠。四时畋、出宫，服通天冠，并赤舄。明堂则五时俱通天冠，各以其色服。东、西堂举哀，服白恰。[1]

在天子的冠帽系列中，通天冠是级别仅仅次于冕冠的冠帽。所谓"服通天冠"，就是指带通天冠，并着与之配套的服饰。隋代天子"服通天冠"主要有四种情况：一是还宫及斋戒，二是征还饮至，三是打猎出宫，四是明堂祭拜。隋代行饮至礼时，天子"服通天冠"，这与举行季秋讲武、出征告庙、祃类宜社、赏祖罚社等军礼时所着之戎服完全不一样，可见饮至礼在当时应该是属于庆典礼仪一类，故天子在着装上与其他军礼不同。

"大唐依周礼，制天子之六冕，有大裘冕、衮冕、鷩冕、毳冕、

---

[1] 《隋书》卷11《礼仪六》，第162页。

绣冕、玄冕。"①其中排名第二的衮冕就是唐代天子出席饮至礼的礼服。据《新唐书》记载：

> 衮冕者，践祚、飨庙、征还、遣将、饮至、加元服、纳后、元日受朝贺、临轩册拜王公之服也。广一尺二寸，长二尺四寸，金饰玉簪导，垂白珠十二旒，硃丝组带为缨，色如绶。深青衣纁裳，十二章：日、月、星辰、山、龙、华虫、火、宗彝八章在衣；藻、粉米、黼、黻四章在裳。衣画，裳绣，以象天地之色也。自山、龙以下，每章一行为等，每行十二。衣、褾、领，画以升龙，白纱中单，黻领，青褾、襈、裾，黻绣龙、山、火三章，舄加金饰。②

这是相当正式而华丽的礼服，也是天子在许多重要礼仪场合的标准服饰。天子在举行饮至礼时着衮冕，足见唐人对饮至礼的重视程度。

除了礼服，天子在举行饮至礼时乘坐的大辂规格也是很高的。周制，天子车驾有五，即玉、金、象、革、木辂。隋文帝时，依内史令李德林所奏，废除北周和西魏的舆辇制度，"唯留魏太和时仪曹令李韶所制五辂，齐天保所遵用者。"③即以北魏和北齐之制为标准设定天子车辂。其制也是玉、金、象、革、木五辂，其中"金辂，赤质，以金饰诸末。左建旗，右建闟戟。（旗画鸟隼）余与玉辂同。驾赤骝。朝觐会同，飨射饮至则供之"。④唐因隋制，也以五辂为制，其中用于饮至礼的同样是金辂，"金辂，赤质，以金饰诸末，

---

① 《通典》卷57《嘉礼二》，第1604页。
② 《新唐书》卷24《车服》，第343页。
③ 《隋书》卷10《礼仪五》，第137页。
④ 《隋书》卷10《礼仪五》，第137页。

余与玉辂同，驾赤骝，乡射、祀还、饮至则供之。"① 但是在实际执行的过程中，"高祖、太宗大礼则乘辂。高宗不喜乘辂，每有大礼则御辇。至武太后，以为常。玄宗以辇不中礼，废而不用。开元十一年冬，祀南郊，乘辂而往，礼毕骑还。"杜佑注曰："自是行幸郊祀，皆骑于仪仗之内。其五辂腰舆，陈于卤簿而已。"② 可见，礼制规定与实际情况还是有所出入的。

二、饮至宴的内容

如上文所述，从春秋以后，饮至宴逐渐单指大军凯旋后由天子主持的庆功宴。庆功饮食是中国群体饮食活动的一个重要内容，其本质属于仪式饮食，那么，隋唐时期的饮至礼到底是怎样的呢？

（一）赐宴

由于饮至礼是一种群体饮食活动，除犒劳三军外，天子还要宴请军队的中高级将领和部分士兵，所谓"君举有功而进飨之，无功而励之。"因此，饮至与一般的皇家宴会相比规模较大，人员较多；与一般军中宴会相比仪式感更强，更为庄重。在这样的宴会上"宰夫供其牢醴，乐人陈其夏击"③，很是热闹。那么具体而言，这样一场盛大的庆功宴又的哪些细节呢？

战国名将吴起所著的《吴子兵法》一书提到："武侯设坐庙廷，为三行，飨士大夫。上功坐前行，肴席兼重器、上牢；次功坐中行，肴席器差减；无功坐后行，肴席无重器。……行之三年，秦人兴师，

---

① 《旧唐书》卷45《舆服》，第1932页。
② 《通典》卷64《嘉礼九》，第1795页。
③ 《全唐文》卷476崔损《饮至赋》，第4860-4861页。

临于西河。魏士闻之,不待吏令,介胄而奋击之者以万数。"①所谓"重器",即珍贵的器具,在战国时期特指青铜器皿;"上牢"即牛、羊、豕等美味,是规格最高的宴席。可见,在战国时期,庆功宴上是以上功、次功和无功来安排座位和饮食规格的。

后来,唐人李荃的《太白阴经》对此做了更为详细的说明:

古先帝王伯有天下,战胜于外,班师校功,集众于中军之门。上功赐以金璋紫绶,锡以锦彩,衣以缯帛,坐以重裀,享以太牢,饮以醇酒,父母妻子皆赐纹绫,坐以重席,享以少牢,饮以酎酒。大将军捧赐,偏将军捧觞,大将军令于众曰:"战士某乙等奋不顾身,功超百万,斩元戎之首,搴大将之旗,功高于众,故赏上赏,子孙后嗣长称卿大夫之家。"父母妻子皆受重赏,牢席有差,众士咸知。

次功赏以银璋朱绶,纹绫之衣,坐以重席,享以少牢,饮以酎酒,父母妻子赠以缯帛,坐以单席,享以鸡豚,饮以酾酒。偏将军捧赐,子将军捧觞,大将军令于众曰:"战士某乙等勇冠三军,功经百战,斩骁雄之首,搴虎豹之旗,功出于人,赐以次赏,子孙后嗣长为勋给之家。"父母妻子皆受荣赏,牢席有差,众士咸知。

下功赏以布帛之衣,坐以单席,享以鸡豚,饮以酾酒,父母妻子立而无赏,坐而无席。子将军捧赐,卒捧觞,大将军令于众曰:"战士某乙等戮力行间,劬劳岁月,虽无搴旗斩将,实以跋涉疆场,赐以下赏,子孙后嗣无所庇荫。"父母妻子不及坐享,众士咸知。

令毕,命上功起再拜大将军,让曰:"某乙等忝列王臣,敢不尽节,有愧无功,叨受上赏。"大将军避席曰:"某乙等不德,谬

---

① 《吴子兵法》卷下《励士第六》,引自《中国兵书集成》(第1册),第59—60页。

居师长，赖尔之功，枭悬凶逆，盛绩美事，某乙等无专善。"退而复坐。命次功再拜上功，上功曰："某乙等无谋无勇，遵师长之命，有进死之荣，无退生之辱，身受殊赏，上光父母，下及妻子，子其勉旃。"下功退而复坐。夫如是励之，一会，则乡勉党，里勉邻，父勉子，妻勉夫；二会，则县勉州，师勉友；三会，则行路相勉，闻金革之声相践而出，邻无敌国，邑无坚城，何患乎不勉哉！①

　　李筌所记虽托名为古，但其实不难看出唐代饮至宴的痕迹。参加这场盛大庆功宴的不仅有军人，还有其家人。在宴会上，上功、次功、无功在赏赐的规格、宴会的席位和食物的档次上都有十分明显的区别。不仅如此，其家人享受的宴饮待遇也与将士们的军功等级挂钩，呈现出巨大的层差性，此其一。

　　其二，饮至宴与一般的宴会相比，有一些特定的宴饮仪式，如赐赏、布功和回礼。这些仪式会根据军功高下，按顺序依次进行。比如在赐赏这一环节上，上功者由大将军亲自赏赐，偏将军亲自奉酒；次功者则由偏将军捧赐，子将军捧觞；下功者唯令子将军捧赐，卒捧觞。而在回礼环节，也是先由上功者向大将军回礼，再由次功向上功，下功向次功逐一回礼。只有在布功环节，一视同仁，都由大将军亲自向众人宣布有功者的功劳大小和赏赐规格。这些仪式不仅体现了对有功之士的敬重，更强调了功劳之间的差异，有利于调动将士们的积极性，在军中形成崇尚军功，争立军功的良好竞争氛围。更有甚者，通过让家属参加如此盛大的庆功宴，将士们的英勇事迹也就一传十，十传百，在乡邻里党间传播开来，最终在社会上

---

　　① 《太白阴经》卷2《人谋下·励士篇》，引自《中国兵书集成》（第2册），第472-473页。

形成"行路相勉,闻金革之声相践而出"的爱军尚武之风。因此,笔者认为,在一支军队的文化建设中,提倡崇尚荣誉固然很重要,但授予荣誉的仪式更重要,唯有通过一定的仪式,荣誉感才能得以具象化,进而影响和激励更多的将士为个人荣誉,集体荣誉而战。对于这一点,在重视礼制与仪式规范的中国古代,显然古人的认识比我们到位得多了。

其三,饮至宴还体现了强烈的宗法血缘色彩。这集中体现在"父母妻子"不仅能参与饮至宴,皆受重赏,而且军功的惠及者还延及"子孙后嗣"。事实上,在唐军赏功时,有所谓"赏延"和"折给赐物"一说,"顷叙功劳,累增勋级,上柱国外,许及周亲,是谓赏延,载荣宗族,回充赐物,匪厚朝恩。"①也就是说,唐军因战功而累积的勋级是可以惠及亲属的,这就叫作"赏延"。如果没有周亲,将士的勋劳累积到最高级别的勋官上柱国后,还有余勋者,可用勋折换赐物,即为"折给赐物"。虽然天宝三载(744),唐玄宗下令"上柱国外,有余勋,无周亲,折给赐物宜停,仍永为常式"②,但因战功而授其子以官位,或授其祖父母、父母以虚衔、致仕官待遇,在唐代是十分常见的,比如开元十五年(727)闰九月,负责抵御吐蕃的唐河西、陇右节度使王君㚟丧败,河、陇震骇。随即,朝廷以朔方节度使萧嵩为河西节度使,信安王祎为朔方节度副大使、知节度事,力挽危局。开元十七年(729),信安王祎攻占吐蕃石堡城(今青海西宁西南),自是河、陇诸军得以游弈自如,拓地千余里。玄宗闻之大悦,在石堡城新置振武军,并赐宴朔方军将士,"因其凯旋,聊加宴乐,各宜坐食,相与尽欢。其军将以下官赏,别有处分。

---

① 《唐会要》卷81《用荫》,第1499页。
② 《唐会要》卷81《用荫》,第1499页。

信安郡王祎，与一子官。"① 开元二十三年（739），幽州节度张守珪因讨契丹之功进京献捷，玄宗不仅为其行饮至之礼，同样"赐杂彩一千匹及金银器物等，与二子官，仍诏于幽州立碑以纪功赏"。②再比如，宪宗平淮西李希烈后，"锡宴以劳旋，……都统检校司空同平章事刘玄佐，宜与子孙一人五品正员官。节度使检校右仆射李澄、检校兵部尚书曲环、检校户部尚书李皋、兼御史大夫樊泽等，并与子孙一人七品正员官。都防御使、工部尚书贾耽、都团练使检校左散骑常侍卢玄卿、兼御史大夫张建封等，并与子孙一人八品正员官。检校司空平章事李抱真、检校司空平章事李纳、检校左仆射平章事韩滉、检校工部尚书田绪，……与子孙一人八品正员官。"③

（二）宴饮乐舞

南北朝时期，前秦苻坚"至自永昌，行饮至之礼，歌劳止之诗，以飨其群臣"。④ 可见，饮至礼上一般还会有乐舞表演。庆功宴上的乐舞不同于一般宫廷乐舞之柔靡奢华，多鼓乐而少丝竹之声，正所谓"享宴将士，以激励于众，酒酣，使拔剑起舞，作朋角抵，伐鼓叫呼，以增其气。丝竹哀怨之声不可奏，使人凄怆，损锐气，挫壮心，则难胜敌"。⑤

据《太白阴经》记载：唐军"随廷乐例：大鼓、杖鼓、腰鼓、舞剑、浑脱、角抵、笛、拍板、破阵乐、投石、拔拒、蹙鞠"。⑥

---

① 《唐大诏令集》卷80，玄宗《宴朔方将士敕》，第459页。
② 《旧唐书》卷103《张守珪传》，第3195页。
③ 《唐大诏令集》卷80，宪宗《平淮西后宴赏诸军将士放归本道诏》，第459页。
④ 《晋书》卷113《苻坚（上）》，第2893页。
⑤ 《通典》卷152《兵五·声感人》，第3891页。
⑥ 《太白阴经》卷5《预备·宴设音乐篇》，引自《中国兵书集成》（第2册），第562-563页。

其记载看似颇为零乱，实际主要分为三类：

一是宴会上使用的乐器。主要有大鼓、杖鼓、腰鼓、笛、拍板等五种，其中大鼓、杖鼓、腰鼓、拍板等属于打击乐，笛子属于吹奏乐，所以军乐又可以叫作鼓吹乐。唐乐好鼓，"今立部伎有《安乐》《太平乐》《破阵乐》《庆善乐》《大定乐》《上元乐》《圣寿乐》《光圣乐》，凡八部。……自《破阵舞》以下，皆雷大鼓，杂以龟兹之乐，声振百里，动荡山谷。《大定乐》加金钲。"① 所以在庆功宴上使用的乐器中，以鼓的数量和形式最多。其中"腰鼓，大者瓦，小者木，皆广首而纤腹，本胡鼓也"。② 足见当时西域胡乐对唐乐之影响。而杖鼓者，即两头用杖击打的鼓。据宋人沈括《梦溪笔谈》的记载："唐之杖鼓，本谓之'两杖鼓'，两头皆用杖。今之杖鼓，一头以手拊之，则唐之'汉震第二鼓'也，明帝、宋开府皆善此鼓。其曲多独奏，如鼓笛曲是也。今时杖鼓，常时只是打拍，鲜有专门独奏之妙。"③ 而唐之"羯鼓，正如漆桶，两手具击，以其出羯中，故号羯鼓，亦谓之两杖鼓"。④ 可知，唐代的杖鼓和羯鼓都是可以两头敲击的鼓，所不同者，杖鼓敲击用杖，羯鼓用手而已。而且，唐代鼓乐往往还可以单独成曲，独立表演，唐明皇和名臣宋璟都是此中高手。到宋代，随着尚武风气的丧失，鼓的演奏也逐渐退化为仅仅是敲击节奏以合乐曲，很少再有技艺高超的独奏了。除了各式各样的鼓，在唐代打击乐中还有拍板。拍板，也称檀板、绰板。用坚木数片，以绳串联，用以击节。据《通典》记载：

---

① 《旧唐书》卷29《音乐二》，第1059-1060页。
② 《旧唐书》卷29《音乐二》，第1079页。
③ （宋）沈括 著，张富祥译注.《梦溪笑谈》卷5《乐律一》，北京：中华书局，2009年，第77页。
④ 《旧唐书》卷29《音乐二》，第1079页。

"拍板,长阔如手,重十余枚,以韦连之,击以代抃。"杜佑自注曰:"抃,击其节也。情发于中,手抃足蹈。抃者,因其声以节舞,龟兹伎人弹指为歌舞之节,亦抃之意也。"①

二是宴会上表演的乐舞,主要有舞剑、浑脱和破阵乐。其中剑舞是自古流行于军中的乐舞,唐代公孙大娘之剑舞名动天下,但若与军人饮至兴起,拔剑而舞相比,则少了一份快意与豪气。《破陈乐》最早是军中自创之乐,"本名《秦王破阵乐》。太宗为秦王,破刘武周,军中相与作《秦王破阵乐》曲。及即位,宴会必奏之。"②并让吕才协音律,李百药、虞世南、褚亮、魏徵等制歌词,以歌唱之。贞观七年(633),太宗又把它改编成舞蹈,"制《破阵舞图》:左圆右方,先偏后伍,鱼丽鹅贯,箕张翼舒,交错屈伸,首尾回互,以象战阵之形。令吕才依图教乐工百二十人,被甲执戟而习之。凡为三变,每变为四阵,有来往疾徐击刺之象,以应歌节,数日而就,更名《七德》之舞。"③舞成之日,"观者皆扼腕踊跃,诸将上寿,群臣称万岁,蛮夷在庭者请相率以舞。"由此看来,这是一种观后让人十分振奋的乐舞,自是常在一些重要场合表演。高宗即位之初,不忍观之,乃不奏此乐近三十年。后来,应韦万石之请,复令奏之。"舞毕,叹曰:'不见此乐垂三十年,追思王业勤劳若此,朕安可忘武功邪!'群臣皆称万岁。"④从中,我们几乎能够想象出《破阵乐》的激烈程度,此乐舞从音乐到舞蹈都肯定很容易让人联想到战场厮杀,所以尽管高宗不喜此乐舞,但观后也不能不对父辈创业之艰辛感同身受,遂一度恢复此乐舞之表演。但武则天代唐,毁唐宗庙,《七

---

① 《通典》卷144《乐四》,第3680—3681页。
② 《新唐书》卷21《礼乐十一》,第308页。
③ 《旧唐书》卷28《音乐一》,第1046页。
④ 《新唐书》卷21《礼乐十一》,第310页。

德》《九功》之舞皆亡，唯其名存。因此，在此后的唐代饮至礼上恐怕是很难再看到《破阵乐》的身影了。实际上，除《破阵乐》外，立部伎八部乐中《安乐》和《大定乐》都与军事胜利有关，其中《安乐》是后周武帝平齐所作，而《大定乐》是太宗征高丽时所作，其时"帝将伐高丽，燕洛阳城门，观屯营教舞，按新征用武之势，名曰《一戎大定乐》，舞者百四十人，被五采甲，持槊而舞，歌者和之，曰'八弦同轨乐。'象高丽平而天下大定也。及辽东平，行军大总管李勣作《夷来宾》之曲以献"。[1] 可见，不管是《大定乐》，还是李勣所献的《夷来宾》曲，都可能在战后的饮至礼上作为宴乐表演。

李荃最后提到的"浑脱"原指北方民族中流行的以整张动物皮制成的革囊或皮袋，后指从唐代开始用小动物的整张皮革制成的囊形帽子，如唐初"太尉长孙无忌以乌羊毛为浑脱毡帽，人多效之，谓之'赵公浑脱'"。[2] 李荃在这里指提到的"浑脱"则指的是一种与战争有关的舞蹈《浑脱舞》。此舞起于北周，由龟兹传入中原。唐代武后、中宗时为最盛行、不但都市相率为之，宫廷中亦舞《浑脱》。史载中宗景龙年间，宴请近臣，众臣纷纷自献歌舞，时"工部尚书张锡为《谈容娘舞》，将作大匠宗晋卿为《浑脱舞》，左卫将军张洽为《黄麞舞》，给事中李行言歌《贺车西河曲》，……而（郭）山恽奏：'我所习，惟知诵诗。'乃诵《鹿鸣》《蟋蟀》二篇，未毕，中书令李峤以其近规讽，止之。帝嘉其直，下诏褒咨，赐服一称"。[3] 可见，山恽不是不会歌舞，而是认为这些乐舞皆不符合礼制要求，

---

[1] 《新唐书》卷21《礼乐十一》，第311页。
[2] 《新唐书》卷34《五行一》，第581页。
[3] 《新唐书》卷109《郭山恽传》，第3277页。

才故意以《诗经》相规讽的。那么，山恽为什么认为《浑脱舞》不合礼制呢？据宋人陈旸《乐书》记载：

> 唐天后末年，剑器入浑脱，始为犯声，剑器宫调，浑脱角调，以臣犯君，不可以训，非中正之雅也。中宗将作大匠宗晋卿舞浑脱，君子鄙之。神龙初，吕元泰尝谏曰："比见都市坊邑相率为浑脱，骏马胡服名为苏莫遮。旗鼓相当，军阵之势也，腾逐喧噪，战争之象也，胡服相欢，非雅乐也，浑脱为号，非美名也。"其后睿宗入靖内难，韦族诛废，此其应也。①

从中可见，从武则天时期开始，《浑脱》和《剑器》二乐舞已经交糅在一起，故李白《草书歌行》中称赞怀素和尚草书了得时，就用了"古来万事贵天生，何必要公孙大娘浑脱舞"②之句，意思是怀素对草书的领悟源自其天生的才能，根本无非像张旭一样，需要通过观看公孙大娘的"浑脱剑舞"才能有所启发。故当时军中有舞浑脱舞的习俗是可以理解的。更何况从吕元泰之言中，我们也可以看到，当浑脱舞作群舞时有"军阵之势""战争之象"，所以在庆功宴上若是群舞此舞，也是颇为壮观而切题的。山恽、吕元泰之流之所以反对此舞，不是反对在军中舞此舞，而是反对天子喜爱此舞，道理很简单，因为此乃胡舞，非宫廷雅正之乐也。

三是宴会上的娱乐性游戏活动，如角抵、投石、拔拒、蹙鞠等。角抵是从先秦以来就十分流行的一种两人角力游戏。《礼记·月令》

---

① （宋）陈旸.《乐书》卷184《俗部·舞》，光绪丙子刊印版；钦定四库全书版。

② 《全唐诗》卷167李白《草书歌行》，第1731页。

中说:"孟冬之月……天子乃命将讲武,习射御,角力。"可见在先秦时期,角力是冬季讲武练兵的一项训练内容。至秦汉时,它逐渐演变为一种带有表演成分的娱乐性游戏活动。到唐代,这种两人角力的游戏已经盛及朝野,并且演变出"角抵戏"和"角力戏"两种相近而又不同的游戏形式。据宋人陈旸的记载,角抵戏:"角者,角其伎也,两两相当,角及伎艺射御也,盖杂伎之摠称云。或曰蚩尤氏头有角,与黄帝斗,以角抵人,今冀州有乐名蚩尤戏,其民两两载牛角而相抵,汉造此戏,岂其遗象邪?"由于表演"角抵戏"时一般要先化妆,所以其表演性较浓,也主要流行于民间。而"角力戏,壮士裸裎相搏,而角胜负,每群戏既毕,左右军雷大鼓而引之,岂亦古者习武之变欤?"①可见,"角力戏"的竞技性更重,在军中流行的当主要是这种形式。但不管是角抵戏,还是角力戏,当时都深受唐人的喜爱,经常出现在皇廷、官府、军队和民间集会等场合中,唐代的许多皇帝都是此类游戏的爱好者。如元和十五年(820)正月,宪宗崩,二月,刚刚即位的穆宗就"幸左神策军观角抵及杂戏,日昃而罢"。②故在庆功宴上的娱乐性游戏也是以角抵为主的。

与角抵一样,投石、拔拒最初也是古代军中的训练项目,战国时期,秦将王翦率兵六十万击楚,却坚守不战,"久之,王翦使人问军中戏乎?对曰:'方投石、超距。'于是王翦曰:'士卒可用矣。'"③可见,投石即投掷石块的习武活动,类似于今天军队中的投弹训练。而关于"拔拒",有人认为是一种跨越障碍训练,也有人提出是比腕力的游戏,但笔者认为两者皆不是,因为唐玄宗曾经御制《观拔

---

① 《乐书》卷186《俗部·杂乐》。
② 《旧唐书》卷16《穆宗本纪》,第476页。
③ 《通典》卷155《兵八》,第3970页。

河俗戏》一诗，在序文中，他提到："俗传此戏必致年丰，故命北军以求岁稔。"其诗曰："壮徒恒贾勇，拔拒抵长河。欲练英雄志，须明胜负多。噪齐山岌嶪，气作水腾波。预期年岁稔，先此乐时和。"①可见，唐代"拔拒"当是今天在军中仍然十分流行的拔河游戏，而且在当时它还是一种乞求年丰的仪式，故在民间，此戏也十分盛行。

蹵鞠，即"蹴鞠"，本身也是始于军中，"踢鞠之戏，盖古兵势也。汉兵家有蹵鞠二十五篇，李尤鞠室铭曰：负鞠方墙，放象阴阳，法月冲对，二六相当。霍去病在塞外穿域踢鞠，亦其事也。蹵球盖始于唐，植两修竹，高数丈，络网于上为门以度球。球工分左右朋，以角胜否，岂亦蹵鞠之变欤。"②可见，这些在唐代十分流行的娱乐性游戏最早都与军事训练有关，故在庆功宴上用它们来活跃气氛是完全可以理解的。

（三）宴会饮食

既然是庆功宴，那么宴会上的饮食到底有哪些呢？关于这一点，我们可以参考李荃在《太白阴经》中，以一军12500人的标准，记载的唐代出师宴情况：

酒，一人二升，二百五十石。

羊，一口分为二十节，六百二十五口。

牛肉代羊肉，一人二斤，二万五千斤。

白米，一人五合，六十二石五斗。

薄饼，一人两个，二万五千个。每一斗面作二十个，计面一百二十五石。

---

① （唐）张说.《张燕公集》卷2《杂诗》，上海：上海古籍出版社，第8页。
② 《乐书》卷186《俗部·杂乐》。

馒头，一人一枚，一万二千五百枚。一斗面作三十枚，用面四十一石六斗七升。

蒸饼，一人一枚，一万二千五百枚。一斗面作一百枚。

散子，一人一枚，一万二千五百枚。一斗面作三十枚，面二十五石。每面一斗，使油二十二斤。

䭔䭑，一人一枚，一万二千五百枚。一斗面作八十个，面一十五石六斗二升五合。

饘羹，一人三合。糯米三十七石五斗。

菜，一人五两，二千九百五十斤〇四两。（此数不符，当云三千九百斤〇一两）

羊头蹄，六百二十五具，充羹。

酱羊猪肝，六百二十五具，并四等充羹。

盐，三人一合，四石一斗六升。

酱，一人半合，六石二斗五升。

醋，一人一合，一十二石五斗。

椒，五人一合，二石五斗。

姜，一人一两，七十八斤零二两。

葱，三人一两，二百九十六斤〇六两。（此数不符，当云二百六十斤。）①

李荃在书中提到的宴会饮食物品共有十九种之多，可以分为酒、肉、主食、小吃、菜和作料等六大类。如果我们对每个士兵的酒、肉、主食等份额进行分析，就可以发现唐代的军宴还是很阔绰的。

---

① 《太白阴经》卷5《预备·宴设音乐篇》，引自《中国兵书集成》（第2册），第562-563页。

当然，在对这一系列数据进行分析之前，我们必须首先对唐代度量衡的情况稍做了解。根据《唐会要》的记载：

开元九年敕格：……诸量，以秬黍中者容一千二百粒为龠，十龠为合，十合为升，十升为斗，三斗为大斗，十斗为斛。诸权衡，以秬黍中者百黍之重为铢，二十四铢为两，三两为大两，十六两为斤。[1]

通过这段记载，我们知道唐代的体积单位主要包括龠、合、升、斗、斛，它们之间的大致换算关系为：1斛＝10斗＝100升＝1000合＝10000龠。重量单位则有铢、两、大两、斤，其换算关系为：1斤＝16两＝384铢。所谓大者，是以3为倍数，即3尺为一大尺，3斗为一大斗，3两为一大两。

下面，我们就来看看在唐代的庆功宴上，一个士兵可以得到的酒肉、主食等的份额是多少。首先，酒是一人二升，按唐制，十升为一斗，故二升即0.2斗，又一斗等于3.25斤，故每个士兵能获得的酒赐为唐制的0.65斤，合10.4两，相当于今天的一斤左右。肉类主要有牛肉、羊肉，其中牛肉每人二斤，约相当于今天的三斤多。一口羊分成二十节，每人一节。成年羊的体重一般在100–150斤之间，按一口羊125斤计算，一人可分得羊6.25斤。主食主要是米饭、薄饼、馒头一类。其中白米是一人五合，即0.05斗，合2.6两，大致与今天一个成年人一顿的饭量相当。但是若再加上"薄饼，一人两个"，"馒头，一人一枚"，其量还是很可观的。因为根据李荃的记载，一斗面做薄饼可做20个，若做馒头则为30个，蒸饼100

---

[1] 《唐会要》卷66《太府寺》，第1154页。

个,散子30个,餶䭔80个,可见薄饼不"薄"。一个薄饼相当于0.05斗,即五合,2.6两。而一个馒头重0.033斗,相当于1.73两。更何况馒头是一人一枚,而薄饼还是一人两个,这样算起来,一个人光主食就有9.53两,接近现在的1斤了。

再下来,还有蒸饼、散子、餶䭔等各种小吃点心。蒸饼是与饼、胡饼、汤饼并列的一种小吃,据《事物纪原》记载:"蒸饼,秦汉逮今世所食。初有饼、胡饼、蒸饼、汤饼之四品,惟蒸饼至晋,何曾所食非作十字拆,则不下箸,方一见于此,以是推之,当出自汉魏以来也。"[1]何曾所食的这种蒸出十字裂纹的蒸饼,实际上是经过发酵后,蒸出来很酥软适口的"开花馒头"。十六国后赵石虎"好食蒸饼,常以乾枣胡桃瓤为心蒸之,使坼裂方食"[2]这种夹入果肉的蒸饼,实际上已是"包子"的雏形。"散子"即"馓子",是一种以面搓条成束而扭成环状的油炸面食品,干吃的时候脆香可口,泡了糖茶后,即"馓子茶",口感绵软。在唐宋的茶肆里,馓子茶是十分常见的一种小吃,如据宋人吴自牧《梦粱录》记载,在杭州茶肆中"冬月添卖七宝擂茶馓子葱茶,或卖盐豉汤"[3]。不仅在茶肆中十分常见,而且"馓子茶"还是深受当地人喜爱的夜宵和早点,"冬月虽大雨雪,亦有夜市盘,卖至三更后,方有提瓶卖茶。冬间担架子卖茶馓子慈茶始过。盖都人公私营干,深夜方归故也","早间卖煎二陈汤饭了,提瓶点茶,饭前有卖馓子、小蒸糕。"[4]而"餶䭔"则是由西域传入的一种包有馅的面制点心。据《酉阳杂俎续集》

---

[1] 《事物纪原》卷9《农业陶渔部四十五》,第471页。
[2] 《太平御览》卷860《饮食部十八》,第3819页。
[3] (宋)吴自牧.《梦粱录》卷16《茶肆》,王云五主编《丛书集成初编》,上海:商务印书馆,民国二十八年,第139页。
[4] 《梦粱录》卷13《夜市》《诸色杂卖》,第115-117页。

卷1记载："明经因访邻房乡曲五六人，……邀入长兴里饆饠店常所过处，……与客食饆饠计二斤。"可见唐代长安城的长兴里就开有专门的饆饠店，是人们招待客人时喜欢选择的交际场所之一。当时比较高档的饆饠有蟹黄饆饠、樱桃饆饠、天花饆饠等[①]。《太平广记》卷234"御厨"条引《卢氏杂说》记："翰林学士每遇赐食，有物若毕罗，形粗大，滋味香美，呼为诸王从事。"可见，饆饠也是皇家赐食的常见食品。在唐代的军宴上，每个士兵都可以得到蒸饼一枚，散子一枚，饆饠一枚，此外还有用糯米制作的餻羹，一人三合，四项加起来也接近今天的半斤了。

接下来，在李荃的记载中还有菜和汤，其中菜是一人五两，汤有羊头蹄、酱羊猪肝四汤等。此外，还有各种常见的作料，如盐、酱、醋、花椒、姜、葱等。可见，唐代军宴的食品实在很丰富，由于面向全军开宴，故大飨三军还真是一笔不小的开支。为此，不可能每次获胜就大开饮至宴，也只可能是最重大的胜利才行之而已。大多数时候，军队获胜凯旋，天子还是以宴请军队高级将领为主。如唐高宗时，裴行俭计取西突厥阿史那都支等部后，"帝亲劳宴，……即拜礼部尚书兼检校右卫大将军。"[②]唐玄宗开元十六年（728），河西、陇右节度王君㚟因大破吐蕃，"上又尝于广达楼引君㚟及妻夏氏设宴，赐以金帛。夏氏亦有战功，故特赏之，封为武威郡夫人。"[③]

---

① （唐）刘恂《岭表录异》卷下："赤母蟹，壳内黄赤膏如鸡鸭子共同，肉白如豕膏，实其壳中。淋以五味，蒙以细面，为蟹黄饆饠，珍美可尚。"（宋）高似孙《蟹略》卷3也记："蟹饆饠：岭表録异云，以蟹黄淋以五味，蒙以细面，为饆饠，珍美可尚。"（唐）段成式《酉阳杂俎》卷7《酒食》："韩约能作樱桃饆饠，其色不变。"
② 《新唐书》卷108《裴行俭传》，第3263页。
③ 《旧唐书》卷103《王君㚟传》，第3191页。

这类的宴请虽也与凯旋庆功有关，但就不属于饮至的范畴了。

另外，从统计的份额来看，这些饮食加起来已经远远超过了一个成年人一顿饭的正常食量，故笔者认为这些饮食很可能除了在宴会当天食用外，也是一种可以允许士兵带走的赐食。

三、策勋与赏赐

"师还而论功者，所以赏用命，示激劝也。"[1] 故历代皆十分重视凯旋后的论功行赏一节。因此，在庆功宴上，赐宴还仅仅是一个方面，更重要、也最让将士们期待的当属赏赐和策勋了，否则就只能叫"大飨军"。比如贞观十九年（645），唐太宗率军征辽时，在正式出兵前，"四月癸卯，誓师于幽州，大飨军。"九月班师，十一月车驾至幽州，"十一月癸酉，大飨军于幽州。"[2]

事实上，在周礼中，天子赏赐与策勋还有十分正式盛大的礼仪。如据《左传·僖公二十八年》记载：城濮之战后，晋侯"献楚俘于王，驷介百乘，徒兵千。郑伯傅王，用平礼也。己酉，王享醴，命晋侯宥。王命尹氏及王子虎、内史叔兴父策命晋侯为侯伯，赐之大辂之服，戎辂之服，彤弓一，彤矢百，玈弓矢千，秬鬯一卣，虎贲三百人。曰：'王谓叔父，敬服王命，以绥四国，纠逖王慝。'晋侯三辞，从命曰：'重耳敢再拜稽首，奉扬天子之丕显休命。'受策以出，出入三觐"。[3] 借助左氏之笔，我们今天才可以了解到当时周天子为晋文公举行的策勋仪式和赏赐内容。周天子"以策书命晋侯为伯也。……尹氏、

---

① 《大明集礼》卷34《军礼二·遣将篇》。
② 《新唐书》卷2《太宗本纪》，第28页。
③ 李梦生.《左传译注》，上海：上海古籍出版社1998年，第304页。

王子虎，皆王卿士也。叔兴父，大夫也。三官命之以宠晋"。①策命后就是各种各样的赏赐。策赏完毕后，天子有一番勉励之辞，晋侯三辞而后从命。"出入，犹去来也。从来至去，凡三见王。"②后世策勋和赏赐虽然在仪式上大为简化，但同样是庆功宴上必不可少的内容。

从广义上讲，赏赐和策勋可以笼统的被视为是皇帝对将士们的一种嘉赏，但为了便于说明当时战功赏赐的情况，笔者还是决定把两者单独罗列以研究之。

（一）策勋

《周礼·夏官·司勋》记："司勋掌六乡赏地之法，以等其功。王功曰勋，国功曰功，民功曰庸，事功曰劳，治功曰力，战功曰多。凡有功者，铭书于王之大常，祭于大烝，司勋诏之。大功，司勋藏其贰。"郑玄注："贰犹副也。功书藏于天府，又副于此者，以其主赏。"③可见，周代记功的方式有两种，一是记于王之大常旗上，二是若大功则记在一式两份的专用"功书"上，其中一份藏于"天府"，另一份则在庆功宴上作用赏赐的凭证。"功书"即记录功勋的策书。《周礼·春官·内史》曰："凡命诸侯及孤卿大夫，则策命之。"④可见"策"是周天子大封诸侯及孤卿大夫的一种正式公文。比如我们在上文中已经提到的在晋文公向周天子献俘后，周天子就是用策书策命其为侯伯的。由于大战之后，天子都会大封功臣，因

---

① 左丘明传，杜预注.《春秋左传集解》第七《僖公下》，上海：上海人民出版社 1977 年，第 384 页。
② 左丘明传，杜预注.《春秋左传集解》第七《僖公下》，上海：上海人民出版社 1977 年，第 384 页。
③ 《周礼注疏》卷 30，第 787—789 页。
④ 《周礼注疏》卷 26，第 710 页。

此策书逐渐被广泛运用于记录战功。如《左传·桓公二年》记："凡公行，告于宗庙；反行，饮至、舍爵、策勋焉，礼也。"[1]杜预注："既饮置爵，则书勋劳于策，言速纪有功也。"《后汉书·光武帝纪下》亦记："夏四月，大司马吴汉自蜀还京师，于是大飨将士，班劳策勋。"唐李贤注曰："其有功者，以策书纪其勋也。"南北朝时，北齐大军"振旅而还，格庙诣社讫，择日行饮至礼，文物充庭，有司执简，纪年号月朔，陈六师凯入格庙之事，饮至策勋之美，因述其功，不替赏典焉。"[2]其"饮至策勋之美"在著名北朝民歌《木兰辞》中被诗人凝练成了四句诗歌："归来见天子，天子坐明堂。策勋十二转，赏赐百千强。"

那么，策书到底为何物呢？在明人顾起元所撰《说略》卷13《典述中》对策书的形制和演变有详细记载：

按《汉书》，天子所下之书有四：一曰策书，注曰：策者，编简也，其制长二尺，短者半之。篆书起维年月日，以命诸侯王公。若三公以罪免，亦赐策，则用一尺木而隶书之。又按唐《百官志》曰：王言有七，一曰册书，立皇后、皇太子、封诸王则用之。说文云：册者，符命也。诸侯进受于王象，其札一长一短，中有二编之形，当作册。古文作筴，盖策册二字通用。至唐宋后不用竹简，以金玉为册，故专谓之册也。

可见，汉代任免诸侯王公都以策书的形式进行，只不过形制有所不同而已。至唐宋，策、册通用，故策书即册书，其材质也由

---

[1] 《左传译注》，第53页。
[2] 《隋书》卷8《礼仪三》，第110页。

竹变成了金玉。"策勋"一词与"饮至"一样,成为记录战功,授予官爵的代名词,而不再拘泥于是否真的用策这种文书来录功授官。

1. 勋官

众所周知,隋唐官员的序列可以分为职事官、散官、勋官三类。其中职事官就是有具体职务的官员,其官职代表一个官员真正的职务和权责。散官是有职级无职务的一类官员序列,官员的品级高低即"散阶",决定官员的地位和报酬。勋官则是授给有功人员的一种荣誉称号,有对应的品级,但与散官一样无具体职掌。一个官可以同时拥有以上三种不同身份,如果再加上被授予的爵位和使职,那么一个官员的头衔就基本齐全了。

勋官之制最初是作为酬赏军功的一种制度,起于北朝,史载:

勋官者,出于周、齐交战之际。本以酬战士,其后渐及朝流。阶爵之外,更为节级。……武德初,杂用隋制,至七年颁令,定用上柱国、柱国、上大将军、大将军、上轻车都尉、轻车都尉、上骑都尉、骑都尉、骁骑尉、飞骑尉、云骑尉、武骑尉,凡十二等,起正二品,至从七品。贞观十一年,改上大将军为上护军,大将军为护军,自外不改,行之至今。[①]

隋唐勋官一览表[②]

品级	隋代勋官	隋末唐初勋官	唐代勋官
正二品	上柱国	光禄大夫	上柱国
从二品	柱国	左光禄大夫	柱国

---

① 《旧唐书》卷42《职官一》,第1807页。
② 《旧唐书》卷42《职官一》;《新唐书》卷46《百官一》;《唐会要》卷81《勋》。

续表

品级	隋代勋官	隋末唐初勋官	唐代勋官
正三品	上大将军	右光禄大夫	上护军
从三品	大将军	金紫光禄大夫	护军
正四品	上开府仪同三司	银青光禄大夫	上轻车都尉
从四品	开府仪同三司	正议大夫	轻车都尉
正五品	上仪同三司	通议大夫	上骑都尉
从五品	仪同三司	朝请大夫	骑都尉
正六品	大都督	朝散大夫	骁骑尉
从六品	帅都督	建节奋武尉	飞骑尉
正七品	都督	宣惠尉	云骑尉
从七品		绥德尉	武骑尉
正八品		怀仁尉	
从八品		守义尉	
正九品		奉诚尉	
从九品		立信尉	

虽然后来勋官也授予一些有重大功绩的文官，但奖励军功仍然是其最主要的功能特点。由于勋官有品级无职掌，所以没有取得散阶的勋官，其身份仅仅比平民略高一点。但勋官与平民不同之处在于：一是唐代规定，"凡官人及勋，授永业田。"[①] 也就是说，勋官因为是官，所以也可以得到国家授给的一定数量的永业田，永业田可以传给予孙，世代享有，是官员的私田。二是勋官的授任与当事人的地位无关，所谓"有战功者，各随高下以授"。[②] 一个普通士卒只要立下大功就可以获勋，虽然勋官只有品级没有具体的官职，但却可以通过向吏部请求参与文武职事官的叙官，而正式踏入仕途，

---

① 《旧唐书》卷43《职官二》，第1826页。
② 《唐会要》卷81《勋》，第1491页。

只是在叙官时必须降阶叙任。据《唐会要》记载:"有以勋庸,谓上柱国正六品上叙,柱国已下递减一等。"①《新唐书》也记:"凡勋官选者,上柱国正六品上叙;六品而下,递降一阶,骁骑尉、武骑尉,从九品上叙。"②即最高一级的勋官——上柱国(正二品勋官)可以叙任正六品上阶的官职,其下依次递减。骁骑尉(视正六品勋官)以下至最低一级的武骑尉(视从七品),皆从从九品上开始叙官。可见,尽管勋官只能充任低级胥吏,如唐制勋官五品以上者,可以任州镇仓督、州县市令、录事等,六品以下可充任里正,但对于平民而言,也不失为入仕的一种方法。三是其子弟有门荫入仕的资格,虽然在入仕时的官阶仅为最低的从九品。正因为如此,对于平民而言,通过军功得授勋官,在隋唐时期,尤其是唐中期之前,还是一个不错的选择。

在《吐鲁番出土文书》(贰)阿斯塔那二四号墓文书中有《唐贞观二十年(646)赵义深自洛州致西州阿婆家书》(64 TAM 24:27(b))③

1. ▢▢▢ 言疏．违离累载．思慕无宁．奉▢▢▢▢▢▢
2. ▢▢▢▢▢▢ 不审　阿婆．南平．阿祝．祝母．大兄等尊体起居
3. ▢▢▢▢▢▢ 常．即日居(子)等蒙恩且度朝夕．在此亲眷皆悉
4. ▢▢▢ 知大兄得勋官云骑尉．居子等喜悦不可言．

---

① 《唐会要》卷81《阶》,第1493页。
② 《新唐书》卷45《选举志下》,第770页。
③ 唐长孺．《吐鲁番出土文书》(贰),北京:文物出版社,1994年,第172页。

后复重蒙

（后略）

可知，在贞观年间，普通平民能得到一个视正七品的云骑尉就是全家的莫大荣耀了，而云骑尉在整个勋官序列中仅仅比武骑尉高一点，排倒数第二，可见当时的勋官还是很受时人尊敬和羡慕的。

但是唐高宗、武则天以后，勋官授任渐至泛滥，所谓"授勋者动盈万计"，因此勋官的地位一落千丈，不仅"每年纳课，亦分番于兵部及本郡，"而且"又分支诸曹，身应役使，有类僮仆，据令乃与公卿齐班，论实在于胥吏之下。盖以其猥多，又出自兵卒，所以然也。"① 勋官的吸引力也就荡然无存了。

当然，对于将领和其他参战的官员而言，他们对于赐勋的兴趣就不太大了，对他们而言比起赐勋，更关注的还是提升其散阶，改授职事，或封爵。按《唐会要》的记载，唐制"三品以上赐爵。三品为银青光禄大夫、云麾将军已上，若职事官虽是三品，散官四品以下，并不得叙爵。但有三品以上散官，虽四品职事官，并合叙爵"。② 可见，封爵与否与官员的散阶高低有关，只有散阶在三品以上的官员才能有此殊荣。换而言之，爵位并非每个人能得到的赏赐，即使那些职务在三品以上，但散阶在四品以下的官都没有封爵的资格，何况普通士卒和中下级军官了。

2. 勋官的授任

隋唐时期，对军功的叙录一般是在战争结束后派专人至军中进行。比如开元二年（714），薛讷等人大败吐蕃后，玄宗有感"比

---

① 《旧唐书》卷42《职官一》，第1808页。
② 《唐会要》卷81《阶》，第1497页。

来酬叙,多历岁年,命赏逾时,有乖劝善。已令紫微舍人倪若水就军叙录,即有处分"。① 这就是派专人至军中叙录军功。

节度使制逐渐推行后,唐玄宗开始放手让节度使、刺史在军中自行组织叙录,再以奏状方式上奏吏部。比如开元十七年(729)三月,瓜州都督张守珪,沙州刺史贾思顺合击吐蕃大同军,大破之。"帝降书谓守珪曰:……守珪及思顺并宜赐紫,其立功人叙录具状奏闻,必须据实,勿使逾滥。今内出绯紫袍,卿等领取量功分赏。"② 但这种方式存在极大的弊端,那就是将领们往往为了获得更多赏赐或笼络军心而谎报、虚报战功。故玄宗曾专门下《禁战功虚冒诏》。在诏书中,玄宗一开始就强调了战功叙录中的忠信二字,所谓"为君者以信御下,为臣者以忠奉上,信不可失,忠不可亏"。为君者信,为臣者忠,一方面,玄宗认为自己已经做到了完全信任将领,"往前立功,皆令简覆,至于叙录,亦委别人。朕以将者国之腹心,朝之方岳,舍此不任,谁则竭诚?所以每一立功,咸委录叙,推心之道,斯亦极矣。"但另一方面,将领们却未尽个个尽忠守信,导致"近来诸军,滋弊尤甚,乃至奏蕃中事意,爰及破敌录功,触类凭虚,皆非摭实。或久在行阵,反被弃遗;或不践军戎,虚霑爵赏。银章紫绶,无汗马之劳;厚录崇班,皆亲援而致"。最后,玄宗表示"已往之过,朕亦不言,将来自新,必期革弊",并规定:"自今以后,朝要并监军中使子弟,一切不得将行。先在军者,亦即勒还。破敌叙功,事归案实。且虚妄事君,靦冒行惠,不惧于法,不畏于神,凡在庶僚,亦宜自戒。宣示中外,令知此怀。"③ 可见,

---

① 《全唐文》卷26,玄宗《叙录薛讷等征吐蕃功诏》,第300页。
② 《册府元龟》卷128《帝王部·明赏第二》。
③ 《全唐文》卷33,玄宗《禁战功虚冒诏》,第367页。

在虚冒战功的原因中,除了将领徇私以外,还存在高官子弟利用上战场镀金的方式,为自己踏入仕途,捞取军功资本的因素。玄宗虽然已经发现了这种叙录方式的弊端,但除了发布诏书告诫将领们要严格自律外,也唯有加强对军功的审核监察工作了。

唐制,叙录军功的奏状上行至中央后,要由吏部司勋郎中负责审核,"司勋郎中一人,员外郎二人,掌官吏勋级。凡以功授者,覆实然后奏拟,战功则计杀获之数。"①"如勘覆诣实,当有处分。"② 同时,在审核过程中,御史台下设的监察御史也要参与其中,"凡将帅战伐,大克杀获,数其俘馘,审其功赏,辨其真伪。"③ 但唐玄宗开元中期后,节度使制度的形成,职业军人的出现,导致唐的边境战争数量日益增多,如安禄山之流为了收揽人心,一次上报奏功的将领就多达几百人,如天宝十三年(754),安禄山一次上奏"除将军者五百余人,中郎将者二千余人"。④ 如此庞大的审核数量,单凭一个司勋郎中,两个司勋员外郎,再加上几个监察御史根本是不可能仔细核查,所以虚报之风屡禁不止,到唐中后期愈演愈烈。

通过审核之后的军功,上奏天子,经天子认可后,与其他序列官员的任命一样是以告身的方式下发给每个受勋者。如开元二十年(732)唐玄宗就曾下令对"诸道健儿,别勅行人,各赐勋一转,仍令所司速勘会,亲官奏写告身,送付诸道行人"。⑤ 天宝十三年,安禄山一次要求除将军五百余人时,也上奏"臣所部将士讨奚、契丹、九姓、同罗等,勋效甚多,乞不拘常格,超资加赏,仍好写告

---

① 《新唐书》卷46《百官一》,第782页。
② 《唐大诏令集》卷70《宝历元年正月南郊赦》,第393-396页。
③ 《唐六典》卷13《御史台》,第382页。
④ 《资治通鉴》卷217,玄宗天宝十三年二月条。
⑤ 《唐大诏令集》卷66《后土赦书》,第373-374页。

身付臣军授之"。① 这种告身由吏部加盖"尚书吏部告身之印",负责授与勋官告身的则是兵部。

比如在《吐鲁番出土文书》(三)阿斯塔那三四六号墓文书中就保留了一件勋告文书实物——《唐乾封二年(公元六六七年)郭毛白醜勋告》(65TAM346：1之一)②

1. 诸道杂勋
2. 风日海道：少泽阵．缅岭阵．东熊陆岭阵并第一勋，
3. 各加三转，总九转。
4. 西州募人郭毛白醜
5. 右可护军
6. 东台：右威卫渭源府果毅都尉
7. 朱小安等，并志怀壮果，业苞戎艺。
8. 或北折淳维，或南枭征侧，功勋久
9. 着，赏册宜隆，可依前件，主者施
10. 行。
11. 乾封二年二月廿二日
12. 兼右相检校太子左中护上柱国乐成县开男臣刘仁轨宣
13. 西台侍郎道国公臣戴至德奉

乾封元年(666)七月，刘仁轨封乐城县男，出任右相，主持政事。这道封一个兵募的勋告以他的名义签署，由西台(中书省)侍郎戴

---

① 《资治通鉴》卷217，玄宗天宝十三年二月条。
② 唐长孺．《吐鲁番出土文书》(叁)，北京：文物出版社，1996年，第260页。

至德拟制颁发,可见其隆重之义。此外,同书阿斯塔那100号墓文书中也出土了两件勋官的等身,分别为《唐永淳元年(682)氾德达飞骑尉告身》(68 TAM 100:5)和《武周延载》元年(694)氾德达轻车都尉告身》(68 TAM 100:1)①,也是由宰相豆卢钦望签署,足证勋官在当时是一个很体面的荣誉。

安史之乱后,国库积蓄全无,将士有功,朝廷无法赏给钱财,只好以勋官赏功。中使出使或诸将出征时都给以空白告身,他们可随时填写发放。如宪宗元和十一年(816)十月"辛巳,命内常侍梁守监淮西行营诸军。仍以空名告身五百通及金帛付之"。②这些空白告身主要授予的就是勋官品级,而散官、职事官和爵位还不能由他们随意授予,勋官之滥可见一斑。

3. 勋官等级判定

武德元年(618)二月唐军攻占长安后,唐高祖"论功行赏,其登京城第一勋,授光禄大夫、开国郡公、物一千段。虽第一勋而身死者,亦准此,其官回授子弟,宅奴婢仍并量给。第二勋人各授三转,物二百段。第三勋人从朝散加"。③很显然,不同勋级之间所获赏赐差别极大,因此如何判定将士们所获勋官等级就至关重要。

按《新唐书》的记载:

凡十有二转为上柱国,视正二品;十有一转为柱国,视从二品;十转为上护军,视正三品;九转为护军,视从三品;八转为上轻车都尉,视正四品;七转为轻车都尉,视从四品;六转为上骑都尉,

---

① 唐长孺.《吐鲁番出土文书》(叁),北京:文物出版社,1996年,第405—406页。
② 《旧唐书》卷15《宪宗下》,第457页。
③ 《册府元龟》卷128《帝王部·明赏第二》。

视正五品；五转为骑都尉，视从五品；四转为骁骑尉，视正六品；三转为飞骑尉，视从六品；二转为云骑尉，视正七品；一转为武骑尉，视从七品。

所谓"转"是授予勋官时用来衡量功绩的单位。勋官品级越高，需要的转数就越多。如果所有的勋转加起来超过了上柱国所需的十二转，那么"勋至上柱国有余，则授周以上亲，无者赐物"。[①]

唐代勋官转数一览表

品级	勋号	转
视正二品	上柱国	十二转
视从二品	柱国	十一转
视正三品	上护军	十转
视从三品	护军	九转
视正四品	上轻车都尉	八转
视从四品	轻车都尉	七转
视正五品	上骑都尉	六转
视从五品	骑都尉	五转
视正六品	骁骑尉	四转
视从六品	飞骑尉	三转
视正七品	云骑尉	二转
视从七品	武骑尉	一转

那么将士的战功是如何核定为这些转数的呢？据《唐六典》记载：

若牢城苦战第一等，酬勋三转，第二、第三等差减一转。凡破城、阵，以少击多为"上阵"，数略相当为"中阵"，以多击少为"下阵"，

---

① 《新唐书》卷46《百官一》，第783页。

转倍以上为"多少"。常据贼数以十分率之,杀获四分已上为"上获",二分已上为"中获",一分已上为"下获"。凡上阵上获第一等酬勋五转,上阵中获、中阵上获第一等酬勋四转,上阵下获、中阵中获、下阵上获第一等酬勋三转;其第二、第三等各递降一转。中阵下获、下阵中获第一等酬勋两转,第二、第三等并下阵下获各酬勋一转。其虽破城、阵,杀获不成分者,三等阵各酬勋一转。①

根据这段文献,笔者将唐代军功核定的标准设置为下表:

唐代军功标准一览表

杀获		等级	获勋转数
上阵	上获	第一等	五转
		第二等	四转
		第三等	三转
	中获	第一等	四转
		第二等	三转
		第三等	二转
	下获	第一等	三转
		第二等	二转
		第三等	一转
	不成分者		一转
中阵	上获	第一等	四转
		第二等	三转
		第三等	二转

---

① 《唐六典》卷5《尚书兵部》,第160页。

续表

	杀获	等级	获勋转数
中阵	中获	第一等	三转
		第二等	二转
		第三等	一转
	下获	第一等	二转
		第二等	一转
		第三等	一转
	不成分者		一转
下阵	上获	第一等	三转
		第二等	二转
		第三等	一转
	中获	第一等	二转
		第二等	一转
		第三等	一转
	下获		一转
	不成分者		一转

比如上文引用的《唐乾封二年（667）郭毛白醜勋告》（65TAM346∶1之一）中，提到西州募人郭毛白醜就因为"少泽阵、缅岭阵、东熊陆岭阵并第一勋"，故"各加三转，总九转"。因此得以从一个兵募得封从三品的勋官护军。

但需要注意的是有两类专门针对先锋设立的特殊军功不在此限，这就是"跳荡"和"降功"。"凡临阵对寇，矢石未交，先锋挺入，贼徒因而破者为跳荡；其次先锋受降者为降功。"[1] 唐武宗时，李德裕曾上《请准兵部依开元二年军功格置跳荡及第一第二功状》[2]，据此可知"跳荡"这种殊功始设于玄宗开元二年（714）。在此状中，

---

[1] 《唐六典》卷5《尚书兵部》，第160-161页。
[2] 《全唐文》卷702，第7206页。

李德裕对比了开元格与武宗朝赏功的一些区别。开元格"酬跳荡功，止于武官及勋"。跳荡功"破贼阵不满万人，所叙不得过十人；若万人以上，每一千人听加一人。其先锋第一功，所叙不得过二十人，第二功所叙不得过四十人"。招降者，若"招得一万人已上，其头首一人准跳荡功例；一千人已上，准第一等例；贼数不满千人，量差等处分"。但是到唐武宗时期，开元格已经有些不合时宜了。

首先，武宗时期，不论是军将，官健还是白身都可以被授予"跳荡功"，立此功后，赏格过高，所谓"不问军将官健白身，便望授监察御史。如已是御史者，超两资授宪官；已至常侍、大夫者，临时别望优与处分"。若是立先锋第一功，则"有官者，便授检校将军卿监；累官至宾客者，即授御史。其第二功，无官者授（一作擢）检校少卿监及中郎将；累官至宾客者，即与御史"。针对这一点，李德裕主张恢复开元格，以遏制因军功升迁过快，奖赏过广，带来的官僚队伍极速膨胀的问题。

第二，针对开元格所定招降人数的限制，李德裕提出适当降低标准，"若依旧格，难有此例。今望招得一千人，便准跳荡例，五百人准第一等例，五百人以下节级处分。"

第三，开元格针对生擒俘虏的赏赐比较笼统，"每获一生，酬获人绢十匹。"李德裕要求进一步细分生获对象的等级差别，同时强调受功人本身的出身差别。"今请获贼都头，赏绢三百匹；获正兵马使，赏绢一百五十匹；获副兵马使、都虞侯，赏绢一百匹；都虞侯以上，仍并别酬官爵。如是官健，仍优与职名，获贼十将，赏绢七十匹；获贼副将，赏绢三十匹；获贼赤头郎及刘稹新召宅内突将，赏绢十匹；获贼长行，赏绢三匹。如是土团练乡夫之类，不在此例。"其基本原则就是俘虏的级别越高，赏赐越多；受功人的出身越高，赏赐越多。而且要求"每获生口，便望令所获人对中使点勘上历，不得令有虚妄。其赏给时，亦望令中使自对面分付"。

总之，通过以上这些文献资料，可见唐军对军功认定的标准是非常详尽而明确的。

虽然唐军对军功认定的标准是一致的，但是在酬功时，同样的军功，由于受功者职级、出身的不同，得到的酬劳却是不一样的。关于这一点在《唐六典》中的十分详尽的记载：

> 凡酬功者，见任、前资、常选为上资，文武散官、卫官、勋官五品以上为次资，五品子孙、上柱国子、勋官六品已下、诸色有番考人为下资，白丁、卫士、杂色人为无资。凡跳荡人，上资加两阶，即优与处分，应入三品、五品，不限官考；次资即优与处分；下资优与处分；无资稍优与处分。其殊功第一等，上资加一阶，优与处分，应入三品、五品，减四考；次资优与处分；下资稍优与处分；无资放选。殊功第二等，上资优与处分，次资稍优与处分，下资放选，无资常勋外加三转。殊功第三等，上资稍优与处分，次资放选，下资应简日放选，无资常勋外加两转。①

	跳荡功	殊功第一等	殊功第二等	殊功第三等
上资	加两阶，即优与处分，应入三品、五品，不限官考	加一阶，优与处分，应入三品、五品，减四考	优与处分	稍优与处分
次资	即优与处分	优与处分	稍优与处分	放选
下资	优与处分	稍优与处分	放选	应简日放选
无资	稍优与处分	放选	常勋外加三转	常勋外加两转

当然，如果是"破国王胜，事愈常格，或斩将搴旗，功效尤异，

---

① 《唐六典》卷5《尚书兵部》，第161页。

虽不合格,并委军将临时录奏"。① 也就是说,若有特别重大的军功,在酬功时,也是可以超格擢授。这方面最典型的例子莫过于唐代名将薛仁贵的传奇经历了。贞观十九年(645),唐太宗亲征辽东,薛仁贵白身从军。跟随先锋军到达安地城后,他"手斩贼将,悬其头于马鞍,贼皆慑伏,仁贵遂知名"。太宗指挥大军围攻安地城时,"仁贵自恃骁勇,欲立奇功,乃异其服色,著白衣,握戟,腰鞬张弓,大呼先入,所向无前,贼尽披靡却走。大军乘之,贼乃大溃。"光这两件军功,就够得上超格擢授了,所以此役后,他立马得到太宗召见,并"赐马两匹、绢四十匹,擢授游击将军、云泉府果毅,仍令北门长上,并赐生口十人"。② 游击将军是从五品下的武散官,云泉府果毅是武职事官,唐初军府的果毅都尉根据军府的大小,其品级从正六品下到从五品下不等,上府果毅为从五品下,中府正六品上,下府正六品下,职位都不低。薛仁贵能从白身直接被擢升到从五品下的级别,不能不说都是拜唐军这条酬功的特别制度所赐。

(二)赏赐

隋唐时期对凯旋大军的赏赐主要分为对士兵和对将领两大类。

1. 对士兵的赏赐

对士兵而言,战胜后主要得到的赏赐物有钱和实物两种。由于"北齐私铸极多,冀州之北,钱皆不行,惟用绢布"③。故在玄宗开元后期前,隋唐的战功赏赐基本是以实物,尤其是绢、帛为主,饮至之赏也不例外。如隋文帝开皇九年(589)平陈之后,四月"庚戌,帝御广阳门宴将士,自门外夹道列布帛之积,达于南郭。班赐

---

① 《唐六典》卷5《尚书兵部》,第161页。
② 《旧唐书》卷83《薛仁贵传》,第2780页。
③ 岑仲勉.《隋唐史》(下册),北京:中华书局,1980年,第402页。

各有差，凡用三百余万段"。① 此次赏赐数额之巨大，可见是面向全军的一次普赏。同时，它又是在饮至宴会上当场进行，可以想见参与宴会的将士们该是何等兴奋啊！而赏赐的布帛从位于长安城北部的广阳门一直摆到了南郭，场面之盛大不难想见。这样的饮至盛典，就算是在整个隋唐时期都甚为罕见。

此后，唐高祖、太宗、高宗、玄宗朝也举行过一些盛大的饮至礼，但文献记录大多为"赐酺""大酺"一类，那么是不是对士兵就没有其他赏赐了呢？当然不是的，事实上，唐前期延续了隋代的做法，一直有把布帛作为军赐的主要内容。如唐高祖武德二年（619）四月，"出库物一百五十万段，以分赐太原元从人。"② 唐玄宗开元三年（715）十月二十四日，大搜于凤泉汤，由于降雪，于是放归参与狩猎的士兵，并下制"其围兵并放散，各赐布二端，绵一屯"。③可见，当时军赐的实物主要是绢帛一类。而且在开元十年（722）十一月的敕书中更明确提到："边隅战士，出万死不顾一生，所赏赐纔不过一二十疋。"④ 故可知，在饮至中对士兵除了赐宴、赐物就当是赐绢帛了。

但是，我们也注意到，从玄宗朝开始，军赐中也逐渐出现了钱的身影，如开元二年（714）八月，吐蕃十万入侵，玄宗命薛讷白衣摄左羽林将军，为陇右防御使帅兵击之。又大募勇士，往河、陇等地就讷教练。玄宗不仅为这些勇士赐宴，而且"并赐钱三千贯，

---

① 《资治通鉴》卷177，隋文帝开皇九年四月条。
② 《册府元龟》卷128《帝王部·明赏第二》。
③ 《唐会要》卷28《蒐狩》，第528页。（参见《全唐文》卷21《放散围兵制》记作："其围兵并放散，各赐布一端，绵一屯，围将赐物三十段，副使二十段，押官十段。岐州兵马于此给付，馀兵马至京请受。"）
④ 《唐会要》卷90《缘封杂记》，第1644页。

可节级领取，即宜好去"。① 但是由于私铸之风难以遏制，因此，玄宗开元后期，国家又以敕令的形式强调钱和布帛均作为市面上主要流通物并行使用，如开元"二十年九月二十九日敕：绫罗绢布杂货等交易，皆合通用，如闻市肆必须见钱，深非通理。自今后，与钱货兼用，违者准法罪之。"② 因此，在此后的战功赏赐中，钱和布帛往往兼而有之。唐中后期后，一方面由于商品经济迅速发展，对钱币的需求量剧增，但另一方面由于铜贵钱贱，民间大量私贮铜器，钱币的数量却在锐减。与此同时，为了填补钱币供需的巨大缺口，在利益的驱使下，社会上更是私铸成风，导致市面上的钱币更是鱼龙混杂，钱币在人们心目中的流通价值遂大打折扣。由于以上两点原因，因此，唐中后期的军赐中又恢复到以绢帛实物为主的状况。比如，唐德宗贞元二年（786），平淮西李希烈，德宗下诏"应与淮西接界州县，本军镇守及诸道赴行营将士等，宜共赐三十万端疋，以充赏设。"③ 其他比如：

（宪宗元和）十一年正月，诏讨镇州王承宗。乙亥，幽州奏破下武强县。……二月，以内库缯绢四万匹，赏幽魏战士。

（穆宗长庆二年）八月诛李岕，汴州平，于是……内出绫绢三十万疋，付度支充诸军赏物。

（文宗太和）三年五月，沧州李同捷平。……赐幽州绫绢共二十万疋，德州十五万疋，充赏军士。④

---

① 《全唐文》卷26，玄宗《宴劳勇士诏》，第301—302页。
② 《唐会要》卷88《杂录》，第1618页。
③ 《唐大诏令集》卷80德宗《平淮西后宴赏诸军将士放归本道诏》，第459页。
④ 《册府元龟》卷128《帝王部·明赏第二》。

那么这些分赐给士兵的绢帛到底价值几何呢？由于整个隋唐时期长达300余年，其间物价变化情况实在过于复杂，故笔者也只能根据文献记载作一大致估算。如据《新唐书》记载："贞观初，户不及三百万，绢一匹易米一斗。至四年，米斗四五钱。"[1]而贞观十一年（637），侍御史马周在上疏中提到："往者，贞观之初，率土荒俭，一匹绢纔得一斗粟，……自五六年来，频岁丰稔，一匹绢得粟十余石。"[2]可见，贞观初年，由于战乱初平，粮价虚高，才出现了一匹绢值一斗粟的现象。虽然绢的价格与其价值严格不符，但考虑到当时粮食奇缺的情况，一匹绢换一斗粟还是值得的。到贞观四年（630），唐的经济开始好转，一斗米才需四五钱，何况一斗粟，因此绢价开始有所恢复，但恢复了多少，不得而知。到了贞观十一年（637），按马周的说法一匹绢可换粟十余石，我们以十石为基准，按唐制1石等于10斗，故此时，一匹绢可以换粟100斗，相较于贞观初年，其价格相当于是翻了100倍。故当时士兵们得到的绢帛赏赐还是很值钱的。

另据前文提到的阿斯塔那四号墓文书"唐麟德二年（665）赵丑胡贷练契"[3]（64TAM 4：36），其中提到西域道征人赵丑胡向乡人左憧憙贷取帛练三匹，并承诺如到安西后得到朝廷赐物，就马上还左氏练两匹；若得不到赐物，那么等到战后回乡十日内还清。"到过其月不还，月别依乡法酬生利。延引不还，听拽家财杂物平为本练直。"通过这则文书，我们可以得知：第一，当时的战功赏赐至少应该在人均二匹以上。这是因为赵丑胡承诺若在安西得到赏

---

[1] 《新唐书》卷51《食货一》，第883页。
[2] 《唐会要》卷83《租税上》，第1531页。
[3] 唐长孺．《吐鲁番出土文书》（三），北京：文物出版社，1996年，第213页。

赐就马上还左憧憙二匹练。那为什么不是一次性还完三匹帛练的债务呢？笔者认为一是有可能当时的赏赐额就是人均二匹帛练，二是有可能赵丑胡还需要留下一些帛练作为自己在安西的生活费用。因此，当时的赏赐额至少不低于二匹。第二，当时帛练的价值是很高的。因为三匹帛练的价值对于赵丑胡这样的平民来说就是很大一笔财富了，以至于如果还不起这三匹帛练，就只能任由左憧憙用他的家财杂物抵债。那么，如果我们按贞观十一年（637）的物价，一匹绢换十余石粟，则二匹绢可以换二十至三十八石粟，对于赵丑胡这样的平民来说几乎就相当于家庭一年的收入了，当然是一笔相当可观的财富。综合以上两点认知，可见赵丑胡为了得到至少二匹帛练的赏赐，上战场一搏还是很值得的。换而言之，唐军当时的战功赏赐还是很吸引人的。

开元十年（722），玄宗在痛斥食实封之家"此辈何功于人，顿食厚封"时，提到："边隅战士，出万死不顾一生，所赏赐纔不过一二十疋。"[1] 我们理解，所谓"一二十疋"之数当是一个士兵因战功得到绢帛赏赐的一个大概数，即人均是在十至二十匹之间。据李筌记载："军士一年一人支绢布一十二疋。"[2] 李筌生活于唐肃宗和唐代宗时代，其反映的当是这一时期的基本情况。一个士兵一年的正常绢布收入是12匹，故一次战功赏赐就在十至二十匹之间，还是相当可观而诱人的。而开元中期，"是时，海内富实，米斗之价钱十三，青、齐间斗才三钱，绢一匹钱二百。"[3] 若按一斗米十三钱计算，则一匹绢可以换米15.38石，这与高宗时期相比，

---

[1] 《唐会要》卷90《缘封杂记》，第1644页。

[2] 《太白阴经》卷5《军资篇》，引自《中国兵书集成》（第2册），第561页。

[3] 《新唐书》卷51《食货一》，第884页。

大致相当。但是开元时期士兵的战功赏赐大为增加，若按最低的十匹计算，则可换米 154 石左右，所以这时的绢帛赏赐比之高宗时期是增加了很多。肃宗时期，天下萧条，"米斗至钱七千"①，士兵的绢帛价值也就随之大大缩水了。至唐德宗"贞元初，关辅宿兵，米斗千钱"②，虽然米价仍然居高不下，但与肃宗时期相比，显然好多了。贞元四年（788）后，"既而物价愈下，所纳愈多，绢匹为钱三千二百，其后一匹为钱一千六百。"③可见当时一匹绢大致可换 1.6 斗至 3.2 斗米，与玄宗朝之前相比就大不如前了。

2. 对将领的赏赐

相效于士兵而言，将领所得到的赏赐当然更加丰厚。比如唐高祖武德七年（624），大将李靖因平辅公祐之功，得"赐物千段、奴婢百口、马百匹"。后又因破突厥颉利可汗之功，太宗为之大赦天下，赐民五日酺，并"赐绢千匹，增户至五百"，旋即再"加赐帛一千匹，迁尚书右仆射"。④再比如另一位大将李勣也是因屡建战功，使一子得封县公，一子得封郡公，"增食千一百户"⑤。可见，初唐时期，对将领的战功赏赐主要有赐实物、食实封和赐子官三项内容。其中实物既有绢帛，也有马匹，甚至还有奴婢。比如安州刺史李大亮，以破辅公祐功，"赐奴婢百人。大亮……一皆放还，高祖闻而嗟赏，更赐奴婢三十人。"⑥

秦王平定薛仁杲时，张士贵因"先登之勋，有超恒准。赐奴婢

---

① 《新唐书》卷 51《食货一》，第 885 页。
② 《新唐书》卷 53《食货三》，第 900 页。
③ 《新唐书》卷 52《食货二》，第 888 页。
④ 《新唐书》卷 93《李靖传》，第 3074 页。
⑤ 《新唐书》卷 93《李勣传》，第 3079 页。
⑥ 《唐会要》卷 86《奴婢》，第 1569 页。

八十口,绢綵千余段,金一百卅挺"。① 再如太宗贞观十四年(640),侯君集平高昌,太宗为之举行饮至礼。"诸将咸受赏,社尔以未奉诏,秋毫不敢取,见别诏,然后受,又所取皆老弱陈弊。太宗美其廉,赐高昌宝钿刀、杂彩千段,"② 可见,在阿史那社尔得到的赏赐中也有奴婢。此外,从阿史那社尔的坚持中,我们还可以看到唐代将领之战功赏赐一般会以诏令或制书的方式公告天下,以彰显将军之军功。在《唐大诏令集》卷60《将帅·赏功》中就保留了不少这样的制书。

唐玄宗时期重视武功,故对于将领的赏赐尤其丰厚。开元二年(714)二月,北庭都护、瀚海军经略使郭虔瓘破突厥于北庭,下制"进封郭虔瓘为太原郡开国公,食邑二千户。封郭知运为介休县开国公,食邑一千户,以赏功也"。③ 同年八月至十月的"武街之战",唐军大败吐蕃,战后,玄宗同样大赐诸将:

十月癸未,以摄左羽林军陇右防御使薛讷,为右羽林军大将军、上柱国,封河东郡开国公,赐物三百段,银五百两,钱三万贯,赏功也。以陇右防御副使、云麾将军、左羽林军将军、介休县公郭知运,进阶冠军,进封太原郡公,仍兼临洮军使,赐物三百匹,钱三十万,银四百两。左武卫将军清凉县侯白道恭,进封清凉县公,赐物二百匹,钱二十万,银二百两。以右威卫将军杜宾客为灵州刺史充丰安军使,封建平县开国男,赐物二百段,银二百两,钱二十万。右监门卫将军临洮军使安思顺为洮州刺史,充莫门使,赐

---

① 周绍良.《唐代墓志汇编》显庆○五六《大唐故辅国大将军荆州都督虢国公张公墓志铭》,上海:上海古籍出版社,1992年,第263-266页.
② 《新唐书》卷110《阿史那社尔传》,第3281-3282页.
③ 《册府元龟》卷128《帝王部·明赏第二》.

物二百段,银三百两,钱五十万。右威卫郎将杨楚客为右领军卫中郎,赐物二百段,钱十万,银二百两,并赏破吐蕃之功也。①

开元九年(721),朔方大总管王晙、陇右节度使郭知运等大败叛胡康待宾,玄宗集四夷酋长,腰斩康待宾于长安西市,然后大赐诸将:

朔方道行军大总管、兵部尚书清凉县开国男王晙,进封清源县开国公,食邑一千户,兼与一子官,赐物五百匹。天兴军节度大使、右羽林军将军、检校并州长史、摄御史大夫燕国公张说,与一子官,赐物一百匹。天兴军蕃汉讨击使、特进史献,与一子官,赐物二百五十匹,赏平胡之勋也。②

开元二十三年(739),幽州节度张守珪因讨契丹之功进京献捷,玄宗不仅为其举行饮至礼,而且同样"赐杂彩一千匹及金银器物等,与二子官,仍诏于幽州立碑以纪功赏。"③

可见当时对将领的赏赐在初唐的基础上又增加了赐钱银、金银器物等内容,这与当时对士兵的赏赐中出现赐钱的做法是相一致的。玄宗朝对将领的军功赏赐如此丰厚,再加上凭军功入朝为相的惯例,

---

① 《册府元龟》卷128《帝王部·明赏第二》。由于薛讷卒于开元八年(720),不可能在开元九年(721)受封,因此,很显然《册府元龟》的作者错把不是发生在开元九年的破吐蕃之战与开元九年王晙、郭知运败叛胡康待宾之战记在了一起。对照其中提到的将领名字和衔职,笔者根据《全唐文》卷26《命薛讷等讨吐蕃诏》和《资治通鉴》卷211玄宗开元二年八月条和十月条,判断这里提到的"破吐蕃之功"即发生于开元二年(714)八至十月间的武街之战。
② 《册府元龟》卷128《帝王部·明赏第二》。
③ 《旧唐书》卷103《张守珪传》,第3195页。

这一切更激起边将以武邀功固宠之心,"天宝之后,边将奏益兵浸多,每岁用衣千二十万匹,粮百九十万斛,公私劳费,民始困苦矣。"①

安史之乱后,对将领的实物赐更加丰富,在《太白阴经》中,李筌对肃代时期的情况做了详细记载:

赏赐:马鞍辔、金银衔辔二十具、锦一百疋、绯紫袄子、衫具带鱼袋五十副、色罗三百疋、妇人锦绣夹襜衣、帔袍二十副、绯紫紬绫二百疋、彩色绫一百疋。银器二百事,银壶瓶五十事,帐设锦褥一十领,紫绫褥二十领,食桌四十张,食器一千事、酒樽杓一十副,长幕二十条,锦帐十所,白毡一百事,床套二十条、鸱袋绣垫一百口。②

从内容上,这些物品显然是给予将领的赏赐。可知,当时赏赐的各种物品主要包括马匹装具、丝锦布料、衣袄服装、银器酒具以及坐卧用品等。与唐高宗、武则天时期的实物赏赐相比,唐中后期的赏赐不再是高级官员服色的衣袍,而是一些华丽而实用的衣饰,布料,生活用具等,更有意思的是在诸多赏赐物品中,还有"妇人锦绣夹襜衣妇、帔袍"等物,显然是赏赐给将领家属的物品,这说明了唐前期与唐后期的一个区别,唐前期的赏赐是真正的犒军,物品送至军营,故不可能考虑到给家属的赏赐,而唐后期的赏赐带有极大的安抚性质,一般都是送到节度使所在的辖区,除节度使外,军中将士也有一些家属随军,故自然会在赏赐中对家属给予一定

---

① 《资治通鉴》卷215,玄宗天宝元年正月条。
② 《太白阴经》卷5《军资篇》,引自《中国兵书集成》(第2册),第561页。

考虑。

　　当然，这样的赏赐是需要财力支持的，至晚唐昭宗时国力衰败，赏无可赏，乾宁二年（895），当李克用奉诏讨王行瑜，驻军渭北时，唐昭宗急欲平敌，于是降朱书御札，将魏国夫人陈氏和内妓四人赏给了李克用。① 自此，唐运也就走到尽头了。

　　前面我们梳理了大军打了胜仗后的诸多礼仪，那么，如果是打了败仗呢？在周礼中，军队吃了败仗，称为"师不功"，或"军有忧"。军队回国时，应以凶礼迎接。著名的"肴之战"中秦军战败，"秦王素服郊次乡师而哭"便是"师不功"之礼。对于此礼，《孔丛子·问军礼》记载"若不幸军败，则驲骑赴告于天子，载櫜韔。天子素服哭于库门之外三日，大夫素服哭于社亦如之。亡将失城则皆哭七日。天子使使迎于军，命将帅无请罪，然后将帅结草自缚袒右肩而入，盖丧礼也。"② 但先秦之后礼书或未记载，或未将其归入军礼，笔者以为研究这类军礼远不如关注对战争中阵亡者的丧葬吊恤礼仪有意义，因为后者关注的是生命最后的尊严和慰藉，对于今天更有借鉴意义和价值。

---

① 《新唐书》卷218《沙陀》："帝诏弟事行瑜，贷茂贞，俾结好。朱诏赐魏国夫人陈氏。陈，襄阳人也，善书，帝所爱，欲急平贼，故予之。"
② 王钧林，周海生译注.《孔丛子》卷6《问军礼第二十》. 北京：中华书局，2009. 270 页。

第四章　丧葬吊恤礼仪

只要有战争，人员的伤亡就不可避免。在大军凯旋之际，对于那些为国捐躯的阵亡者，通常会有什么样的丧葬吊恤礼仪，这是值得我们研究和关注的事情。因为这些礼仪，或者仅仅是一些做法，体现的都是对生命最后的尊重与敬意。它安抚的不仅仅是逝去的英魂，更是对生者的精神慰藉，因此，一个国家的强大，一支军队的强大，除了体现在盛大的出师、凯旋等礼仪庆典上，还体现在这最后的丧葬吊恤礼仪上。因此，对阵亡将士的丧葬吊恤礼仪是战争礼仪中不可缺少的内容，其对象既包括战时牺牲人员，也包括平时军中服役死亡人员，对这个问题处理得好与否直接关系到军队战斗力的生成与否。

据《周礼·夏官·司勋》记载："凡有功者，铭书于王之大常，祭于大烝，司勋诏之。"① 郑玄注："生则书于王旌，以识其人与其功也。死则于烝先王祭之。诏，谓告其神以辞也。……今汉祭功臣于庙庭。"可见，在周礼中就有冬季祭功臣于先王庙庭的惯例。春秋战国时期，对家属的优恤工作也有了相关记载，如吴起在魏国带兵时，"有死事之家，岁使使者劳赐其父母，著不忘于心。行之三年，秦人兴师，临于西河。魏士闻之，不待吏令，介胄而奋击之

---

① 《周礼注疏》卷30，第788页。

者以万数。"① 这是史籍中较早提到对阵亡者家属的抚恤问题,但记载十分简略,做法也比较简单。到了唐代,文献中对阵亡将士丧葬吊恤的记载逐渐增多,笔者力图通过梳理文献,还原唐军在这方面的一些做法,以资借鉴。

第一节　递送回乡

对于中国人而言,树高千丈,叶落归根几乎是所有人共同的最后愿望,因此早在西周时期,就认识到:"凡行军,吏士有死亡者,给其丧具,使归邑墓,此坚军全国之道也。"② 所以,对于阵亡将士最好的处理方式就是提供棺木,递送回乡,唐代也不例外。为此,唐政府和军队都有一系列法令和礼仪要求。

一、对士卒遗体的递送

众所周知,唐军对士兵实行严格的军籍管理制度。在府兵制时期,"凡卫士各立名簿,具三年以来征防若差遣,仍定优劣为三等。每年正月十日,送本府印讫,仍录一通送本卫。若有差行上番,折冲府据簿而发之。"③ 而且这种名册每年更新一次,折冲府和十二卫各留一份。后来府兵制逐渐破坏,长驻边地的边军出现,军籍名册仍然是十分重要的军事文件,并通常由负责"掌防人名帐、戎器、

---

① 《吴子兵法·励士第六》,引自《中国兵书集成》(第1册),第60页。
② 《通典》卷第149《兵二·法制》,第3808页。
③ 《唐六典》卷5《尚书兵部》,第156页。

管钥、马驴、土木、谪罚之事"①的兵曹参军事掌管。平时"诸将三日一巡本部吏士营幕，……有死即上陈"，战时士兵阵亡后，本部将校同样要"具陈其状"②。比如在阿斯塔那八三号墓中出土的《唐通当队兵死亡、抽调、见在牒》③就记载着：

1. ▭▭▭陈思忠　二　人　死▭▭▭
2. ▭▭▭已上人抽入战队　张古▭▭▭
3. ▭▭▭奴门孔　死　马亮▭▭▭

（后略）

唐军不仅要求对士卒阵亡进行登记造册，而且还规定把亡故者名册定期送往地方州县，由地方政府在户籍上除名。如玄宗朝《令州军牒本贯放归兵募丁防诏》中就提到："如闻诸道兵募丁防，年满应还，或征役处分，及在路死者，不得所縣牒报，本贯无凭破除，仍有差科，亲邻受弊，宜令今年团日勘责同行火队，得知实死，即与破除。自今以后，每有兵募丁防放归，令州军具存亡夹名牒本贯。"④。

但事实上关于这点，越到后来执行得越不好，在唐德宗建中元年（780）八月，宰相杨炎上疏时还提到："旧制，人丁戍边者，蠲其租庸，六岁免归。元宗方事夷狄，戍者多死不返，边将怙宠而讳败，不以死申，故其贯籍之名不除。"⑤可知在府兵制流行的初

---

① 《新唐书》卷49下《百官四下》，第864页。
② 《通典》卷第149《兵二·杂教令》，第3823页。
③ 唐长孺.《吐鲁番出土文书》（肆），北京：文物出版，1996年，第9页。
④ 《全唐文》卷28，第333页。
⑤ 《唐会要》卷83《租税上》，第1535页。

唐时期，由于士卒来源比较清晰，故阵亡后通报当地政府较为容易。高武时期，由于频繁的边境作战，兵募所占比例逐渐增多。到玄宗朝，募兵制最终取代了府兵制。唐中期后，不管是中央的禁卫军，还是藩镇私养的藩镇兵其实质都是职业兵，加之流民增多，故要完全做到阵亡后报当地政府消籍就变得愈加困难了。

在初唐时期，死亡名册通报各地州府后，紧跟着要做的就是把士卒的棺木递送回乡。比如据《唐律疏议》记载："诸从征及从行、公使于所在身死，依令应送还本乡，违而不送者，杖一百。"[①]可知，唐军中对亡故者的首选处置方式是"送还本乡"。在本条律文之后的疏议部分说得很清楚，所谓"从征"，即从军征讨；"从行"，即从车驾行及从东宫行；"公使"，即公事充使。疏议部分还就三类不同人员身亡后的处置方式进行了补充：

《军防令》："征行卫士以上，身死行军，具录随身资财及尸，付本府人将还。无本府人者，付随近州县递送。"《丧葬令》："使人所在身丧，皆给殡殓调度，递送至家。"从行，准《兵部式》："从行身死，折冲赙三十段，果毅二十段，别将十段，并造灵轝，递送还府。队副以上，各给绢两疋，卫士给绢一疋，充殓衣，仍并给棺，令递送还家。"自余无别文者，即同公使之例。应送不送者，各杖一百。

这段文字主要强调了将士们从征、从行时身故后的处理方式和丧葬规格。若是"从征"的将士，其尸身和资财都要交由同乡送回，

---

① （唐）长孙无忌.《唐律疏议》卷26·杂律407《从征从行身死不送还乡》，北京：中华书局，1983年，第490页。

若无同乡，则交由附近州县送回。若是"从行"的将士，则根据官职的高低赏赐一定财物助办丧事，相当于今天的安葬费，同时将领可以得到灵车，卫士也可以得到棺木，以便于把尸身"递送还家"。

若在战时状态下，如果阵亡处不在敌境，那么第一选择也是递送回乡，如《大唐卫公李靖兵法》就明确记载："内地非贼庭死者，准前祭哭，递送本贯。"① 即使阵亡处在敌境，迫于战事而临时下葬，也要在回军时迁出，随大军一道回还。比如贞观十五年（641）十一月，李世勣大败薛延陀，唐太宗"赠战亡将士官三转，听授一子，递其尸柩还乡，棺敛而葬焉"。② 贞观十九年（645），太宗征辽期间，"七月，辛未，上徙营安市城东岭。己卯，诏标识战死者尸，俟军还与之俱归。"③ 在其诏书中，写得更清楚："从军死亡之徒，恐致湮没，埋人之处，宜立标榜，军回之日，各令将还，并给棺以葬焉。"④

很明显这些随军出征士卒的棺木是由军队带还，带还之后，通常由地方州县负责递送回乡。比如唐睿宗"延和中，……先是，夔州征人舒万福等十人次于巴阳滩，溺死。（敬）昭道因使巴渝，至万春驿，方睡，见此十人祈哀。才寐觉，至于再三。乃召驿吏问之，驿人对如梦。昭道即募善游者出其尸，具酒殽以酹之。观者莫不嘘唏。乃移牒近县，备榇椟归之故乡。征人闻者，无不感激。"⑤ 敬昭道出其尸，"具酒殽以酹之"，是尽了军中之礼，通知州县"备榇椟归之故乡"是尽了州县之事，难怪让征人大感欣慰。

唐玄宗时期，随着节度使制度的形成，大军区制开始出现，对

---

① 《通典》卷第149《兵二·杂教令》，第3820页。
② 《册府元龟》卷135《帝王部·愍征役》。
③ 《资治通鉴》卷198，太宗贞观十九年七月条。
④ 《册府元龟》卷135《帝王部·愍征役》。
⑤ 《大唐新语》卷4，第62页。

于长驻之边军，在阵亡递送方面有了新的变化。开元十三年（725）正月，唐玄宗下令"自开元元年以来，诸军兵士殒殁，骸骨不归坟垅者，宜令军使为造棺，递送本贯，委州县府助其埋殡"。[1] 这里提到一个细节，即军使负责造棺，并递送士卒棺木回乡，递还本贯后，地方州县不能不闻不问，而要承担"助其埋殡"的义务。天宝元年（742），唐的国力趋于鼎盛，十节度经略使格局完全形成，边军数量大增，为此，天宝三年（744），玄宗在《亲祭九宫坛大赦天下制》中重申："诸军行人，远为边扞，……其有临阵亡殁，骸骨未还本贯，令节度使给棺椁递归。"[2] 关于这篇制文，《册府元龟》作了一定补充："十二月制曰：诸军行人远为边扞，……其有阵亡及在军亡殁，骸骨尚未还本贯者，宜令节度使给其棺椁，递归本乡。若家内无人，付近亲收葬。仍令所繇郡县量事优恤，使得济办。"[3] 这里强调了三个细节：第一，负责提供棺椁和递送回乡的是节度使，即由"大军区"来负责此事；第二，若家中已无直系血亲，则由近亲代为收葬；第三，郡县要发给一定的安葬费或抚恤金，"使得济办"，这正与前文所言"助其埋殡"相呼应。据《通志》记载："开元初京尹属官及诸州都督府并曰功曹参军，而列郡则曰司功参军，令掌管园庙祭祀及学校礼乐、选举、表疏、医筮、考课及丧葬之事也。"[4] 因此，地方分管阵亡士卒棺椁埋殡事宜很可能就是州郡的司功参军。

事实上，此要求不仅适用于边军，也适用于临时征调出征的"行人"和宿卫京师的禁军。比如开元二十二年（734），在幽州节度使张守珪的持续打击下，唐军在东北战局上取得了斩杀契丹王屈烈

---

[1]《全唐文》卷29，玄宗《赐兵士葬祭诏》，第331页。
[2]《唐大诏令集》卷74，第417—418页。
[3]《册府元龟》卷135《帝王部·愍征役》。
[4]《通志》卷56《职官第六》，第693页。

和权臣可突干的重大胜利，玄宗大喜，在第二年春的《藉田赦书》中专门提到"行人及防丁有身亡者，为造棺椁，递还本乡"。①这里的"行人"即临时征调出征的人，"防丁"当指长驻边境的边军。两者若有身亡，依例均要"造棺椁"，"递还本乡"。天宝三年（744）八月，玄宗在《三卫彍骑疾病给食料敕》中又提到："内外廊三卫彍骑等……其诸门及街铺职掌人等，……其有身死者，各委所由随事埋瘗，当日谍报本贯，令家人亲族运致还乡。"②可见递送还乡是唐军的一个通礼，不仅适用于边军和"行人"，也适用于宿卫京师的禁军，所不同的是边军、行人由所属节度使负责，而宿卫京师的卫士由其家人亲族负责。

安史之乱后，藩镇割据称雄，拥兵自重，为藩镇所有的藩镇兵开始出现，为此，唐军对阵亡士兵的递送规定又有所变化。如唐德宗《奉天改兴元元年赦》中就有："诸道将士有死王事者，各委所在州县，给递送赴本管，官为葬祭"③的记载，这里的"本管"是否"本贯"之误呢？笔者查阅了其他文献④，发现皆作"本管"，故认为不是笔误如此简单。很显然，参与作战的藩镇兵的遗体是由战地州县递送回各自所属的藩镇，由藩镇为他们承办祭葬之事，而不再是递送回乡，由地方州县和家属负责祭葬了。再往后，地方州县连递送棺椁的义务都不再承担了。如唐武宗平定潞州叛乱后就下令："阵殁将士骸骨，先令所在埋瘗，不许便令将归，今已事平，如家口迁取，委所在州县量事应接发遣，如无亲属来取者，重与改瘗，勿令

---

① 《唐大诏令集》卷74《开元二十三年藉田赦书》，第415–416页。
② 《唐大诏令集》卷114，第595页。
③ 《唐大诏令集》卷5，第27–28页。
④ 《翰苑集》卷1《奉天改元大赦制》；《御选古文渊鉴》卷33《兴元元年奉天改元大赦诏》；《古文雅正》卷7《奉天改元大赦诏》。

暴露，仍都与设祭"①，类似的记载还出现在唐懿宗平定桂州戍卒起兵后的《平徐州制》②中。可知在唐朝中后期，战后递送棺椁回乡的惯例是由家属来负责迁葬，地方州县只给予一定方便和资助即可。比如在《北梦琐言》中就记载了一个孝女千里收父遗骸的例子。据记载，唐宣宗大中年间，兖州上奏：

> 先差赴庆州行营押官郑神佐阵没，其室女年二十四，先亡父未行营已前，许嫁右骁雄军健李元庆，未受财礼。阿郑知父神佐阵没，遂与李元庆休亲，截发往庆州北怀安镇，收亡父遗骸，到兖州瑕北县进贤乡，与亡母合葬讫，便于茔内筑庐。③

此女从山东兖州出发，休亲截发，千里跋涉，只为把亡父遗骸运回。可见，正是由于当时唐军规定若没有家人来迁葬，阵亡士卒和低级军官的遗骸只能就地掩埋，而阿郑家中可能没有其他兄弟来完成这一迁葬事宜，为了让父母能够合葬一处，才出现了这感人的一幕。唐末五代时，朱温曾经下《恤阵殁将士敕》，重新规定"行营将士阵殁者，咸令所司给　彗梓，津置归乡里"。④由于时值乱世，其具体执行情况虽不得而知，但大致想来也难以真正实现。

二、对将领遗体的递送

如果说，对于阵亡士卒而言，有时会因为数量巨大而无法做到全部递送回乡的话，那么，对于军队的中高级将领，其遗体按规定

---

① 《唐大诏令集》卷125《平潞州德音》，第672—673页。
② 《唐大诏令集》卷125《平徐州制》，第673—674页。
③ 《唐文拾遗》卷57，阙名（五）《孝女收父遗骸奏》，第11017页。
④ 《唐文拾遗》卷9，梁太祖《恤阵殁将士敕》，第10461页。

则是必须全部递送回乡的。此类记载在《唐代墓志汇编》一书中甚多，根据递送时间的选择，笔者将其分为即时递送和延迟递送两大类。

（一）阵亡

比如唐高祖武德年间的淮阳王行军长史薛忠，虽为河东人，但武德之际，"释褐熊州（今河南宜阳）司兵参军。以沉沦英俊，迁洛州（今河南洛阳）司兵参军。"其家族很可能已经由河东迁到了河南。在唐灭刘黑闼的战役中，薛忠"轻生重气，致身授命，死王事其如归，春秋卅有六。以武德五年十月八日名存身殁，命也如何！以显庆三年十二月十二日，改殡于邙山之阿"。① 武德五年（622）十月，刘黑闼在下博（今河北深州市东南）一仗斩杀河北道行军大总管淮阳王李道玄，薛忠作为淮阳王行军长史虽为文职事官，当与之同殁于战阵，由于是被敌人斩杀于阵，故当时其遗体很可能只是草草下葬，一直到36年后，即高宗显庆三年（658），才得以正式改葬邙山。

在唐平高丽的过程中，一批高丽人相继归唐，并在唐高宗、武则天时期加入唐军东征西讨，甚至血洒疆场。武周壮武将军、行左豹韬卫郎将、赠左玉钤卫将军高慈（字智捷）就是其中一个代表。其父高性文"本蕃任三品位头大兄兼将军；预见高丽之必亡，遂率兄弟归款圣朝，奉总章二年四月六日制授明威将军行右威卫翊府左郎将。其年十一月廿四日奉制授云麾将军行左威卫翊府中郎将。永隆二年四月廿九日除左威卫将军。……奉光宅元年十一月廿九日制，封柳城县开国子食邑四百户。累奉恩制，加授柳城郡开国公食邑二千户"。高慈一家也就逐渐在洛阳一带扎下根来。由于父亲

---

① 《唐代墓志汇编》显庆〇八九《大唐故朝散大夫洛州司兵薛公墓志铭》，第284页。

的缘故,高慈踏入仕途之路是十分顺利的,"少以父勋,回授上柱国;又授右武卫长上,寻授游击将军,依旧长上;又泛加宁远将军,依旧长上;又奉恩制,泛加定远将军,长上如故。"可见十分受宠,所以当武则天万岁通天元年(696)契丹反唐时,高慈与其父皆随军征讨。"寻以寇贼凭陵,昼夜攻逼,地孤援阔,根尽矢殚,……父子俱陷,不屈贼庭,以万岁通天二年(697)五月廿三日终于磨米城南,春秋卅有三。圣上哀悼,伤恸于怀。制曰:'故左金吾卫大将军幽州都督高性文男智捷,随父临戎,殒身赴难。……可左玉钤卫将军。'又奉勅曰:'高性文父子忠鲠身亡,令编入史。'又奉勅令准式例葬。粤以圣历三年(700)腊月十七日窆于洛州合宫县平乐乡之原,礼也。……(智捷)有子崇德,奉制袭父左豹韬卫翊府郎将。"① 赠官、入史、厚葬洛阳并让子袭官,都是当时对较高级将领的丧葬吊恤模式。

  同样的例子还有武则天时期的检校胜州都督、左卫大将军、全节县开国公、上柱国王佽。王佽,字元奖,"其先太原晋阳人也。因官遂居于洛州洛阳县焉。"他在万岁通天元年(696)讨伐契丹的战争中,因"救援平州(今河北省卢龙县)立功,制授游击将军守右羽林卫翊府中郎将。又奉勅充讨击契丹副使"。大足元年(701)八月,突厥默啜寇边,武则天命相王李旦为天兵道元帅,统军击之。王佽被任命为检校胜州(今内蒙古准格尔旗东北)都督,以御突厥。王佽"独进前军,横行深入,……彼众我寡,罢卒新羁;兵尽矢穷,空拳奋勇。以长安二年正月六日苦战毙于横阵,春秋五十有一"。由于王佽阵亡时的职事是检校胜州都督,在唐军中是官至从三品到

---

  ① 《唐代墓志汇编》圣历〇四四《大周故壮武将军行左豹韬卫郎将赠左玉钤卫将军高公墓志铭并序》,第959—960页。

从二品的高级将领，故在丧葬吊恤礼仪上，其规格也是相当高的。据其墓志铭记载：

> 御裂圣文，使人吊祭，其于赗襚，特异古今，恩制赠左卫大将军封全节县开国公，食邑一千户，赐物一千段，米粟五百石，所在为造灵舆并家口量给，传递发遣，使得胜致。妻陇西郡夫人李可封凉国夫人，男仙童可游击将军守左豹韬卫翊府郎将，百日外起复。令上。又奉恩制存问家口，赐绢一百疋、钱五十贯。粤以长安三年（703）岁次癸卯三月壬戌朔十一日壬申迁窆于洛阳县之北十里北邙山之北原，礼也。①

王伾虽然是阵亡的高级将领，但其丧仪基本与高宗时期张士贵、尉迟敬德等寿终正寝的武将基本一致。唐初名将张士贵历任检校桂州都督、夏州都督、兰州都督、幽州都督。以勋拜冠军大将军（正三品武散），行左屯卫将军（从三品武职），后加授镇军大将军（从二品武散），封如故。显庆二年（657），终于第，高宗"赠辅国大将军（正二品武散），使持节都督荆、硖、岳、朗等四州诸军事、荆州刺史赐绢布七百段，米粟七百石；陪葬昭陵。赐东圆秘器，并给鼓吹往还。仍令京官四品、五品内一人，摄鸿胪卿监护。易名考行，谥曰襄公，礼也"。② 名将尉迟敬德的武散级别更是高至从一品的开府仪同三司，显庆三年（658），终于第，高宗"为之流涕，于云龙门举哀，辍朝三日。乃勅京官五品以上及朝集使等就宅吊慰，

---

① 《唐代墓志汇编》长安〇三一《大周故检校胜州都督左卫大将军全节县开国公上柱国王君墓志铭并序》，第1013—1014页。

② 《唐代墓志汇编》显庆〇五六《大唐故辅国大将军荆州都督虢国公张公墓志铭》，第263—266页。

赠司徒。乃下诏曰：'……可赠司徒，使持节都督并、汾、箕、岚等四州诸军事，并州刺史，余官封如故。所司备礼册命，给班剑卌人，羽葆鼓吹。赠绢一千五百段，米粟一千五百石，陪葬昭陵。葬事所须，并宜官给，并赐东园秘器，仪仗鼓吹，送至墓所，仍送还宅，并为立碑。仍令鸿胪卿琅琊郡开国公萧嗣业监护，光禄少卿殷令名为副。务从优厚，称朕意焉。'"①

可见唐军的高级将领不管阵亡还是自然死亡，除了造灵舆以递送回乡外，其丧葬吊恤礼仪大致相同，一般都包括有赠官、给班剑、羽葆鼓吹，赠绢和米粟，赐东园秘器，派专人主责葬事或吊祭等。王佽的丧仪虽有恩宠，但基本还在唐制许可的范围内。后来玄宗时期的右羽林军大将军（正三品武职）、判凉州都督、河西节度使王君㚟被回纥伏杀后，"上甚痛惜之，制赠特进、荆州大都督，给灵舆递归京师，葬于京城之东，官供丧事。仍令张说为其碑文，上自书石以宠异之。"②唐德宗建中四年（783），泾原兵变，朱泚僭位称帝，占据长安。朱泚召前泾原节度段秀实廷议，段秀实戎装与会，大骂之，并以象笏猛击其额头，被卫士乱刀砍死。德宗也按例要求其丧事"宜差官致祭，并旌表门闾。缘葬所要，一切官给，仍于墓所官为立碑，以扬徽烈"。③

（二）从行

唐左卫长史颜仁楚，"琅琊人也。先有仕魏，因家洛阳。"麟德二年（665），高宗封禅泰山时，"公欣陪日观之封，企奉云门之奏。而辒辌俄复，天孙遽游，以麟德二年十二月十一日薨于路，春秋卌

---

① 《唐代墓志汇编》显庆一〇〇《大唐故开府仪同三司鄂国公尉迟君墓志并序》，第290-292页。
② 《旧唐书》卷103《王君㚟传》，第3192页。
③ 《唐文拾遗》卷5，德宗《赐故太尉段秀实祭葬立碑铭》，第10419页。

有五。皇帝遣使吊祠，赐以灵舆，泉布传置，归于本第，礼也。以乾封元年岁次景寅二月戊戌朔廿三日庚申窆于邙山之北原。"①麟德二年（665）十月，唐高宗率文武百官、扈从仪仗，武后率内外命妇，从洛阳出发，踏上了封禅泰山之行。十二月至济南，礼灵岩寺，月底到达泰山。而颜仁楚就是在这时薨逝于路途之上的。唐左右卫中各设有长史一名，从六品上，虽是宿卫军中的文职事官，但"掌判诸曹、五府、外府禀禄、卒伍、军团之名数，器械、车马之多少，小事得专达，每岁秋，赞大将军考课"。②说其是左右卫的大管家不为过，按前文提到的《兵部式》："从行身死，折冲赙三十段，果毅二十段，别将十段，并造灵轝，递送还府。"③从高宗对他身后事的处理上，可见是按照《兵部式》的要求进行的。

再比如咸阳府长上左果毅杨智积，弘农华阴（今陕西省华阴市）人，"以龙朔二年（622）五月廿二日，薨于滕州（今山东滕州市）道行军所，春秋五十有一。……粤以乾封二年（667）八月十八日，（与夫人）合葬于冯翊北临高乡之原。"④杨智积之所以薨于滕州道行军所，很可能与高宗显庆五年（660）开始的东征高丽之战有关。显庆五年（660）八月，唐将苏定方灭百济，唐以其地置熊津等五都督府。唐高宗认为这是一鼓作气灭掉高句丽的好机会，于是十二月，命左骁卫大将军契苾何力、左武卫大将军苏定方等分道讨击高丽。龙朔元年（661）正月，"募河南北、淮南六十七州兵，

---

① 《唐代墓志汇编》乾封〇〇六《大唐故左卫长史颜君墓志铭并序》，第445—446页。
② 《新唐书》卷49上《百官四》，第839页。
③ 《唐律疏议》卷26·杂律407《从征从行身死不送还乡》，第490页。
④ 《唐代墓志汇编》乾封〇三三《大唐故上柱国咸阳府长上果毅杨君墓志铭》，第464页。

得四万四千余人，诣平壤、镂方行营。"①四月，再次征调府兵、兵募、胡兵等凡三十五军，水陆分道并进辽东。八月，苏定方败高丽，围平壤城。十月，契苾何力在鸭绿水败高丽，杀敌三万多人。但由于天气转寒，高宗下诏班师，契苾何力返回。但战争还未结束，龙朔二年（662）二月，唐将庞孝泰在蛇水与高丽激战，庞孝泰兵败战死。同时，苏定方久围平壤城，会大雪，解围而还。由于此时唐军在辽东战场进展不顺，故有可能杨智积所在的咸阳府就是在此时被征调前往辽东前线的。按唐制，"凡发府兵，皆下符契，州刺史与折冲勘契乃发。若全府发，则折冲都尉以下皆行；不尽，则果毅行；少则别将行。"②但没想到部队行军到滕州时，杨智积却因病逝于行军所。其灵柩在五年后递送回乡，终与其夫人合葬于冯翊。

（三）戍守

据《唐故游击将军信义府右果毅都尉韩公墓志铭》记载：此君姓韩名逻，字长安，许州（今河南省许昌市）临颖人。参加过太宗朝西平高昌，东征辽东的战役，因战功为"贞观廿二年二月廿九日诏授游击将军、右武卫信义府右果毅"，此后长年驻扎边地。"公春秋六十有一，永徽四年二月九日，薨乎府解。……府僚兵士，匍匐临哭；官赐赗物，以资丧事。公权殡玄宫，卜期归洛。昔乘朱幰，陪竭承明；今旋素盖，魂游蒿里……永徽五年二月丁丑朔八日，葬乎北邙之平原。"③韩逻于永徽四年（654）二月九日薨逝于军府，所以由军府为他举办了正式的公奠仪式，府僚兵士齐集举哀，官府赐予办理丧事的财物。公奠礼，暂时停灵在道观，请人占卜起灵的

---

① 《资治通鉴》卷200，高宗龙朔元年正月条。
② 《新唐书》卷50《兵志》，第869页。
③ 《唐代墓志汇编》永徽〇九六《唐故游击将军信义府右果毅都尉韩公墓志铭》，第192页。

吉日。然后正式起灵,用灵车送其棺梓回乡,最后于第二年二月才正式归葬于河南北邙之地,整个过程用了一年时间。

再比如大唐故中散大夫行茂州都督府司马上柱国张怀寂,这位来自高昌的唐将,从曾祖到父亲张雄均是高昌王朝的显贵,唐太宗灭高昌后,其家归顺唐朝。武则天长寿元年(692),以王孝杰为武威军总管,与武卫大将军阿史那忠节率兵击吐蕃。张怀寂参与了此次出征,隶属于王孝杰麾下,为武威军子总管。以战功,授中散大夫行茂州都督府司马,得赐绯袍金带及物两百段。振旅凯旋后,不幸于"长寿二年(693)岁次癸巳五月己丑朔十一日己亥终于幕府,春秋六十有二。于是六军望棨,兴埋玉之悲;元帅亲临,尽夫人之恸。即以长寿三年(694)太岁甲午二月己卯朔六日庚申,葬于高昌县之西北旧茔,礼也"。[①] 张怀寂也是终于幕府,故一样由军府操办丧事,六军举哀,元帅王孝杰亲临哭祭,最后归葬于高昌老家之旧茔。

再如大唐故游击将军、守永嘉府右果毅都尉、上柱国于宝于"圣历元年(698)四月构疾,其月廿七日奄终官舍,春秋五十有三。即以其年五月权殡于府之廨田,悲夫!九原可作,千龄共尽;龟谋启兆,考卜宅以终安;马鬣因封,见佳城之邃闿。粤以景龙二年(708)十一月廿七日迁厝于洛阳北邙旧茔礼也"。[②] 可见,于宝终于官舍后,暂时停灵于军府的公廨田。虽然有四子,但却直到十年后才卜期迁葬洛阳北邙旧茔。至于军府是否为其操办丧事,墓志铭中虽未记明,但基于人情事理和唐代对于这些驻守军府中级将领身后事的惯例,笔者认为答案是肯定的。

---

① 《唐代墓志汇编》长寿○三○《大唐故中散大夫行茂州都督府司马上柱国张府君墓志铭并序》,第854页。

② 《唐代墓志汇编》景龙○一四《大唐故游击将军守永嘉府右果毅都尉上柱国于府君墓志铭并序》,第1087-1088页。

这一点在其后终于玄宗开元十二年（724）的故京兆府宣化府折冲、摄右卫郎将、横野军副使樊庭观墓志铭中也得到了印证。樊庭观，祖籍南阳，祖、父皆任职河北，本人任职河南居多。开元七年（719），受天兵军节度使王晙的举荐，樊庭观"充横野军副使，仍摄右卫郎将如故。……军中素无纲检，咸务因缘，或放散于官物，或邀锢于军市。公矢直其操，冰皎其怀；奸吏于是息心，贪夫以之侧目。然孤清难立，……不得其志，或致伤年，开元十二纪正月廿六日，暴亡于军城官舍，春秋卅有六。远迩惊嗟，惜其材勇；士卒号慕，衔其恩育。……引孤旐而启路，导　魂而赴国。其年三月廿九日，神柩自塞至都；五月二日，迁窆于洛城东北平阴里平原，礼也"。① 由于此前樊庭观的任职为含嘉仓使，以清廉著称，所以此番作为横野军副使，很可能主管军资采购的。从当时军资的来源看，一是官给，一是市购，管理均比较混乱。由于樊庭观比较清廉正直，所以在这一方面可能得罪了不少人。再加上樊庭观为人孤清，以至于暴亡于军城官舍。随后军府为其操办了丧事，并迅速将其灵柩送回洛阳安葬。

这些戍守各个军府的中级将领在丧仪虽然比不上唐军的高级将领，但至少在身后都能由军府举行公奠，并按礼制要求扶灵回乡，如给予灵车、人夫和素幡，最后以礼安葬，这对于其家人而言已是莫大安慰了。

---

① 《唐代墓志汇编》开元一九六《故京兆府宣化府折冲摄右卫郎将横野军副使樊公墓志铭并序》，第1293-1294页。

第二节　就地殡葬

在战场上，一切从权，当"递送回家"难以实现时，唐军也会采取就地殡葬的方式，而负责此事的主要是军队或战地附近的州县。

一、士卒的就地殡葬

正所谓"一将功成万枯骨"，在战争中伤亡最大的当然是那些最普通的士卒。对于这一群体，盛唐以前，由于唐军多在敌境作战，故一般由军队负责收葬，安史之乱后，藩镇割据称雄，战场多在国内，则一般由地方州县负责收葬。但不论由谁收葬，士卒下葬时均有一定的祭奠礼仪。

（一）由军队负责收葬

比如唐太宗贞观十九年（645）大举征辽时，看到沿途隋朝征辽军人的骸骨暴露于野，不由心生怜悯，于是下诏"掩骸之义，仰惟先典，其令并收葬之。"[1] 唐高宗龙朔二年（662）郑仁泰等讨铁勒九姓不力，战士死亡十之八九，高宗换名将契苾何力前往招抚，并诏"其兵士道死者，令所在差军收瘗之"。[2] 诸如此类的记载相当多，可见，在安史乱前，由于唐军通常在境外作战时，故一般是由军队负责阵亡者的就地殡葬事宜。

唐军对士兵亡故有一定的收葬规格和礼仪，据《大唐卫公李靖兵法》记载，

---

[1] 《唐大诏令集》卷114《收葬隋朝征辽军士骸骨勅》，第596页。
[2] 《册府元龟》卷135《帝王部·愍征役》。

有死于行阵,同火收其尸,……诸兵士死亡祭埋之礼,祭不必备以牲牢,埋不必备以棺椁,务令权宜,轻重折衷。如贼境死者,单酌祭酹,墓深四尺,主将使人临哭。内地非贼庭死者,准前祭哭,递送本贯。①

比如贞观十九年(645),太宗亲征高丽,"及军回,行次柳城,召集战亡人骸骨,设太牢以祭之,太宗恸哭尽哀,军人无不洒泣。兵士观者,归家以言,其父母曰:'吾儿之死,天子哭之,死无所恨。'"②在《全唐文》中至今保留着太宗当时祭奠阵亡将士时宣读的祭文③,其文沉痛中不失慷慨,难怪"军人无不洒泣"。而"设太牢以祭之,太宗恸哭尽哀"看似违制,但其实仍然是在遵照唐军收葬礼仪的基础上,适当提高了葬仪规格,因为此次征战真正的主将是皇帝本人。

后来,宋人编《武经总要》时还依旧记载:

其有死者,箪醪祭酹,墓深四尺,将校亲哭之,仍立标记,以防后取。若非贼庭,递归本贯,每人给钱帛,充送终之用。所由不举者罪之。④

其做法与唐军一般无二。而且在唐初,不仅主将会使人临哭,

---

① 《通典》卷第149《兵二·杂教令》,第3820页。
② 《通典》卷第152《兵五·抚士》,第3883页。
③ 《全唐文》卷10,太宗《祭征辽战亡将士文》,第129页。
④ (宋)曾公亮,丁度.《武经总要》前集卷6《制度六·养病法》,引自《中国兵书集成》(第3-5册),北京:解放军出版社,沈阳:辽沈书社,1992年,第263-264页。

"贞观、永徽中,士战殁者皆诏使吊祭,或以赠官推授子弟。"[①]但是可惜的是"从显庆五年以后,征役身死,更不借问。"[②]遂使唐军斗志渐消,人心凉了,从军的热情也就淡了。足见对阵亡者的丧葬吊恤礼仪在激发健在士卒的斗志方面具有巨大的礼仪功能。

有时由于战场态势不允许,实在无法单独收葬时,唐军通常会在战后以合葬的方式来处理,这种合葬的方式尤其适合用于大战之后,或战乱频仍时,一般是在战后,由军中主将或中央专员负责集中祭葬。比如唐高祖武德八年(625)八月"令民部尚书皇甫无逸于并州设祭战亡将士"[③]。开元十三年(725)正月,唐玄宗感念"河曲陇外,往岁战场,殂殁无归……亦委朔方陇右河西节度使聚敛骸骨,就高燥处同葬,祭以酒脯,高大筑坟,使久远标识"。[④]唐德宗建中元年(780),四镇、北庭留后刘文喜据泾州叛乱,德宗出兵讨平之,六月"命给事中蒋镇吊祠泾州将士之战亡者"。[⑤]

唐德宗贞元三年(787)吐蕃阴谋发动"平凉劫盟"事件,唐朝会盟官员60余人,皆被吐蕃扣押,唐军死500余人,被俘1000余人。事发突然,唐军当时根本无暇顾及这些阵亡者,直到第二年三月,"刘昌初至平凉劫盟之所,收聚亡殁将士骸骨,坎瘗之,因感梦于昌,有愧谢之意。"所谓"坎瘗之",也就是找一些低凹不平之处,把这些骸骨草草埋葬了事。这种做法不仅有违唐军收葬阵亡者的礼仪和规格,对枉死将士的家属无法交代,而且劫盟事件对于唐王朝是极大的侮辱,如此草草更有损大国威仪。因此后来"昌

---

① 《新唐书》卷108《刘仁轨传》,第3260页。
② 《旧唐书》卷84《刘仁轨传》,第2793页。
③ 《册府元龟》卷135《帝王部·愍征役》。
④ 《全唐文》卷29,玄宗《赐兵士葬祭诏》,第331页。
⑤ 《册府元龟》卷135《帝王部·愍征役》。

上闻，德宗下诏深自刻责，遣秘书少监孔述睿及中使以御馔、内造衣服数百袭，令昌收其骸，大将三十人，将士百人，各具棺柩衣服，葬于浅水原。分建二冢，大将曰旌义冢，将士曰怀忠冢。诏翰林学士撰铭志祭文。昌盛陈兵设幕次，具牢馔祭之。昌及大将皆素服临之，焚其衣服纸钱，别立二石，标题以冢名。诸道师徒，莫不感泣"。①

其中"各具棺柩衣服"，"分建二冢"，刘昌及其大将亲哭之，"具牢馔祭之"，"焚其衣服纸钱"等做法都符合唐军的收葬礼仪，而用御厨馔物及内造衣服数百袭作为赙赐，"诏翰林学士撰铭志祭文"等做法则体现了德宗的着意补偿之意，最终使"诸道师徒，莫不感泣"，收到了鼓舞士气、同仇敌忾的功效。

（二）由战地附近州县负责

安史之乱后，由于中央与藩镇，藩镇与藩镇之间战事不断，且战斗多发生在国内，因此由战地附近州县负责对阵亡者的收葬事宜，这类情况在唐中后期较为常见。如唐肃宗至德二载（757）收复两京后，大赦天下，下令："其阵亡人，令所在郡县收骸骨瘗埋，具酒食致祭。"②。唐代宗平党项之后，也下令"用兵已来，城镇曾遭陷没，官健百姓应被杀伤，亲戚既无，遗骸在野，委所在长吏，差人为收拾，如法埋瘗，仍量事致祭"。③唐德宗贞元六年（790）南郊祭祀时，下诏"应诸道自艰难以来，战阵丧殁，及荒凶死亡，骸骨暴露者，长史各令收瘗奠酹"。④唐穆宗长庆元年（821）七月下诏："应经战阵之处，所在州县，收瘗遗骸，仍量事与槥椟，

---

① 《武经总要》后集卷8《故事八·以义感人》，引自《中国兵书集成》（第3-5册），第1516-1517页。
② 《唐大诏令集》卷123《至德二载收复两京大赦》，第658-660页。
③ 《唐大诏令集》卷130《平党项德音》，第709-711页。
④ 《唐大诏令集》卷70《贞元六年南郊赦》，第389-390页。

兼以礼致祭。"① 唐懿宗咸通七年（866）大赦文中也强调："其诸将士，勇敢用命，当锋殁身，义节可嘉，……遗骸在野，深可悯嗟，……宜令所在长吏访寻收敛，如法瘗葬，仍以酒醪殷勤奠酹。"② 可知，所在州县收埋阵亡者骸骨和奠祭的事主要是由地方长史来负责。

关于地方祭葬的做法，唐僖宗光启三年（887）七月讨伐凤翔节度使李昌符时，曾经提到：

《戴礼》之文，务先掩骼，应有未葬骸骨，及横尸在路，委所在长吏，速与收敛藏瘗。其自兵荒以来，杀伤之处，委所在州县，以孟冬加赏死事之日，于北郭除地，用鸡豚设祭，所贵以导和气，且慰幽魂。③

这里提到的"孟冬"即农历十月，据《吕氏春秋》记载："立冬之日，天子亲率三公九卿大夫以迎冬于北郊。还，乃赏死事，恤孤寡。"④ 按汉代高诱的注文，"迎冬于北郊"，具体而言是北边"六里之郊"，所谓"赏死事，恤孤寡"乃是"先人有死于王事，以安社稷者，赏其子孙有孤寡者恤之"，而非一般的"孤寡"。可知按古制，孟冬的立冬节气常为"加赏死事之日"，祭祀的地点为城外北郊，用鸡肉、猪肉等设祭。

---

① 《册府元龟》卷135《帝王部·愍征役》。
② 《唐大诏令集》卷86《咸通七年大赦》，第488-491页。
③ 《唐大诏令集》卷86《光启三年七月德音》，第492-495页。
④ （秦）吕不韦，（汉）高诱注．《吕氏春秋》卷10《孟冬纪第十》，上海：上海书店，1985年，第94页。

二、将领的就地殡葬

安史之乱前，唐军对阵亡将领的遗体原则上是全部递送回乡，但有时迫于战事紧急也会暂时就地殡葬，比如贞观十九年（645），太宗征辽时："四月癸卯，誓师于幽州，大飨军。……六月丁酉，克白岩城。己未，大败高丽于安市城东南山，左武卫将军王君愕死之。辛酉，赐酺三日。七月壬申，葬死事官，加爵四级，以一子袭。"① 当然，在回军时，这些将领的灵柩还是要迁葬的，而且这种对阵亡将领就地殡葬的情况在唐中期之前也较为少见。

但是当兵募出现后，就地安家或家属随军的现象也随之出现。比如阿斯塔那二〇九号墓出土的《唐贞观十七年（643）符为娶妻妾事》（72TAM209：89）② 就是募人娶妻妾的文书。而阿斯塔那二三〇号墓出土的《武周牒为镇果毅杨奴子等娶妻事》（72TAM230：47（b））③ 也是有关上报果毅杨奴子和张处娶妻的文书，虽然当时对其妻张氏和司马氏进行了驱逐，但它反映出不管是将领还是兵募都有在当地落地生根的现象。阿斯塔那一七八号墓出土的《唐开元二十八年（740）土石营下建忠赵伍那牒为访捉配交河兵张式玄事一》（72TAM178：4）④ 则记载了由于交河车坊的士兵张式玄下落不明，其妹阿毛申请由军队提供粮食生活的事情。这表明当时的确存在家属随军的现象。唐中期后，随着职业军人这一群体的不断扩大，这

---

① 《新唐书》卷2《太宗本纪》，第28页。
② 唐长孺.《吐鲁番出土文书》（三），北京：文物出版社，1996年，第317页。
③ 唐长孺.《吐鲁番出土文书》（四），北京：文物出版社，1996年，第79页。
④ 唐长孺.《吐鲁番出土文书》（四），北京：文物出版社，1996年，第184页。

两种现象日益普遍,将领就地殡葬的情况也随之增多。

比如在阿斯塔那五〇六号墓出土了有关游击将军张无价的三件文书,其中第一件为《唐天宝十载(751)制授张无价游击将军官告》(73TAM506:05/05之一)①。在这一年,勋官上柱国赐紫金鱼袋张无价因功得授游击将军、守左威卫同谷郡夏集府折冲都尉员外置同正员。据杜甫《送韦十六评事充同谷郡防御判官》一诗曰"銮舆驻凤翔,同谷为咽喉。西扼弱水道,南镇枹罕陬"。②"弱水",即今甘肃张掖河,俗称黑河,发源祁连山下,经张掖流向西北。"袍罕",唐县名,河州治所,故治在今甘肃临夏县东北。可知,同谷郡的辖境相当于今甘肃省礼县、西和、成县等县。

第二件为《唐大历四年(769)张无价买阴宅地契》(73TAM506:05/2(a)(b))③:

维大历四年岁次己酉,十二月乙未朔,廿日甲寅,西州天山县南阳张府君张无价俱城安宅兆,以今年岁月隐便,今龟筮协从相地袭吉,宜于州城前庭县界西北角之原,安厝宅兆,谨用五綵杂信,买地一亩,东至青龙,西至白虎,南至朱雀,北至玄武,内方勾陈,分掌四域,丘丞墓伯,封步累畔,道路将军,整齐阡陌,千秋万岁,永无咎殃,若辄忓犯诃禁者,将军亭帐收付河伯今已牲牢酒饭,百味香新,共为信契。安厝已后,永保休吉。知见人岁月主者保人今日直符。故气邪精,不得忓扰,先来居,永避万里,若违此约,地

---

① 唐长孺.《吐鲁番出土文书》(四),北京:文物出版社,1996年,第392-394页。
② 《全唐诗》卷217,第2275-2276页。
③ 唐长孺.《吐鲁番出土文书》(四),北京:文物出版社,1996年,第395页。

府玄里自当祸，主人内外安吉。急急如律令。

可见，南阳人张无价在唐代宗大历四年（769）已调至西州（今新疆吐鲁番东南）天山县任职，并在当地为自己置办了以备身后事的阴宅。三年后，即大历七年（772），张无价亡故。

第三件文书即《唐大历七年（772）马寺尼法慈为父张无价身死请给墓夫赙赠事牒》（73TAM506：07）①：

袋上柱国张无价廿七日不幸身亡。（为家贫孑然），其父先（比日收将在寺安养成）准式身死合有墓夫赙赠。（伏乞）请处多少，旧第人夫分人夫葬送贫尼女人即得济办。

（后略）

从中可知，张无价死时"家贫孑然"，唯有一女，连掘墓送葬的墓夫都需要申请军府安排，自然无钱更无人扶灵回乡了。很可能正是考虑到这一点，生前他才决定把自己的墓地买在当地，就地殡葬。从其女的申请来看，张无价死后，其灵柩暂时存放在马尼寺中，要等坟墓修好后，才能移灵安葬，而法慈孑然一身，又是一介女流，根本无法独立完成，才不得不请求军府按规定给予帮助。

本来，按代宗朝的规定，百官死后，"三品以上给夫一百人，四品、五品五十人，六品已下三十人。应给夫须和雇，价直委中书门下文计处置。"②但是张无价死后军府并没有按规定派给墓夫助葬，

---

① 唐长孺.《吐鲁番出土文书》（四），北京：文物出版社，1996年，第396页。

② 《唐文拾遗》卷5，代宗皇帝《给百官丧葬人夫敕》，第10415-10416页。

因此这样的条文在边州地区实际等于一纸空文。总之,从张无价死后无力安葬,更无法递送其灵柩回乡一事来看,当时唐朝国力之衰,将士待遇之差已可见一斑。

第五章　非军事活动礼仪

先秦时期，"国之大事，唯祀与戎"，在没有战事的时期，为了加强武备，定期讲习武事、检阅军队、通过狩猎来进行军事演习是非常有必要的举措，于是围绕这些准军事活动也产生了很多做法、要求、仪式规范等内容。这些准军事活动对于保持军队的战斗力大有裨益，因此这些礼仪规范并没有随周礼的衰落而衰落，历朝历代均在周礼的基础上根据自身的时代特点而有所增减变化。

第一节　校阅讲武

讲武，又称大阅，是古代帝王讲习武事，操练和检阅军队的礼仪。这一传统起源于先秦时期，《礼记·月令》记载："周代'孟冬之月……天子乃命将帅讲武，习射御、角力。'"此后历代帝王都很重视讲武大阅，遂演变这一套有一定规制的军事礼仪，成为历代彰显国威、君威的重要礼仪。

一、周代四时讲武

校阅讲武的传统起源于先秦，在周代四时讲武，即一年四季均

有不同的操练科目,《周礼·夏官·司马第四》对此有非常详尽的记载:

> 中春,教振旅,司马以旗致民,平列陈,如战之陈,辨鼓铎镯铙之用,王执路鼓,诸侯执贲鼓,军将执晋鼓,师师执提,旅帅执鼓鼙,卒长执铙,两司马执铎,公司马执镯,以教坐作进退疾徐疏数之节,遂以搜田,有司表貉,誓民,鼓,遂围禁,火弊,献禽以祭社。

春季讲武主要是帮助民众熟悉军中鼓、铎、镯、铙等物件,学会辨别它们不同声响、意义和作用,并能在它们的指引下进行坐下、起立、前进、后退、急进、缓行、散开、集中等军事动作。要知道,古代作战依靠军阵,千军万马如果不依靠旗、鼓、铎、镯、铙等物件的传令作用,根本无法凝聚在一起形成强大的战斗力。学完之后,便指挥民众进行春季田猎。此时,大司徒先在阵前或营前立望表[①]举行貉祭,警诫民众不要违犯有关田猎之法,然后击鼓,于是开始围猎。等到焚烧野草的火停止燃烧,然后进献所猎获的野兽以祭祀社神。

> 中夏,教茇舍,如振旅之陈,群吏撰车徒,读书契,辨号名之用,帅以门名,县鄙各以其名,家以号名,乡以州名,野以邑名,官各象其事,以辨军之夜事,其他皆如振旅,遂以苗田,如搜之法,车弊,献禽以享礿。

茇(bá)舍,意即军队芟除草莽,即于野地宿息。夏季炎热,

---

① 望表:古代祭祀山川时所立的木制标志。

适合野外练兵,因此夏季讲武主要是学习野外宿营,尤其是夜间行军宿营的技巧。官员们把车兵和步兵编配在一起,阅读书契[1],校核兵甲器械,教导民众辨别各级指挥员的不同名号和徽识,以便夜间戒备和军事行动时好辨别各个部队,不发生混乱。最后进行夏季田猎,如同春季田猎之法。当驱逐野兽的车辆停止追逐,田猎结束,便进献所猎获的野兽祭祀宗庙。

中秋,教治兵,如振旅之陈,辨旗物之用,王载大常,诸侯载旂,车吏载旗,师都载旟遂载物,郊野载旐,百官载旞,各书其事是与其号焉,其他皆如振旅,遂以狝田,如搜田之法,罗弊,致禽以祀祊。

秋季讲武主要是教导民众辨别各种旌旗的用途。旗帜也是指挥作战的重要工具,从周天下大常[2]旗以下,诸侯、军吏、军帅和大都、小都之长,乃至乡吏和家邑之长、郊野的公邑大夫都有自己不同的旗帜,各旗上都书写各自的官事、姓名,方便士众统一协调行动。最后进行秋季田猎,如同春季田猎之法。停止用网捕兽,田猎结束,集中所猎获的兽并用以祭祀四方之神。

---

[1] 周代"书契"是一种正面写字、侧面刻齿以便验对的竹木质券契。它一般是一式两份,一面在两件简牍上都写上字,另一面把两者并在一起,同时在一侧刻上一定数量的齿,然后由当事双方各执其一,作为便于验对的凭证。用文字记录有关事项,刻齿就起到今天盖骑缝章的作用。今天在居延、敦煌等地发现的汉代简牍中,可以见到很多这种又写了字又刻有齿的"书契"。有的是涉及粮、钱、物出入往来的凭据,有的是出入关卡的通行证,有的是执行边防任务的证件,不一而足。

[2] 《周礼·春官·巾车》:"建大常,十有二斿。"郑玄注:"大常,九旗之画日月者,正幅为縿,斿则属焉。"

中冬，教大阅，前期，群吏戒众庶，修战法，虞人莱所田之野，为表；百步则一，为三表，又五十步为一表，田之日，司马建旗于后表之中，群吏以旗物、鼓铎、镯铙，各帅其民而致，质明，弊旗，诛后至者，乃陈车徒，如战之陈，皆坐，群吏听誓于陈前，斩牲以左右徇陈曰：不用命者斩之。中军以鼙令鼓，鼓人皆三鼓，司马振铎，群吏作旗，车徒皆作，鼓行，鸣镯，车徒皆行，及表乃止。三鼓，摝铎，群吏弊旗，车徒皆坐。又三鼓，振铎，作旗，车徒皆作，鼓进，鸣镯，车骤徒趋，及表乃止。坐作如初，乃鼓，车驰徒走，及表乃止。鼓戒三阕，车三发，徒三刺，乃鼓退，鸣铙，且却，及表乃止，坐作如初。

冬季讲武是一年中最重要的一次军事演习，清人孙希旦所撰《礼记集解》解释："此即《周礼》'冬大阅'之礼也。春治兵，夏苃舍，秋振旅、冬大阅，皆所以习武事也。而唯冬之大阅为盛。《左传》所谓'三时务农，一时讲武'也。角力，角击刺之技勇。习射御以讲车乘之武，角力以讲步卒之武。"

冬季是一年中农事最少的季节，正好有充裕的时间来进行军事操练，也方便将前三季操练过的内容进行一次综合性的模拟实战的演练。大检阅之前，乡吏们要告诫民众，演习战法。虞人①负责苃除将要举行田猎的野地荒草而设表，每百步设一表，设三表，又间隔五十步设一表。到举行田猎那天，司马在后表与二表的中间树立旗帜，乡吏们天不亮就打着旗，敲着鼓、铎、镯、铙等率领乡民赶来集合。天亮时司马把旗帜放倒，惩罚后到的人。然后用车辆和徒众布阵，如同实战时的阵形。全体坐下后，各级长官站在阵前听取

---

① 古代官名。西周时开始设置，掌管山泽、苑囿、畋牧的事情。

大司马有关军法的誓诫，斩杀牺牲给左右军阵看，以示军法森严，违令者皆斩。

　　冬季大阅的第一项内容是军阵演练。中军元帅敲击鼙鼓发令后，鼓人击鼓三通，两司马摇响金铎，军帅们举起旗帜，战车上的甲士和车后的步兵都起立。鼓人击鼓命令前进，公司马敲响镯作为行进的节度，在鼓声和镯声的调度下，战车和步卒都前进，从后表前进到二表而后停止。然后，鼓人再击鼓三通，两司马用手捂住铎口而摇铎，军帅们放下旗帜，车辆停止前进、步卒都坐下。鼓人又击鼓三通，两司马摇响金铎，军帅们举起旗帜，战车上的甲士和车后的步兵又都起立。鼓人击鼓命令前进，公司马敲响镯，车辆快速奔跑，步兵快步前进，从二表前进到三表才停止，坐下和起立都和前次一样。然后鼓人又击鼓，车辆迅猛奔驰，步兵快速奔跑，从三表前进到四表才停止。三次连续不断地击鼓命令进攻，车上的射手先后射出三发箭，步兵三次击刺。于是击鼓命令从南向北退兵，卒长敲响铙，兵众向北退，退到后表处才停止，坐下和起立都如同当初一样。这样一次完整的军阵演练就结束了。冬季大阅的第二项内容是冬季田猎，声势浩大，过程完整（见第二节四时田猎），可谓是一次模拟实战的综合演练。

　　但是这种四时讲武的传统是立足于西周时期"国人"[①]当兵，"野人"[②]不当兵的社会现状的，到春秋前期列国军队的兵员来源仍然主要是"国人"。他们三时务农，一时讲武，积极备战，交纳军赋；

---

　　① 《周礼·地官·泉府》："国人郊人从其有司。"贾公彦 疏："国人者，谓住在国城之内，即六乡之民也。"即指城邑及其附近的人，基本上是殷周贵族的后裔及其平民，有参与政治的权利和传统。

　　② 野人是指远离城邑的人，与国人一样都是自由民，有一定的人身自由，但地位较"国人"低下。

战事发生，就有拿起武器上战场保家卫国的权利与义务。但这种格局随着时间的推移已越来越难以维持下去，自春秋中叶起，由于战争越来越频繁，各国对兵源的需求量越来越大，"国人征兵制"向"国人""野人"共同参与的普遍征兵制过渡。一方面士卒越来越职业化，一方面战争越来越频繁，通过四时讲武，冬季大阅来凝聚部众的意义逐渐丧失，军事操练价值也大为降低。到汉代，平时的四时讲武也就逐渐演变为秋季讲武了。

二、汉代秋季大试到大阅的演变

汉朝的兵役制度，曾有几次变更。汉承秦制，当时规定不分贵贱，男子20岁就要在官府登记。并且根据三年耕一年储的原则，从23岁起正式服役，直到56岁止。据《汉书》记载，男子20岁入籍，此后每年服劳役一月，称为"更卒"。23岁以后开始服兵役，役期一般为2年，其中一年在本郡、县服役，称为"正卒"，接受射御、骑驰、战阵等方面的训练，另一年到边郡戍守或到京师守卫，称为"戍卒"或"卫士"。还有一种意见，认为这2年兵役统称为"正卒"。如遇战争需要，须随时应征入伍，至56岁才能免役。除了这种普遍征兵制外，还有募兵制，汉武帝所置的八校主要就是招募而来。此外，汉朝还常谪发罪犯或徒隶等为兵，称为"谪戍"。此后历朝历代兵制基本也是征兵、募兵相互搭配。

汉代除了设立南军、北军外，还规定各郡要挑选勇健有力，能挽强弓、开强弩的勇猛之士充实到轻车、骑士、材官、楼船等各兵种中。那么怎么挑选呢？汉制：

常以立秋后郊礼①毕,斩牲于东门,以荐陵庙,肄孙吴兵法六十四阵。每十月,都课试金革骑士,各有员数。如有寇警,平地用车骑,山阻用材官,水泉用楼船。②

西汉规定每年立秋行过祭天大典后,于东门外举行一次献祭仪式,正式拉开秋季讲武大试的帷幕,开讲孙吴之兵法,掀起一个学兵练兵的高潮。十月,京师和各郡举行都试以讲武。都试,又叫大试,各郡一般由郡守主持,都尉及各县的令、长、丞、尉也都要参加。演习的内容因地而异,在设楼船的郡,演习行船水战;北边等郡则以骑兵巡行障塞。都试时陈设斧钺旗鼓,仪式隆重。《光禄挈令》规定,凡应当受试者,如不到试所,就将被除名。都试不限于郡中,汉昭帝时大将军霍光于京城阅试羽林军,也称为都试。总之,西汉秋季都试讲武在性质上更接近于一年一度的军事技能考核和选拔

东汉初年,汉光武帝刘秀为了削弱地方军事力量,在裁减都尉的同时,取消了都试制,改变了秋季讲武的内容。

后汉初,立秋之日,自郊礼毕,始扬威武,斩牲于郊东门,以荐陵庙。其仪:乘舆御戎辂,白马朱鬣,躬执弩射牲,太宰令、谒者各一人,载以获车,驰骋送陵庙。还宫,遣使者赍束帛以赐武官,武官肄兵,习战阵之仪,斩牲之礼,名曰"貙刘"。兵、官皆肄孙吴兵法六十四阵。既还,公卿以下陈雒阳前街,乘舆到,公卿已下拜,天子下车,公卿亲识颜色,然后还宫。③

---

① 古时天子祭天地的大礼。
② 《通典》卷76《军礼一》。
③ 《通志》卷44《礼略第三》。

与西汉时如火如荼的大练兵、大考核——都试讲武相比，东汉立秋日讲武其仪礼程式化的色彩十分深厚，更像一场组织有序的节日表演。

到汉灵帝中平五年（188），为镇压黄巾起义，汉朝大发四方兵，于是"讲武耀兵于平乐观，以小黄门蹇硕为上军校尉，凡八校尉皆统于硕，起大坛，上十二重五彩华盖，高十丈。坛东北为小坛，复建九重华盖，高九丈。列步骑兵士数万人，结营为阵。天子亲出临军，驻大华盖下，大将军何进驻小华盖下。礼毕，帝躬擐甲介马，称'无上将军'，行阵三匝，还"。① 这次讲武大阅并不是东汉一年一度惯常的立秋日讲武，它更像是一次出师仪礼，同时也更为接近今天阅兵的用意，即通过检阅军队，展示君威，国威，达到振奋士气的目的。

到汉献帝建安二十一年（216年），有司进奏："古四时讲武，按汉西京承制三时不讲，唯十月都试金革。今兵戈未偃，士众素习，可无四时讲武，但以立秋择吉日，大朝车骑，号曰阅兵，上合礼名，下承汉制。"② 至此，周代四时讲武之制完全消失，东汉立秋讲武正式改名为"阅兵"礼。在阅兵礼上，不仅要检阅军队，主帅一般还要亲自击鼓鸣金，指挥军队行进，以显帝王三军统帅的威仪，也体现了操练讲武的礼制内涵。但这一礼仪多依赖于有为之君主，因此自晋惠帝以后，其礼遂废。

三、唐代校阅讲武

南北朝时期，由于战争频仍，各国皇帝经常亲率大军出征，因

---

① 《通志》卷44《礼略第三》。
② 《通志》卷44《礼略第三》。

而十分重视校阅讲武的礼制。尤其是北朝尚武,在这一礼制的实践层面做了更多的努力与尝试。如"宋文帝依故事肄习众军,兼用汉魏之礼,其后以时讲武于讲武堂。"北魏明元帝永兴五年(413年)"以九月十月之交,亲行貙刘之礼。"[1]这些可以视为恢复讲武礼的先声。

北魏文成帝和平三年(462),"因岁除大傩,遂耀兵示武。更为制,令步兵陈于南,骑士陈于北,各击钟鼓,以为节度。其步兵所衣青赤黑黄别为部队,楯稍矛戟相次周廻转易,以相赴就,有飞龙腾蛇之变,为函箱鱼鳞四门之阵,凡十余法,跪起前却,莫不应节。阵毕,南北二军皆鸣鼓角,众尽大噪,各令骑将六千人去来挑战,步兵更进退以相拒击,南败北捷,以为威观,自后以为常。"这是一次十分经典的军阵操练,北魏此后将讲武礼的主要内容定格为操练军队,进行两军对峙的军事演习,并影响到后来北齐的讲武礼。

北齐常以季秋皇帝讲武于都外,有司先芟莱野为场,作二军进止之节,舆驾停观,遂命将教众为战场之法。凡为阵,少者在前,长者在后;其还,则长者在前,少者在后。长者持弓矢,短者持旌旗,勇者持钲鼓刀楯为前行,战士持槊者次之,弓箭为后行。[2]将帅先教士目,使习见旌旗指麾之踪,发起之意,旗卧则跪。次教士耳,使习听金鼓动止之节,声鼓则进,鸣金则止。次教士心,使知刑罚之苦,赏赐之利。次教士手,使习持五兵之便,战鬪之备。次教士足,使习跪起及行列崄泥之涂。前五日,皆请兵严于场所,依

---

[1] 《通志》卷44《礼略第三》。
[2] 《通典》卷76《军礼一》记载为:"勇者持钲鼓刀楯为前行,战士次之,槊者次之,弓箭为后行。"

方色建旗为和门，都堽之中及四角建五彩牙旗。应讲武者各集于其军，戒鼓一通，军士皆严；备二通，将士擐甲；三通，步军各为直阵，以相俟，大将各处军中，立旗鼓下。有司陈小驾卤簿，皇帝武弁乘革辂，大司马介胄乘马，奉引入行殿，百司陪列，位定。二军迭为客主，先举为客，后举为主，从五行相胜法，为阵以应之。①

北齐讲武在北魏两军互为主客，对峙演练的基础上，可以说是最为接近周代冬季大阅的一次尝试。

唐代讲武校阅之礼正是在此基础上形成的。唐高宗时期，上承贞观余荫，国力强盛，显庆二年（657）十一月二十一日，唐高宗讲武于滻水之南，行三驱之礼，皇帝设讲武台观之。显庆五年（660）三月八日，又讲武于并州城北。高宗登飞阁，引群臣临观之。这次讲武以左卫大将军张延师为左军，左右骁武等六卫、左羽林骑士属焉；左武侯大将军梁建方为右军，左右威领武侯等六卫、右羽林骑士属焉。"一鼓而誓众，再鼓而整列，三鼓而交前。左为曲直圆锐之阵，右为方锐直圆之阵。三挑而五变，步退而骑进，五合而各复位。"高宗不好田猎，但与讲武校阅之礼设置的初衷却认识颇深，曾经向大臣们提到："讲阅者，安不忘危之道也。梁朝衣冠甚盛，人物亦多，侯景以数千人渡江，一朝瓦解。武不可黩，又不可弃，此之谓也。"②

武则天时代结束以后，经过中、睿两朝七年的较量，年轻英武的唐玄宗以"真宗庙社稷之主"③的姿态登上了政治舞台。唐玄

---

① 《通志》卷44《礼略第三》。
② 《通典》卷76《军礼一》。
③ 《旧唐书》卷96《宋璟传》。

宗于先天元年（712年）八月登上皇位，而此前两个月发生在辽西冷陉山一战，唐幽州都督孙佺率领的二万步卒，八千骑兵被奚酋李大酺打得落荒而逃，主将孙佺，周以悌被擒送于默啜，突厥皆杀之，唐河北防线告急。即位伊始，年轻的唐玄宗立即着手在河北重兵戍防。据记载唐玄宗先天元年（712）八月乙巳，"于莫州北置渤海军，恒、定州境置恒阳军，妫、蔚州境置怀柔军，屯兵五万。"[①]但即便如此，当年十一月奚、契丹二万骑仍悍然进寇渔阳，名臣宋璟无奈闭城不出，任由两蕃大掠而去，唐河北防线脆弱如此，兼之"自营州东覆，赵郡南侵，践更塞下，望猎尘而股战，拥麾陇上，闻虚弦而心死"，[②]河北边兵士气低落可想而知。为了改变这种状况，对外，玄宗首先于开元元年（713）二月正式承认渤海大祚荣政权，企图使它成为牵制辽西两蕃南下的重要力量；其次八月以南和县主和亲突厥王子杨我支，进一步改善与突厥的关系。对内，十月骊山讲武，调兵二十万，"戈铤金甲，照耀天地。列大阵于长川，坐作进退，以金鼓之声节之。玄宗亲擐戎服，持大鎗，立于阵前。"结果因"诸节部颇亦失序"，[③]玄宗大怒，以军容不整，治军不力的罪名流放兵部尚书郭元振，斩给事中唐绍，一以立威，二以表明整顿军事，以振国威之决心。此后在拟制《开元礼》时，更专门把讲武单列为一礼，以示重视。

根据《通典》卷132《开元礼纂类二十七·军礼一》的记载，唐代校阅讲武十分盛大：

第一，在时间选择上不同于汉魏之制，而是仿效周制，放在仲

---

① 《资治通鉴》卷210，先天元年20条。
② 《全唐文》卷222，张说《兵部试将门子弟策问三道》。
③ 《通典》卷76《军礼一》。

冬之月举行。

第二，参加讲武的军队数量众多。虽然还是分为左右两军，但左右厢各为三军，共为六军。

第三，在仪礼程序上更加严谨规范。在正式讲武之前有十一天的准备期，其中前十天要完成从奏请讲武，到简选军士，再到平整场地，设置皇帝的大次及御座，划定六军营域处所等诸多事项，最后一天是留给参加讲武的将帅士卒熟悉场地，磨合队形，再一次熟悉战队之法和各种条令法规的时间。到了正式讲武日，更是每一步都有明确的时间节点和礼仪内容：未明十刻，参加讲武的军士皆严备。未明七刻，挝一通鼓为一严，侍中奏开宫殿门及城门。未明五刻，挝二通鼓为再严，侍中奏请中严。文武百官皆着公服先置候驾。皇帝仪仗为小驾。同时参演将士皆贯甲，步军各为直阵以相俟，将军依仪各依格备物，大将军各依格处分军中，立于旗鼓之下。未明二刻，挝三通鼓为三严，诸卫各督其队与钑戟以次入陈于殿庭。诸侍卫之官各服其器服，诸侍臣俱诣西阶下奉迎帝驾。乘黄令进革辂于太极殿前，皇帝服武弁之服升驾出宫。

第四，讲阅诸制皆有十分明确的规定和要求。比如对场地的要求是"方一千二百步，四出为和门"，"依方色建旗为和门，于都壝之中及四角皆建以五彩牙旗，旗鼓甲仗威仪悉备于壝所。"六军营域的划分规定为："左右厢各为三军，皆上军在北，中军次之，下军在南，东西相向。中闲相去三百步，五十步立表一行，凡立五行，表闲前后各相去五十步，为三军进止之节。又别壝地于北厢，南向，为车驾停观之处。"侍臣和大臣的位置设置为"侍臣依左右厢立于大次之前，东西面北上。文武九品以上皆公服，文东武西，在侍臣之外十步所，重行北上。"观礼者先集于都壝北和门外，东方南方立于道东，西方北方立于道西，皆向辂而立，以北为上。外宾观礼区设置在皇帝大次以北,"东方南方立于大次东北,南向,以西为上;西方北方立于大次西北,南向,以东为上。若有观者,立于都壕骑士仗外,四周任意。然后讲武。"

第五,讲武校阅的全过程更像一场精心排练的表演。吹三通大角之后,中军将击鼓传令,三通鼓过,有司偃旗,步士皆跪。讲武正式开始。第一幕是誓诫,大将誓曰:"今行讲武,以教人战,进退左右一如军法。用命有常赏,不用命有常刑,可不勉之!"誓毕,"左右三军各长史二人振铎分徇以警众,诸果毅各以誓词遍告其所部。"第二幕是行军,骑兵和步卒听鼓看旗行动,"有司举旗,士众皆起,骑徒皆行,及表,击钲,骑徒乃止,又击三鼓,有司偃旗,士众皆跪。又击鼓,有司举旗,士众皆起,骑骤徒趋,及表乃止,整列立定。"士卒在旗鼓的号令下,先徐行后急行,考察的是士卒遵从号令,整齐划一的程度。第三幕是变阵交战。五军分别以直、方、锐、曲、圆五阵互为主客,"每变阵,二军各选刀楯之士五十人,挑战于两军之前。第一、第二挑战迭为勇怯之状,第三挑战为敌均之势,第四、第五挑战为胜败之形。"随后骑兵也如步军之法行五变之阵,"每阵各八骑挑战于两阵之间,如步军法。五阵毕,俱大击鼓而前,盘马相拟击而罢,遂振旅而还。"礼仪倒是严谨了,反复排演后也不出差错了,但是这样操练出来的军队到底有多少真正的战斗力就不得而知了。

四、唐以后的阅武礼

宋代阅武大体沿袭唐代礼制。根据《宋史》的记载,宋初"太祖、太宗征伐四方,亲讲武事,故不尽用定仪,亦不常其处。凿讲武池朱明门外以习水战。复筑讲武台城西杨村,秋九月大阅,与从臣登台观焉。"宋真宗时期"择地含辉门外之东武村为广场,冯高为台,台上设屋，构行宫。"更仿唐制拟定了阅武之仪。宋神宗首开殿前阅兵的先例，"阅左藏库副使开斌所教牌手于崇政殿，乃命殿前步军司择骁健者依法教习。自是，营屯及更戍诸军、畿甸三路民兵皆随伎艺召见亲阅焉。"宋孝宗乾道二年（1166年）十一月，皇帝幸候潮门外大教场进早膳，次幸白石教场阅兵，百姓观者如山。乾道四年（1168年）十月，改选茅滩一带平地，作阅武教场，此后宋孝宗淳熙四年（1177年）十二月，皇帝大阅于茅滩。十年（1183年）十一月，大阅于龙山。十六年（1189年）十月，大阅于城南大教场。宋宁宗庆元元年（1195）十月，因为皇帝尚在居丧期，于是令宰相于大教场教阅。庆元二年（1196年）十月，宋宁宗亲自大阅于茅滩。宋宁宗嘉泰二年（1202年）十二月，幸候潮门外教场大阅。① 可知，宋代阅武除初期定于九月外，其后大体都在冬季举行，除初期无固定地点外，此后大体都有专门选建的阅兵场所，其仪大体仿效唐制，表演性质较浓，甚至允许百姓随意观看。

此后有明一朝校阅讲武之风大减，在整个大明276年的统治时间里，有记载的阅武仅四次。明宣宗宣德四年（1429）"十月，帝将阅武郊外，命都督府整兵，文武各堂上官一员、属官一员扈从。（宋英宗）正统间，或阅于近郊，于西苑，不著令"。② 足见明代阅武既无定制，亦无定期，更无固定的阅兵场所，与唐宋相比已大为寥落。到了明穆宗隆庆年间，皇帝都懒得参加阅武，于是"大学士张居正言：'祖宗时有大阅礼，乞亲临校阅。'兵部引宣宗、英宗故事，请行之"。③ 皇帝这才不得已下令于第二年八月举行大阅礼，

---

① 《宋史》卷121《礼二十四·军礼》。
② 《明史》卷57《礼十一·军礼》。
③ 《明史》卷57《礼十一·军礼》。

并要求礼部拟定相关仪礼,这次大阅礼后,至到万历九年(1581年),明神宗才依隆庆故事再举行了一次大阅,此后,直到明朝灭亡,在60多年的时间里,再未举行过大阅之礼。

清朝入关之前,为了加强军备,同时也为了向汉文化看齐,清太宗天聪七年(1633),皇太极亲率贝勒等督厉众军,练习行阵,是为清朝大阅之始。据《清史稿》的记载,顺治十三年(1656年)"定三岁一举,著为令。寻幸南苑,命内大臣等擐甲胄,阅骑射,并演围猎示群臣"。[1] 此后南苑成为康雍乾嘉四朝主要的大阅场所。

但随着时代的变迁,唐宋以来的阅武礼在清朝也有了很多的变化。比如阅武的理念就发生了变化,雍正就直言大阅不过是"训练一端耳,遇敌决胜,在相机度势,神而明之,存乎其人,岂区区阵伍间遂足以制敌耶"?正因为如此,清代更加注重阅武形式的灵活多样。在大阅之外,康熙十二年(1673)至三十四年(1696)间多次行阅,"或卢沟桥,或玉泉山,或多伦诺尔,地无一定,时亦不以三年限也。"[2]康熙三十年(1691)又因喀尔喀内附而创设会阅之典,"时喀尔喀新附,圣祖思训以法度,特命会阅上都七溪,乃集其部众,并四十九旗藩王、台吉,豫屯百里外。"[3]而京营训练"岁以春、秋季月合操四次,春贯甲,秋常服,营阵规制如大阅。仲春、孟秋则按旗登城习鸣螺。兵部遣官稽阅,岁为常制。护军骁骑营一岁三校骑射,前锋护军营三岁一较骑射",可见京营训练和本军校阅已经成为一种常态,主要突出其作为日常战备的实用功能。除此之外,还有直省讲武,"以督、抚、提、镇为阃帅,岁季秋霜降日,校阅

---

[1] 《清史稿》卷90《礼九·军礼》。
[2] 《清史稿》卷90《礼九·军礼》。
[3] 《清史稿》卷90《礼九·军礼》。

演武场。先期立军幕,届日黎明,将士擐甲列阵,中建大纛,阃帅率将士行礼。军门鼓吹,节钺前导,遍阅行阵,还登将台。升帐,中军上行阵图式,请令合操。遂麾旗,声砲三、鸣角、击鼓。军中闻鼓声前进,鸣金则止。行阵发枪如京营制。阅毕,试材官将士骑射,申明赏罚,犒劳军士。"[1] 其制已接近近代阅兵仪式了。

第二节　四时田猎

子曰:"不教民战,是谓弃之。"《司马法·仁本》云:"天下虽安,忘战必危。天下既平,天下大恺,春蒐秋狝,诸侯春振旅,秋治兵,所以不忘战也。"因此在无战争之时,利用田猎练兵,正是古人在和平时期加强武备的重要方法之一。

一、周代四时田猎

如前文所述,周代在四时讲武校阅之余皆有田猎,据杜佑《通典》记载"周制,天子诸侯无事,则岁行蒐苗狝狩之礼。"[2] 其中"蒐苗狝狩之礼"就是四时田猎之礼名。

春季田猎名为"蒐(sōu)",同"搜"。为方便除去冬季枯萎的陈草,春季田猎主用火,主祭社神。等到焚烧野草的火停止燃烧,围猎结束,然后进献所猎获的野兽以祭祀社神。

夏季田猎名为"苗",杜佑取《周礼注疏》的说法,认为之所

---

[1] 《清史稿》卷90《礼九·军礼》。
[2] 《通典》卷76《军礼一》。

以名为苗是取"择取不孕任者，若治苗去不秀实者云"之义，即夏季狩猎主要猎取未怀孕的禽兽，就好像治苗时拔去发育不良的小苗一样。但是《左传·隐公五年》记："故春蒐、夏苗、秋獮、冬狩，皆於农隙以讲事也。"西晋杜预注："苗，为苗除害也。"因此也有人认为夏季狩猎主要是猎取残害庄稼的禽兽。因为夏天是庄稼苗生长旺盛的时间，保护庄稼不受禽兽的糟蹋，保障粮食的收成，也是维持一种平衡。夏田主用车，即用车驱赶野兽出来进行狩猎，车止而猎停，所获猎物进献于宗庙。

秋季田猎名为"獮（xiǎn）"，其本意为杀戮。秋獮的狩猎方式是用网，"中杀者多也，皆杀而网止。"所获猎物主祭四方，以报成万物。

冬季田猎名为"狩"，冬天万物休息，此时猎杀一些动物，不仅可以增加食物来源，也可以维持自然界的数量平衡。因此冬狩对野兽不加区分，都可猎取，"主用众，物多，众得取也。"周代冬狩是一年中最声势浩大的一次狩猎，《周礼·夏官·司马第四》记载了当时冬狩的完整过程：

遂以狩田，以旌为左右和之门，群吏各帅其车徒，以叙和出，左右陈车徒，有司平之。旗居卒间以分地，前后有屯百步，有司巡其前后，险野人为主，易野车为主。既陈，乃设驱逆之车，有司表貉于陈前，中军以鼙令鼓，鼓人皆三鼓，群司马振铎，车徒皆作，遂鼓行，徒衔枚而进。大兽公之，小禽私之，获者取左耳，及所弊，鼓皆駴，车徒皆譟，徒乃弊，致禽馌兽于郊。入，献禽以享。

其时，徒众用旌旗分立左右作为军门，军帅们各率领车辆和步兵依次出军门，分左右用战车和步兵布阵，乡师规正兵众出入军门的队列。旗树在卒与卒之间以划分地段,战车和步兵前后分别屯驻而相距百步,乡师巡视军阵前后。凡布阵,险阻的地方步兵在前,平坦的地方战车在前。布阵完毕,于是设置驱赶野兽的车和拦击野兽的车,肆师、甸祝等在阵前立表处举行貉祭。中军元帅敲击鼖鼓命令击鼓,鼓人击鼓三通,两司马们摇响金铎,车辆和步兵都起立,接着鼓人击鼓命令前进,步兵都口中衔枚而行。猎获的野兽,大的给公家,小的留给自己,猎获野兽的人割取兽的左耳以便计功。到达田猎场的边界处就停下来,鼓声震响如雷,车兵和步兵齐声欢呼。徒众于是停止田猎,集中所猎获的禽兽在国郊馈祭四方之神,进入国都后再进献所猎获的野兽以祭祀宗庙。这是一次完全按照实战程序进行的综合演练。

《礼记·王制》曰:天子诸侯"无事而不田,曰不敬;田不以礼,曰暴天物"。《春秋谷梁传》曰:"搜狩以习用武事,礼之大者也。"因此西周时期认为田猎不仅可以教民以战,而且还具有明贵贱,辨等列,习威仪的教化功能,田猎不仅仅是一项单纯的娱乐,甚至也不是一项单纯的准军事活动,而是具有明确礼仪要求的重要仪礼,在田猎中要遵守相应的许多规定。比如《礼记·王制》中说:"天子不合围,诸侯不掩群……昆虫未蛰,不以火田,不麛,不卵,不杀胎,不殀夭,不覆巢。"意即田猎之时,不得赶尽杀绝,昆虫尚未蛰伏之前,不得纵火焚烧田草,不捕获小兽、不取鸟卵、不杀怀胎之母兽、不捣毁鸟巢。围猎捕杀须围而不合,留有余地,不能一网打尽,斩草除根,逃出围栏的猎物则不得继续猎取。《春秋谷梁传》中说:"面伤不献,不成禽不献。禽虽多,天子取三十焉。一为乾豆,二为宾客,三为充君之庖。其余与士众以习射于射宫。射而中,田不得禽则得禽;射而不中,田得禽则不得禽。是以知古之贵仁义而贱勇力也。"也就是要求不能当面射杀猎物,那些伤及面部的猎物不能供献，这是因为军礼中有不杀降的规定，没长成的小兽不能供献，这是因为厌恶虐待幼少的行为。禽兽虽多，但天子只拿三十，自左膘而射入，达于右肩的猎物为上等，可以当作祭品使用；射中右耳的为次等，可以供宾客食用，射左髀达于右𩩻，为下等，可以供厨房使用。其余的分给众人，用以在射宫里演习射礼。

二、汉魏隋唐田猎之风

西周田猎以不争为仁，以揖让为义，体现了儒家仁义的精神要义，但是随着周礼的衰落，田猎逐渐变成了一项贵族官员们的娱乐活动，以至于劳民伤财，有违礼义的要求。比如贾谊就曾质问"夫射猎之娱，与安危之机孰急"？指出"今不猎猛敌而猎田彘，不搏反寇而搏畜菟，玩细娱而不图大患，非所以为安也"。[①] 杨雄也曾作《校猎赋》《长杨赋》，讽谏汉成帝不要沉迷于田猎，足见汉代田猎的目的完全与周礼相违背了。

南北朝时期，在各国争相复礼的大背景下，宋文帝元嘉二十五年（448）大搜于宣武场。此次田猎的全过程和诸多细节史书记载都甚为详细[②]，整个过程结合汉魏以来的皇帝出行礼仪设计，相当繁复，不难想见当时之声势浩大和刘宋君臣对此礼的用心颇多，也正因为如此，此后的梁陈两朝在田猎上并遵循刘宋之礼仪。其田猎时的法令"春禽怀孕，搜而不射；鸟兽之肉不登于俎，不射；皮革齿牙骨角毛羽不登于器，不射"。[③] 颇得周礼之精髓，后来为北朝田猎礼所采用，也足证元嘉田猎地影响了。

---

① 《汉书》卷48《贾谊传》。
② 详见《通典》卷76《军礼一》。
③ 《通典》卷76《军礼一》。

与南朝不同的是，北朝之北齐和北周则一心要效仿周代礼仪重建田猎之礼，不仅恢复了一年四时田猎的制度，名称也沿用春蒐、夏苗、秋狝、冬狩，在诸多礼仪规范、要求等细节上也尽可能模仿周礼，其中最接近周代田猎的当属北周：

后周仲春教振旅，大司马建大麾于莱田之所。乡稍之官，以旗物鼓铎钲铙，各帅其人而致。诛其后至者。建麾于后表之军中，以集众庶。质明，偃麾，诛其不及者。乃陈徒骑，如战之阵。大司马北面誓之。军中皆听鼓角，以为进止之节。田之日，于莱之北，建旗为和门。诸将帅徒骑序入其门，有司居门，以平其人。既入而分其地，险野则徒前而骑后，易野则骑前而徒后。既阵，皆坐，乃设驱逆骑，有司表褐于前。以太牢祭黄帝轩辕氏，于狩地为墠，建二旗，列五兵于座侧，行三献礼。遂蒐田，致禽以祭社。仲夏教茇舍，遂苗田。仲秋练兵狝田。仲冬大阅，遂狩。其致禽享祃教习之仪，并如古周法。①

隋炀帝大业三年（607）在榆林，适逢突厥启人及西域、东胡君长并来朝贡，炀帝想借机展示大隋甲兵之盛，于是命有司组织了一次声势浩大的冬狩。狩猎的场所南北达二百里，五里建一旗，共建四十旗。参加狩猎的部队达到了士卒一万人，骑五千匹，共分为四十军，光负责驱赶野兽的驱逆骑就多达1200骑，陈设于炀帝左右的鼓笳铙箫角等发号施令的乐器有240余件，"三驱过，帝乃从禽，鼓吹皆振，左而射之。每驱必三兽以上。"从炀帝以下以至于三军四夷百姓皆猎，可以想见真实参加围猎的人数远不止士卒骑兵

---

① 《通典》卷76《军礼一》。

之数，可谓旌旗招展，鼓角齐鸣，人声鼎沸。这样兴师动众，声势浩大的确符合炀帝一贯行事好大喜功的性格。但就算他按周礼的要求，在礼仪上做了"射兽，自左膘而射，达于右腢，为上等。达右耳本，为次等。自左髀达于右䯚，为下等。群兽相从，不得尽杀。已伤之兽，不得重射。又逆向人者，不射其面。出表者不逐之。田将止，虞部建旗于围内。从驾之鼓及诸军鼓俱振，卒徒皆噪。诸获禽者，献于旗所，致其左耳。大兽公之，以供宗庙，使归腊于京师。小兽私之。"等规定，但却已离周代田猎仁义之精神相去甚远了。

此后唐风尚武，根据《册府元龟》的记载统计唐高祖在位九年，一共狩猎20次，几乎年年狩猎，有时甚至一年数猎，其中仅武德四年（621）一年就狩猎达5次之多。狩猎地点包括周氏陂、华山、渭汭、渭北、好畤、九　山、仲山、清水谷、杜陵原、北原、华池之万寿原、骊山、白鹿原、华山之阴、高陵、甘谷、西原、鸣犊泉之野，足迹很广。时间上从十月至来年四月之间都有，完全就把田猎当作了一项乐此不疲的娱乐活动。这样毫无节制的田猎，连大臣们也看不下去了，武德五年（622）十二月校猎结束后，唐高祖志得意满的问众臣："今日畋乐乎？"谏议大夫苏代长讽谏进言："陛下游猎，薄废万机，不满十旬，未为大乐。"[1]但高祖不以为谏，依然如故，如此荒废朝政，也就埋下了后来玄武门之变的隐患吧。

唐太宗也是一个喜好田猎的帝王，他曾对吕王曲文泰言："丈夫在世，乐事有三耳。天下太平，家给人足，一乐也。草浅兽肥，以礼田狩，弓不虚发，箭不妄中，二乐也。六合大同，万方咸庆，张乐高宴，上下欢洽，三乐也。今日王可从禽，明当欢宴耳。"[2]

---

[1]　《册府元龟》卷115《帝王部·狩》。
[2]　《册府元龟》卷115《帝王部·狩》。

即位伊始，他忙于平定内忧外患，无心田猎，到贞观四年（630）朝局逐渐稳定后，当年十月辛丑、甲辰和十二月甲辰即三次行猎，此后也是频繁进行狩猎。他在位23年一共狩猎20次，地点主要有贵泉谷、鱼龙川、鹿苑、昆明池、骊山、少陵原、鹿台岭、广成泽、济源之山、伊阙、武功、岐山之渑池县天池、华原等。但唐太宗并不把田猎看作是单纯的娱乐，而是视为操练军队的准军事行动，贞观十六年（642）十二月，狩于骊山。由于地势险绝，人马劳顿，加之天气阴寒晦暝，导致围兵没有完成合围的任务，唐太宗登山顶见围断，于是对从官说："此山险绝，马蹄不通，缘危越涧，人亦劳止。若依军令，阙围有罪，朕为万乘主，不可登高，就下察人之过。"[①]于是选择回辔入谷以避之，既免去了士兵的责罚，又不违军令，可见太宗的狩猎就是一种军事演习。

唐高宗性格仁懦，即位伊始，永徽元年（650）冬出猎，在路遇雨。因问谏议大夫谷那律曰："油衣若为得不漏？"对曰："能以瓦为之，必不漏矣。"上大悦。因此不复出猎。整个唐高宗朝狩猎次数锐减，仅有7次，在这为数不多的狩猎中，唐高宗全程参与的更是屈指可数，可见他的确不是一个尚武之人，加之身体原因，对于田猎的确缺乏兴趣，为数不多的几次也是迫于礼仪，而勉强为之。

唐玄宗在位44年，一共狩猎也只有7次，自开元十七年（729）后就基本停止狩猎了。究其原因不是皇帝不好田猎，而是大臣们对田猎颇有微词。比如唐玄宗即位第一年，即先天元年（712）十一月，猎于骊山之下。侍中魏知古就写诗进谏："此欲诚难纵，兹游不可常。"唐玄宗大为扫兴，但还是耐着性子解释"予时因暇景，为苗

---

① 《册府元龟》卷115《帝王部·狩》。

而畋，开一面之罗，展三驱之礼。无情校猎，但慕前禽。"[1]并表扬魏知古劝谏得好，赐物五十段。但是此后大臣们反对田猎的声音并未中止，开元三年（715）十月大搜于岐州凤泉汤，唐玄宗还以制书的形式，正式解释了举行田猎的原因和自己的委屈："朕自祇膺图箓，于今四年，每巡幸郊畿，不出百里，且爱力而节用，岂盘游而好乐间者？四方无事，百穀有成，因孟冬之月，临右辅之地，戒兹五校，爰备三驱，非谓获多，庶以除害。"[2]此次狩猎最终因天气原因而取消，但是从玄宗不得不颁布制书说明情况来看，恐怕也有迫于朝议的原因吧。

尽管玄宗朝迫于各种原因在田猎上有所节制，但《开元礼》还是把皇帝田猎作为军礼之一进行了详细规定和说明：

第一，与唐代校阅讲武之礼一样，唐制于仲冬刚日行田狩之礼，准备时间也是十一天。即"前期十日，兵部征众庶，循田法；虞部量地广狭，表所田之野。前狩三日，本司建旗于所田之后，随地之宜"。

第二，先期一日围田，若围广，可先期二日，甚至三日完成围田。"其两翼之将皆建旗，及夜布围讫。"三面合围，唯阙南面。等到正式狩猎，视情况打开缺口。

第三，在陈设上规定"鼓吹令以鼓六十陈于皇帝东南，西向；六十陈于皇帝西南，东向，皆乘马"。各备箫角，设驱逆骑120骑。

第四，在程序上依汉魏以来做法，"三驱过，皇帝乃从禽左而射之。每驱必三兽以上。皇帝发，亢大绥[3]。皇帝既发，然后公王发。王者，亢小绥。诸公既发，以次射之讫，驱逆之骑止，然后百姓猎。"

---

① 《通典》卷76《军礼一》。
② 《册府元龟》卷115《帝王部·狩》。
③ 古代天子田猎时所建之旌旗。

第五，在礼仪要求上一依前朝故事，"凡射兽，自左而射之，达于右腢，为上射；达右耳本，为次射；左髀达于右䯚，为下射。群兽相从，不尽杀。已被射者，不射。又不射其面，不剪其毛。其出表者不逐。"狩猎结束后，所获禽兽一律献于旗下，"致其左耳。大兽公之，小兽私之。其上者以供宗庙，次者以供宾客，下者以充庖厨。乃命有司镳兽于四郊，以兽告至于庙社。"

唐肃宗时期由于战乱频仍，根本无心也无暇狩猎，而代宗可怜的一次狩猎也只能在禁苑中举行。安史之乱后，藩镇割据，唐中央权威大减，此后诸帝狩猎大多在城南或禁苑，时间多为一天，行田猎礼仅仅作为中央礼制的一种需要或者要求装点着唐王朝日益惨淡的颜面。

宋代重文轻武，打压武人，田猎的规模大为缩小，多以秋冬或正月田于四郊，不过射走兔数只而已。宋太宗时期，"帝雅不好弋猎，诏除有司行礼外，罢近甸游畋，五坊所畜鹰犬并放之，诸州不得以鹰来献。……腊日，但命诸王略畋近郊，而五坊之职废矣。"宋真宗时更"禁围草地，许民耕牧"。田猎之礼久废不行，到宋仁宗时，迫于强军的现实需要，有大臣提出重修田猎之礼，于是皇帝猎于杨村，第二年又猎于城南东韩村，结果"其后以谏者多，罢猎近甸。自是，终靖康不复讲"。①

此后，汉族田猎之风大衰，终明一朝围猎活动都十分衰落。

三、清代木兰秋狝

木兰秋狝，即清朝皇室权贵的秋季围猎盛事。"木兰"一词，本系满语，汉语之意为"哨鹿"，亦即捕鹿，后成为清朝皇家猎场

---

① 《宋史》卷121《礼二十四》。

之名。秋狝，就是秋季田猎之礼。

明末，聚居在白山黑水间素有狩猎习俗的满族日益强大。作为马背上的民族，满族历来十分重视狩猎，通过狩猎不仅可以练兵、强体，也是保存民族记忆，传承民族文化的重要途径，因此每年都要举行大规模的狩猎活动。

《清朝通志》记载说，天命十年（1625），太祖努尔哈赤率部自沈阳城出猎，严饬武备，申明禁令，训示行军之法。此后太宗皇太极将满族狩猎的传统与汉族田猎礼仪结合在一起，于天聪六年（1632），勅谕诸贝勒大臣："夫搜、苗、狝、狩，古人原以之讲武，须有纪律，然后人不敢犯。"这就明白地说，狩猎是值得提倡的，旨在练兵讲武，提高士兵的身体素质、作战能力和战斗力。世祖顺治帝在君临天下的第一年就数幸南苑，令禁旅行围，并郑重其事的订立了大狩扈从例。圣祖康熙皇帝玄烨即位亲政以后，更是频繁地举行行围狩猎。康熙元年，清府在大狩扈从例的基础上制订了更为详细的车驾行围条例。

"康熙二十年（1681年），幸塞外，猎南山。寻出山海关，次乌拉，皆御弓矢校猎。越二年六月，幸古北口外行围，木兰蒐猎始此。"[1]木兰在承德府北四百里，属翁牛特旗。最早是藩王进献给皇帝的蒐猎场所，周围共一千三百余里，其中林木葱郁，水草丰茂，野兽众多，早在辽金时期就是狩猎之地。自康熙二十二年（1683）以后，清朝便开始了每年一次的木兰秋狝。考虑到每年秋狝所需，清朝设"（木兰）围场凡六十余所，每岁大狝，或十八九围，或二十围，逾年一易。"[2]以保证围场的生态平衡。康熙六十一年（1722），将木兰秋狝定为

---

[1] 《清史稿》卷90《礼九·军礼》。
[2] 《清史稿》卷90《礼九·军礼》。

永制。

康熙帝一直重视狩猎,直到六十九岁高龄时,还坚持塞外行围。雍正帝在位时期,虽然因种种原因没有举行木兰行围活动,但一再强调要在"适宜"的时候举行"秋狝"之礼。乾隆帝对于秋狝大典相当重视,从乾隆六年到乾隆五十六年,五十年间秋狝次数达四十次之多,直到八十岁高龄还亲自率军木兰秋狝。因为过分喜好木兰秋狝,以至有的大臣竟上书劝谏,奏请暂停围猎,以免劳民伤财。乾隆皇帝毫不客气的严厉批驳说:"古者蒐苗狝狩,因田猎讲武事。皇祖(康熙)行围,既神戎伍,复举政纲。至按历蒙藩,曲加恩意,尤为怀远宏略。且时方用兵,数有征发,行围偶辍,旋即兴举。况今承平日久,人习宴安,弓马渐不如旧,岂可不加振厉?"①力排众议,坚定不移地推行康熙朝以来的这一大典。

嘉庆帝曾在乾隆四十九年(1784)随驾进驻避暑山庄和进行木兰行围,因此对木兰秋狝留下了很深的印象。但嘉庆即位后,最初的三年是太上皇训政时期,且因乾隆年事已高而未有行围。嘉庆四年(1799),亲政后又由于"教事"相当紧张,仍顾不上木兰秋狝。直到嘉庆七年(1802),国内形势稍有好转后,他才第一次正式举行秋狝大典,并且郑重其事,发布上谕作了一番解释说:秋狝大典,为我朝家法相传,所以肄武习劳,怀柔藩部者,意至深远。……举行秋狝,实本继志之承。若以山庄为从事游览,则京师宫馆池籞,岂不较此间更为清适,而必跋涉道途,冲履泥淖,远临驻跸乎?②

有清一朝共举行了105次木兰秋狝,光秋狝一项次数之多就居历朝之首。当年康熙帝之所以决定每年秋天在木兰举行田猎活动,

---

① 《清史稿》卷90《礼九·军礼》。
② 《清仁宗实录》卷101,第352—353页。

并非单纯为了狩猎娱乐，而是具有重大的政治、军事意义。木兰围场靠近蒙古族聚居之地，通过每年行围，皇帝可以在那里定期接见蒙古各部的王公贵族，进一步巩固和发展满蒙关系，加强对漠南、漠北、漠西蒙古三大部的管理，巩固北方边防，此其一。其二，木兰围场远离京城，每年长途跋涉行围，可以使八旗官兵既习骑射，又习行军，用以保持八旗官兵传统的骁勇善战和醇朴刻苦的本色，抵御骄奢颓废等恶习的侵蚀，做到安不忘危、常备不懈。因此有人形象比喻说105次木兰秋狝就相当于清朝搞了105次实兵演习。这才是康熙将木兰秋狝定为永制的良苦用心吧。

第三节　大射之礼

射礼，是我国重要的传统礼仪，从先秦以来，无论是国家层面的大射礼还是民间主导的乡射礼，一直延续，生生不息。

一、周代射礼

那么，为什么要行射礼呢？究其原因，主要有二：

第一，从行射礼的礼义着手：据《礼记·射义》记载"故男子生，桑弧蓬矢六，以射天地四方，天地四方者，男子之所有事也。故必先有志于其所有事，然后敢用谷也。"也就是说，古时男子出生，其俗常以桑木作弓，蓬草为矢，射天地四方，象征男儿应有志于四方。此即射礼的第一层礼义。《射义》又载："射者，仁之道也。射者，求正诸己，己正而后发。发而不中，则不怨胜己者，反求诸己而已矣。"这句话的意思是说射箭中暗含了仁道，射手先要端正自己的姿势，然后才能射箭，射而不中，也不怨恨赢了自己的人，只有反过来在自己身上找原因罢了。而射手之所以能射中是因为他端正的姿势，而姿势之所以端正恰恰是因为射手的志正，心平，这就是《射义》中说的"故射者，进退周还必中礼；内志正，外体直；然后持弓矢审固，持弓矢审固，然后可以言中。此可以观德行矣"的道理了。因此射礼的深层次礼义就在于通过射礼可以教化人心，推行仁道。

第二，从行射礼的实际功用来看：据《通典》记载："周初诸侯，尚千八百国，所以崇三射之制，立五善之目，于兹选士。"可知，周初行三射礼的最初目的就在于选士，尤其是大射礼，"周制，诸侯岁献贡士于天子，天子试之射宫。其容体比于礼，其节比于乐而中多者，得与于祭；数与于祭而君有庆，益以地。其容体不比于礼，其节不比于乐而中少者，不得与于祭；数不与祭而君有让，削以地。是以诸侯君臣尽志于射以习礼乐。"也就是说每年诸侯要向周天子推荐士，天子于是就通过射礼来考核选拔这些士，在射礼考核中，士若合于礼的要求，且可以参加天子的祭祀，考核的结果与诸侯息息相关，若自己推荐的士多次通过射礼考核，那么诸侯不仅能得周天子的表扬，还可以得到更多的土地作为赏赐，反之则会招致天子的斥责，甚至被削夺土地，因此诸侯莫不尽心于射礼的研习。

古代的射礼有四种，分别是大射、燕射、宾射和乡射。《毛诗注疏》曰：

大射者，将祭择士于射官。宾射者，谓诸侯来朝，与之射于朝。燕射者，因燕宾客，即与射于寝。此三者，其处不同，其侯亦别。……三者别文，皮侯即大射也；五采之侯，宾射也；兽侯，燕射也。不言乡射者，乡射是州长与其民射于州序之礼，天子诸侯无之，故不言也。

这段话讲到了四种射礼的区别。其中大射、宾射和燕射是天子诸侯之礼，也就是周代所谓的"三射之制"，乡射是地方长官于州序（州的学校）以礼会民而习射，天子诸候并无乡射礼。侯，即箭靶，不同形式的射礼使用的侯，同一射礼中不同身份的人使用的侯都不相同。

射名	行礼目的	行礼地点	使用箭靶
大射	择士	射官	皮侯
宾射	诸侯来朝	朝	五采之侯
燕射	因宴宾客	寝	兽侯
乡射	以礼会民合众	州序	

其中宾射和燕射历来归于嘉礼，兹不论也。大射礼是天子、诸侯祭祀前选择参加祭祀人而举行的礼仪。周代射礼之制颇为周详。两汉以后，射礼逐渐简化。唐开元年间，新定仪式，将大射礼列为军礼。唐玄宗一朝举行大射礼颇多。宋太宗淳化五年，诏定其礼，礼部官以旧礼过于烦琐，依唐时礼仪多有修订，但使用不多。苏洵《太常因革礼》中将其再次列为嘉礼，郑居中修撰《政和五礼新仪》亦因之。至明代，明太祖再次将大射礼定为军礼，参礼者除皇帝以外多为品官，之后优秀贵族子弟及地方俊秀亦可参加。明代大射礼可以由品官监行，不必皇帝亲至。因此，在这里，我们主要论述的就是大射礼。

根据《通典》卷77《军礼二》，周代大射分为天子大射和诸侯大射两大类：

周制，天子之大射，天官司裘①供武侯、熊侯、豹侯②，设其鹄③。夏官射人④以射法理射仪。王以六耦射三侯⑤，三获三容，乐以驺虞，九节⑥五正⑦。诸侯以四耦射二侯，二获二容，乐以狸首⑧，七节三正。孤卿大夫以三耦射一侯，一获一容，乐以采苹，五节二正。士以三耦射豻侯⑨，一获一容，乐以采蘩，五节二正。

从中我们可以得知能参加天子大射礼的主要是王、诸侯、卿大夫和士四种人。天子所射箭靶为武侯，诸侯射熊侯、卿大夫以下射

---

① 官名。《周礼》谓天官所属有司裘，设中士二人、下士二人及府、史、徒等人员。掌制作毛皮服装，管理王国在有关皮革诸事。

② 武侯即周天子用的箭靶。熊侯是诸侯所射的箭靶。豹侯乃卿大夫以下所射的箭靶。

③ 鹄：箭靶的中心，箭靶由梓人负责制作。箭靶的大小取决于箭靶设置的距离远近。最大的靶宽一丈八尺，但圆心即鹄为六尺。一般而言，鹄皆居侯中三分之一，中二尺。今儒家云"四尺曰正，二尺曰鹄"。

④ 官名。《周礼》谓夏官司马所属有射人，设下士二人，上士四人，下士八人，以下有府、史、胥、徒等人员。掌管公、孤、卿、大夫朝见王的位置，在旁赞相礼依然在射礼仪时，辅导周王发射，并助大司马演习射仪。其职多关礼仪，而以射仪为主，故为夏官司马之属。

⑤ 三侯者，即五正、三正、二正之侯也。二侯者即三正、二正之侯也。一侯者即二正而已。五采之侯，即五正之侯也。正之言正也，射者内志正，则能中焉。画五正之侯，中朱，次白，次苍，次黄，玄居外。三正，去玄黄。二正，去白苍而画以朱绿。

⑥ 《仪礼·大射》："司马命量人量侯道与所设乏以狸步，大侯九十，参七十，干五十。"郑玄注："量侯道，谓去堂远近也。"故节者就是步数，九节就是箭靶距离射者90步，七节就是70步，五节就是50步

⑦ 射仪用的五色箭靶，正中朱色，依次向外为白、苍、黄、玄诸色。

⑧ 逸诗篇名。上古行射礼时，诸侯歌《狸首》为发矢的节度。

⑨ 古代士人射仪的箭靶。以豻皮为靶心，两边并饰以豻皮。豻（àn）：古代北方的一种野狗，似狐，黑嘴，或猿一类的动物。

豹侯，士射豻侯。侯的规格分为三种，即五色、三色和二色箭靶。射手与箭靶的距离也分为三种，即九节、七节和五节。大射礼上天子用12支箭射分别射三种不同规格的箭靶，诸侯用8支箭射三色和二色靶，卿大夫用6支箭射二色靶，士用6支箭射豻侯。天子射，奏《驺虞》；诸侯射，奏《狸首》；卿大夫射，奏《采苹》；士射，奏《采蘩》，各以为节。

诸侯将有祭祀之事时，也要与群臣行大射礼，选拔参加祭祀的人，射中者得与祭，不中者不与祭。其制为：

诸侯大射之仪，君有命戒射。前射三日，司马命量人①量侯道与所设乏，以狸步。大侯凡九十，糁侯七十，豻侯五十。巾车②张三侯：大侯之崇见鹄于糁，糁见鹄于豻，豻不及地武，不系左下纲。设乏西十北十。凡乏用革。

周代射礼之繁复和礼制的等级森严可见一斑。两汉以后，射礼逐渐简化。

二、唐代射礼

南朝宋武帝为宋公时，"在彭城，九月九日，出项羽戏马台射，其后相承，以为旧准。"③这就是后世季秋大射的由来。

据《通典》卷77《军礼二》记载，北齐射礼分为两种，一种

---

① 周代官名，属司马，掌量涂数者。量侯道，谓去堂远近也。狸之伺物，每举足止，视远近，发必中也。是以量侯道取象也。

② 周代官名。《周礼·春官·序官》："巾车，下大夫二人，上士四人，中士八人，下士十有六人。"郑玄注："巾车，车官之长。"

③ 《通典》卷77《军礼二》。

是春射:

三月三日，皇帝常服，乘舆诣射所，升堂即座，皇太子及群官坐定，登歌，进酒行爵。皇帝入便殿，更衣以出，骅骝令进御马，有司进弓矢。帝射讫，还御坐，射悬侯，又毕，群官乃射五埒。一品三十二发[1]，二品三十发[2]，三品二十五发[3]，四品二十发[4]，五品十五发[5]，侍官御仗以上十发[6]。

另一种即为季秋大射，"帝备大驾，常服，御七宝辇，射七埒。正三品以上第一埒，一品五十发，二品四十六发，从三品四品第二埒，三品四十二发，四品三十八发，五品第三埒，三十二发。六品第四埒，二十七发。七品第五埒，二十一发。八品第六埒，十六发。九品第七埒，十发。大将、射司马各一人，录事二人。七埒各置埒将、射正参军各一人，埒士四人，威仪一人，乘白马以导，的别参军一人，悬侯下府参军一人。又各置令史埒士等员，以司其事。"北齐季秋大射所用箭的数量明显多于春射，规模更大，规格更高，仪制更加精细，等级更为分明，因此北齐时季秋大射是更为重要的射礼。但从这段记载可知，不管是北齐的春射还季秋大射从行礼的目的和仪式本身都完全不同于《仪礼·大射仪》之大射，更像基于加强全民武备的射击操练，从这一角度而言，有学者提出真正将射

---

[1] 一发调马，十发射下，十五发射上，三发射獐，三发射兽头。
[2] 一发调马，十发射下，十发射上，三发射獐，三发射帖，三发射兽头。
[3] 一发调马，五发射下，十发射上，三发射獐，三发射帖，三发射兽头。
[4] 一发调马，五发射下，八发射上，二发射獐，二发射帖，二发射兽头。
[5] 一发调马，四发射下，五发射上，二发射獐，二发射帖，一发射兽头。
[6] 一发调马，四发射下，五发射上。

礼作为军礼加以认识则可能始自北齐[1]。

至唐代，大射礼早已不复周制原貌。贞观年间编纂《贞观礼》，房玄龄等与礼官建议，增加了"天子大射、合朔陈五兵于太社、农隙讲武"[2]三项军礼，这是历史明确把大射礼纳入军礼的记载。值得注意的是《隋书·礼仪三（军礼）》中记载："隋制，大射祭射侯于射所，用少牢。"[3]即隋代大射礼规定，在仪式之前先要在射所用少牢的规格祭祀射侯，这一礼仪被记载在隋志的军礼部分，因此有人据此推断隋代大射礼应该已归入军礼之中[4]。但是笔者考虑到《隋书》的作者是唐初魏征等人，所以不排除他们参照贞观年间的礼制分类进行撰写的可能，因此，比较审慎的态度还是将唐代作为大射礼纳入军礼的时期。后来玄宗朝编撰《开元礼》，则更加明确地把"皇帝射于射宫"和"皇帝观射于射宫"作为军礼的两大内容，并在《开元礼》中不惜笔墨对其仪注进行了详尽的记载[5]，在此不再赘述，只取《通典》中的一段较为简略的文字以窥唐代开元礼中大射礼的一角。

大唐之制，皇帝射于射宫则张熊侯，观射于射宫则张麋侯，皆去殿九十步。太乐令设宫悬之乐，鼓吹令设十二案于殿之庭。若游宴射则不陈乐悬。三月三日、九月九日，赐百僚射。[6]

---

[1] 王博.《唐宋射礼的性质及其变迁》，《唐史论丛（第十九辑）》，2014年。

[2] 《唐会要》卷三七《五礼篇目》，第669页。

[3] 《隋书》卷8《礼仪三》。

[4] 杨志刚：《中国礼仪制度研究》，上海：华东师范大学出版社，2000年，第451页。

[5] 《通典》卷133《开元礼纂类二十八·军礼二》。

[6] 《通典》卷77《军礼二》。

但有意思的是唐朝大射礼仪注记载最详尽的时期恰恰是大射礼逐渐没落的时期。作为军礼，唐代大射礼最为兴盛的时期是武德、贞观年间。据《唐会要》卷26《大射》记载：

（唐高祖）武德二年正月，赐群臣大射于元武门。四年八月。赐三品已上射于武德殿。

（唐太宗）贞观三年三月三日，赐重臣大射于元德门。五年三月三日，赐文武五品已上射于武德殿。六年三月三日，赐群臣大射于武德殿。十一年三月三日，引五品已上，大射于仪凤殿。十六年三月三日，赐百僚大射于观德殿。其年九月九日，又赐文武五品已上，射于元武门。

（唐高宗）永徽三年三月三日，幸观德殿，赐群臣大射。五年九月三日，御丹霄楼，观三品已上行大射礼。四日，赐五品已上射于永光门楼，以观之。麟德元年三月三日，展大射礼。自后。遂不行此礼。

据此统计，高祖朝行大射礼2次，时间选择上，或考虑到登基后第一个正朔，或为了彰显平定王世充、窦建德重大军事胜利，所以比较随意。太宗朝行大射礼的次数最多，共计6次，而且时间选择比较固定，均在三月三日，甚至贞观十六年（642），分别在三月三日和九月九日都举行了大射礼。地点也比较固定，基本上都选择在元武门、武德殿、元德门、仪凤殿、观德殿，可见唐太宗时期的大射礼与北齐射礼有一定的渊源关系，而且已经相对比较成熟稳定，呈现出常态化的特点，成为国家彰显武德、加强武备的重要大典。

高宗朝也有3次大射的记载，基本集中在高宗朝早期，可以视为是对贞观故事的延续。但是唐高宗本人不好武，对大射礼兴趣不大，所以在麟德元年（664）第三次行大射礼后，遂不再行此礼了。自此至玄宗朝之间长达半世纪之久，射礼都处于长期停滞状态。直到唐睿宗景云二年（711），谏议大夫源干曜才又奏请行射礼，但当时正值朝局风云变幻的关键时期，皇帝似乎根本无心礼制的恢复和建设。

唐玄宗即位伊始，为了彰显天威浩荡，于"先天元年（712）九月九日，御安福门观百僚射，至八日乃止"。[1] 唐这前的大射礼通常不过一到两天，但这一次，为了庆贺新帝登基，整整持续了8天，可见参与人数之众，规模之大，很有可能此次也是唐代所实施的最大的一次射礼了。但是这样的射礼也逐渐失去了加强武备、全员练兵的原有礼义，变成全民狂欢的娱乐性节日了。而且大射礼经过长达半个世纪的沉寂后，唐朝官员不仅射箭技艺退步了，对行大射礼的初衷也淡忘了。

唐玄宗"开元四年（716）三月三日，赐百官射。时金部员外郎卢廙，与职方员外郎李蕃，俱非善射者，虽引满俱不及垛，而互言工拙。蕃戏曰：与卢箭俱三十步。左右不晓，蕃箭去垛三十步。卢箭去身三十步也"。[2] 可怕的不是百官射艺的退步，而是他们对这种结果的态度，竟然是全然不在意，不畏惧的，而且还可以相互取笑，足见"此时的射礼早已不复唐代前期的礼仪性及严肃性，更多的则是充满游戏性质的活动而已。这种射礼严谨性的缺失无疑是导致其最终得以荒废的重要原因之一"。[3]

开元八年（720）九月七日，制赐百官九日射。结果给事中许

---

[1] 《唐会要》卷26《大射》。
[2] 《唐会要》卷26《大射》。
[3] 王博.《唐宋射礼的性质及其变迁》，《唐史论丛（第十九辑）》，2014年。

景先驳奏曰：

　　近三九之辰，频赐宴射，已着格令，犹降纶言。但古制虽在，礼章多阙，官员累倍，帑藏未充，水旱相仍，继之师旅，既不以观德，又未足威边，耗国损人，且为不急。夫古天子，以射选诸侯，以射饰礼乐，以射观容志，故有驺虞、狸首之奏，采苹、采蘩之乐。天子则以备官为节，诸侯以时会为节，卿大夫以循法为节，士以不失职为节，皆审志固行，德美事成，阴阳克和，暴乱不作。故诸侯贡士，亦试于射宫，容体有亏，则黜其地，是以诸侯君臣，皆尽志于射，射之礼也其大矣哉！今则不然，众官既多，鸣镝乱下，以苟获为利，以偶中为能，素无五善之容，颇失三侯之礼。凡今一箭偶中，是费一丁庸调，用之既无恻隐，获之固无惭色。[1]

　　许景先的奏疏暴露出当时大射礼已经变味了，不仅失去了礼仪该有的庄重感和仪式感，而且礼仪所蕴含的礼义也完全丢失了，变成了一场闹哄哄的闹剧，白白浪费国家的钱粮，因此许景先认为完全没有再行大射礼的必要了，奏请罢停当年的大射礼。本来玄宗制书是九月七日所下，许景先的奏疏完全可以不予理会，毕竟大射礼将于两天后举行，但此议最终被玄宗采纳，当年的大射礼停摆了。由此可见玄宗对大射礼存在的问题是了然于胸的，从最初的兴致高涨至现在也变得兴趣缺缺了。

　　开元二十一年（733）八月二十三日敕："大射展礼，先王朌仪，虽沿革或殊，而遵习无旷。往有陈奏，遂从废寝。永鉴大典，无忘旧章，……自我而阙，何以示后。其三九射礼，即宜依旧遵行，以

---

[1] 《通典》卷77《军礼二》。

今年九月九日，赐射于安福楼下。"①但唐代大射礼要想延续下去，显然不是一纸诏书，或者仅仅依靠皇帝"无忘旧章"的情怀就能实现的，因此这次大射礼就成为了唐代射礼的绝响，此后唐射礼遂废。

三、唐以后射礼的变迁

到了宋代，大射礼进一步向宴射礼靠拢，如《宋史》卷 144《礼十七》记载：

> 大射之礼，废于五季，太宗始命有司草定仪注。其群臣朝谒如元会。酒三行，有司言："请赐王、公以下射。"侍中称制可，皇帝改服武弁，布七埒于殿下，王、公以次射，开乐县东西厢，设熊虎等侯。陈赏物于东阶，以赉能者；设丰爵于西阶，以罚否者。并图其冠冕、仪式、表着、埒埓之位以进。帝览而嘉之，谓宰臣曰："俟弭兵，当与卿等行之。"

也正因为如此，宋代也就最终比照宴射礼将大射礼归于嘉礼的行列了。

到了明代，据《明会典》记载：明太祖洪武三年（1370）五月诏行大射礼，"上以先王射礼久废，弧矢之事专习于武夫，而文士多未解。至是，诏太学生及群县学生员皆令习射，凡遇郊庙之祭，先期命文武官执事行大射之礼。乃命工部制虎中、鹿中、及诸侯卿大夫射侯等器，命礼部考定其仪，斟酌古今、烦简适中。"于是礼部官员议定大射之礼，再次将其定为军礼，并规定"凡郊庙祭祀，

---

① 《通典》卷 77《军礼二》。

先期行大射礼"。①

明代大射礼的仪注集中保留在《大明集礼》卷35《军礼三》中。根据《大明集礼》的记载，明代大射礼一共分为戒百官、张侯、设乐、陈器、设位、就位、燕礼、立司正、纳射器比三耦、司射诱射、御射、公及宾诸公卿大夫射、取矢视箅、饮不胜者、再射、礼毕等十六个步骤，整个过程虽然完成，但十分繁复。

明代大射礼效仿周礼，有严格的等级划分，比如"射鹄有七。虎鹄五采，天子用之。熊鹄五采，皇太子用之。豹鹄五采，亲王用之。豹鹄四采，文武一品、二品者用之。糁鹄三采，三品至五品用之。狐鹄二采，六品至九品用之。布鹄无采，文武官子弟及士民俊秀用之"。再如"设射中②五。皮树中，天子大射用之。闾中，天子宴射用之。虎中，皇太子亲王射用之。兕中，一品至五品文武官用之。鹿中，六品至九品及文武官子弟士民俊秀通用之。"除射鹄和射中外，"凡射时，置乏③于鹄右。乏又名容，……职执旗及待获者以蔽身。设楅④及韦，当射时置于前，以齐矢。"⑤

明代大射礼由于过程繁多，所以参与服务的人员分工较细，人数也较多：

其职事，设司正官二，掌验射者品级尊卑、人力强弱而定耦，其中否则书于箅，兵部官职之。司射二，掌先以强弓射鹄诱射，以鼓众气，武职官充之。司射器官二，掌辨弓力强弱，分为三等，验

---

① 《明史》卷157《礼十一》。
② 古代行射礼时盛筹码的器具。
③ 古代射礼唱靶者用以避箭的器具，其形略似屏风。
④ 古代行射礼时插箭的器具。
⑤ 《明史》卷157《礼十一》。

人力强弱以授,工部官职之。举爵者,掌以马湩①授中者饮,光禄寺官职之。请射者,掌定耦射。射毕,再请某耦射,侍仪司职之。待获者,掌矢纳于司射器者,以隶仆供其役。执旗者六人,掌于容后执五色旗。如射者中的,举红旗应之。中采,举采旗应之。偏西,举白旗。偏东,举青旗。过于鹄举黄旗。不及鹄,举黑旗。军士二人掌之。引礼二,掌引文武官进退,侍仪司舍人职之。②

除了大射礼外,明太祖还诏令国学及郡县生员皆令习射,并颁仪式于天下。规定:"朔望则于公廨或闲地习之。其官府学校射仪,略仿大射之式而杀其礼。射位初三十步,自后累加至九十步。射四矢,以二人为耦。"③

总之,射礼是中华礼仪文化的重要形式,是我们民族气质、性格、思想的重要表达载体,是华夏独特的人文景观。射礼中有大量的华夏文明精华积淀,讲究谦和、礼让、庄重,提倡"发而不中、反求诸己",重视人的道德自省。其本质是一种健康道德的巧妙导引方式,是华夏先民寓德于射、寓礼于射、寓教于射的珍贵的人文实践成果。

第四节　合朔④伐鼓

日食、月食在古代被视为一种异象,中国古代社会认为这是某

---

① 指用马乳酿成的酒,即马奶酒。
② 《明史》卷157《礼十一》。
③ 《明史》卷157《礼十一》。
④ 日月运行处于同宫同度,谓之合朔。一般指夏历的每月初一。

种猛兽在吞食太阳和月亮，于是人们希望能用某些巨大的声响把猛兽吓跑，达到救日（月）的目的。

一、先秦救日礼仪

现存最早的日食记录，见于古文尚书的《胤征》篇，当时仲康开始治理天下，负责掌管日月运行的羲和嗜酒荒淫，于是仲康派胤侯率领六师去征伐羲和。其文曰：

> 惟时羲和颠覆厥德，沈乱于酒，畔官离次，俶扰天纪，遐弃厥司，乃季秋月朔，辰弗集于房，瞽奏鼓，啬夫驰，庶人走，羲和尸厥官罔闻知，昏迷于天象，以干先王之诛。

所谓"辰不集于房"就是说日月不安其位，这里特指日食而言。仲康认为羲和失德，沉醉于酒，背离职守，搞乱了日月星辰的运行，大大有违他的职责。季秋月朔日，出现日食，乐官进鼓而击，啬夫奔驰取币以礼敬神明，众人跑着供役。羲和主管其职却不知道这件事，对天象昏迷无知，因此触犯了王的讨伐。据考证，这次日食发生于夏朝仲康时期，距离大约有四千年的历史，被认为是世界上有关日食的最早记录，应该也是世界上有关人们惊慌失措、伐鼓救日的最早记录。当日食出现时，盲乐师们一齐擂鼓，官吏们驾车疾驰，庶人们发疯似地奔跑，人们共同用鼓声、马蹄声、脚步声与震天动地的嘶喊声制造出巨大的声响。这种救日方式正是中国古代常见的鼓噪驱邪法的雏形，人们试图用各种声音造成一种雄壮的气势，威逼天上的恶魔把太阳吐还给人间。

到了周代，乐官伐鼓救日变成了天子伐鼓救日。根据《周礼·地官司徒第二》的记载，周代虽然设有专门的鼓人一职，负责"掌教六鼓、四金之音声。以节声乐，以和军旅，以正田役，教为鼓而辨其声用"，但"救日月，则诏王鼓"。郑玄注释说："救日月，王必亲击鼓，声大异。"同时《周礼·夏官司马第四》中记载大仆[①]的职责其中有一项就是"凡军旅、田役赞王鼓。救日月亦如之"。即凡征伐、田猎，大仆要协助王击鼓。解救日食、月食也要协助王击鼓。人们相信，天子伐鼓救日肯定不同于一般乐官击鼓，功效巨大，意义非凡，于是慢慢就衍生出一整套的仪式和礼仪要求。"周制，日有蚀之，天子不举乐，素服，置五麾，陈五鼓、五兵及救日之弓矢。又以朱丝萦社，而伐鼓责之。"[②]五兵和救日弓矢的出现，使这一礼仪中多了兵味，要运用军队，陈设兵器，这也是后世将这一礼仪归于军礼的原因。

春秋战国时期，救日已经形成一套比较成熟稳定的礼仪规范。比如《谷梁传·庄公二十五年（前669）》记载："天子救日，置五麾，陈五兵五鼓，诸侯置三麾，陈三鼓三兵。大夫系门，士系枑。言充其阳也。"所谓五麾五鼓，就是说天子的旗、鼓，要依五方之色，即东方青色，南方赤色，西方白色，北方黑色，中央黄色。

《左传·昭公十七年（前525）》还有一段大臣们争论该不该使用救日礼仪的记载：

夏六月甲戌朔，日有食之。祝史请所用币。昭子曰："日有食之，天子不举，伐鼓于社；诸侯用币于社，伐鼓于朝。礼也。"平子御之，曰："止也。唯正月朔，慝未作，日有食之，于是乎有伐鼓用币，

---

① 官名。《周礼》谓夏官司马所属有大仆，设下大夫二人，负责赞襄礼仪、规正王的服装和站立的位置，传达王命。

② 《通典》卷78《军礼三》。

礼也。其馀则否。"大史曰："在此月也。日过分而未至，三辰有灾。于是乎百官降物，君不举，辟移时，乐奏鼓，祝用币，史用辞。故《夏书》曰：'辰不集于房，瞽奏鼓，啬夫驰，庶人走。'此月朔之谓也。当夏四月，是谓孟夏。"平子弗从。昭子退曰："夫子将有异志，不君君矣。"

其中昭子提到发生日食时，天子不举乐，在社庙里击鼓。诸侯用祭品在社庙里祭祀，在朝廷上击鼓，这是礼制。但平子认为只有周正六月初一发生日食，才击鼓用祭品，其他时候不能这样做。太史反驳平子说："就是在这个月。太阳过了春分而没有到夏至，日、月、星有了灾殃，在这时候百官穿上素服，国君不举乐，离开正寝躲过日食的时辰，乐工击鼓，祝使用祭品，史官使用辞令来祈祷消灾去祸。所以《夏书》说：'日月交会不在正常的地位上，瞽师击鼓，啬夫驾车，百姓奔跑。'说的就是这个月初一的情况。"可见，大臣们争论的其实是当月该不该用救日礼仪的问题，对于救日该有哪些礼仪并没有不同的意见。说明当时早已有一套公认的程式化的救日礼仪了。

二、汉唐伐鼓救日

到了汉代，救日礼仪更加完备："天子救日蚀，素服，避正殿，陈五鼓五兵，以朱丝萦社，内外严警。太史登灵台，候日有变，便伐鼓。太仆赞祝史陈辞以责之。闻鼓音，侍臣皆着赤帻，带剑入侍。三台令史以上，皆持剑立其户前。卫尉驱驰绕宫，伺察守备。日复常，皆罢。"① 统一的多民族的中央集权国家的出现，使周代救日

---

① 《通典》卷78《军礼三》。

的礼仪也集中在天子（即国家）层面了，救日成为了一项非常重要的国家大典，军队在救日礼仪中也承担着越来越重要的职责。

但随着汉朝的衰亡，诸侯纷争，战乱频仍，汉礼也随之混乱、遗失、简化。东晋元帝太兴元年（318）四月，合朔。有司奏议："按春秋，日有蚀之，天子伐鼓于社，攻诸阴也；诸侯伐鼓于朝，臣自攻也。按尚书符，若日有变，便击鼓诸门，有违旧典。"诏曰："所陈有正义，改之。"① 当时救日就唯余击鼓一项内容了。北齐大兴周礼，礼官们在汉代礼制的基础上，煞费苦心地拟制出一套比东晋完整严肃得多的救日礼仪：

北齐制，日蚀，则太极殿西厢东向，东堂东厢西向，各设御座。群官公服。昼漏上水一刻，内外皆严。三门者闭中门，单门者掩之。蚀前三刻，皇帝服通天冠，即御座，直卫如常，不省事。有变，闻鼓音，则避正殿，就东堂，服白袷单衣。侍臣皆赤帻，带剑，升殿侍。诸司各于其所，赤帻，持剑，出户向日立。有司各率官属，并行宫内诸门、掖门，屯卫太社。邺令以官属围社，守四门，以朱丝绳绕系社坛三匝。太祝令陈辞责社。太史令二人，走马露版上尚书，门司疾上之。又告清都尹鸣鼓，如严鼓法。日光复，乃止，奏解严。②

这样的仪式虽然繁复，但盛大而隆重，北齐救日伐鼓恢复了它作为国家大典应有的肃穆和高规格，但似乎重点是在当日皇帝与群官的礼仪规范和要求上，对于伐鼓只一句"又告清都尹③鸣鼓，如

---

① 《通典》卷78《军礼三》。
② 《通典》卷78《军礼三》。
③ 《通典》卷33《职官十五》载："凡前代帝王所都，皆曰尹。南朝曰丹阳尹，后魏初曰代尹，东魏曰魏尹，齐曰清都尹。"

严鼓①法"草草带过。

受北齐礼制影响颇深的隋唐礼仪在此基础上再进行细化,《大唐开元礼》明确把合朔伐鼓记入军礼,对于伐鼓礼仪的记载颇为详尽:

其日合朔,前二刻,郊社令及门仆各服赤帻绛衣,守四门,令巡门监察。鼓吹令平巾帻,葱褶,帅工人以方色执麾旒②,分置四门屋下,龙蛇鼓随设于左。东门者立于北塾③,南面;南门者立于东塾,西面;西门者立于南塾,北面;北门者立于西塾,东面。队正一人着平巾帻、葱褶,执刀,帅卫士五人执五兵于鼓外,矛处东,戟在南,斧钺在西,稍在北。郊社令立于社坛四隅,以朱丝绳萦之。太史官一人着赤帻、赤衣,立于社坛北,向日观变。黄麾次之;龙鼓一面,次之在北;弓一张,矢四只,次之。诸工鼓静立候。日有变,史官曰:"祥有变。"工人齐举麾,龙鼓齐发声如雷。史官称"止",工人罢鼓。④

我们今天看这段记载对于唐代伐鼓救日的具体做法还是比较清楚的,参加伐鼓的官员主要有郊社令、鼓吹令、太史官和队正,都是从七品以下的官员。那么皇帝和高官在干什么呢?根据记载,在唐代,日食当天不上朝,不办公。"其日废务,百官守本司。日有变,皇帝素服,避正殿;百官以下皆素服,各于厅事前重行,每等

---

① 戒严的鼓。
② 唐制:麾杠各长一丈。旒以方色,各长八尺。
③ 门侧堂曰塾。
④ 《通典》卷133《开元礼纂类二十八·军礼二》。

异位，向日立。明复而止。"① 百官们只要在自己所属的官衙里于大厅前列队向日肃立就行了，皇帝也只需要避正殿即可。其次，在服饰上，北齐要求群官着公服，皇帝就比较复杂一点了，一开始服通天冠，当日食之时"闻鼓音，则避正殿，就东堂，服白裕单衣"。而唐代简化了这一环节，只要求皇帝和百官均着素服即可。唐代的合朔伐鼓把礼仪重点放在伐鼓本身，简化了对皇帝和百官的礼仪要求，可以说既保证了这一礼仪该有的隆重严肃，又减少了对政务的干扰，减轻了皇帝和百官的礼仪负担。

除都城举行盛大的合朔伐鼓外，唐代还规定天下诸州在日食时也要伐鼓，杜佑记载说："其日，见日有变则废务，所司置鼓于刺史厅事前。刺史及州官九品以上俱素服，立于鼓后，重行，每等异位，向日，刺史先击鼓，执事代之。明复俱止。"② 这一做法是对周礼诸侯伐鼓的延续，也充分体现了合朔救日伐鼓作为国家大典的性质。

唐德宗贞元三年（787）八月，"日有食之，有司将伐鼓，德宗不许。太常卿董晋言：'鼓所以责阴而助阳也，请听有司依经伐鼓。'不报，由是其礼遂废。"③《大唐开元礼》颁行于开元二十年（732），作为国家大典的合朔伐鼓礼仅仅维持了 55 年就被唐德宗废止了。什么原因，史书中没有记载。但是从唐德宗断然否决的态度中至少可以看出他对这个礼仪的极度不认可。唐德宗李适（742—805）出生在唐朝最鼎盛的时期——开元盛世，14 岁时安史之乱爆发，他跟随父母流离失所，饱尝战乱和家国之痛，但同时也在平叛的战火中成长，因功拜为尚书令，曾和郭子仪、李光弼等

---

① 《通典》卷 133《开元礼纂类二十八·军礼二》。
② 《通典》卷 133《开元礼纂类二十八·军礼二》。
③ 《新唐书》卷 16《礼乐六》。

名将一起被赐铁券，38岁（779）即位为帝。这样的经历使他不迷信天命，性格刚毅，有主见，当然这样的性格在后来就演变成刚愎自用，不信朝臣。他即位之后，一心革除积弊，积极削藩，结果建中四年（783年）"泾原兵变"爆发，李适出逃奉天，史称"奉天之难"。后来依靠名臣韩滉、大将李晟、浑瑊等人的平叛，才于兴元元年（784年）七月回到长安。"奉天之难"是唐德宗一生中的奇耻大辱，是性格强明自任的君王根本无法正视的污点。而在帝王政治中，日食常常被认为是对君王政治得失的警告，如失德、失政、失范等。贞元三年（787）的日食，正好戳中了唐德宗敏感的神经，提醒着他在政治上的失败，他不许伐鼓救日，态度坚决而霸道，似乎唯其如此才能维护他作为帝王的威严。

三、唐以后救日礼仪

由于唐德宗废止了合朔伐鼓的仪式，导致宋朝建立后很长一段时间的救日礼都是不完整的，皇帝常常以自我反省，甚至自我惩罚的形式来救日。

根据《宋史》卷121《礼二十四》的记载：

宋太祖登基后的第一年即建隆元年（960），司天监因日食，请求掩藏戈兵铠胄。之前救日都要陈列五兵，但是现在却要求把兵器和铠甲都收起来，认为兵者大凶，冒犯了神灵。宋太祖将此事交给相关部门去讨论实施，最终"有司奏请皇帝避正殿，素服，百官各守本司，遣官用牲太社如故事"。

宋真宗景德四年（1007），"五月朔，日食。上避正殿不视事。"

宋仁宗皇祐初年（1049），"以日食三朝不受贺，百官拜表。"

宋仁宗至和元年（1054），"四月朔，日食，既内降德音：改元，易服，避正殿，减膳。百官诣东上阁门拜表请御正殿，复常膳。

三表乃从。"皇帝为了以示敬畏之心，自省之意，自己给自己增加了改元、减膳等内容，百官一看不得了，于是多次奏请恢复常膳。到了日食当天"至日，遣官祀太社，而阴雨以雷，至申，乃见食，九分之余。百官称贺"。

宋仁宗嘉祐四年（1059），"诏正旦日食毋拜表，自十二月二十一日不御前殿，减常膳，宴辽使罢作乐。至日，仍遣官祀太社。百官三表，乃御正殿，复膳。"①

总之，这一时期的救日礼仪基本上集中在皇帝一人身上。在日食之前，皇帝就需提前多日开始避殿、减膳、素服，罢乐，这些基本上都是自我约束和反省式的礼仪，百官则主要是上表奏请皇帝复膳和在日食结束后上贺表而已。先秦以来非常重要的伐鼓礼仪全然不见了。

宋仁宗嘉祐六年（1061），皇帝有心改变这种现状，于是诏令礼官验详典故，以完善此礼。六月朔日食，"皇帝素服，不御正殿，毋视事，百官废务守司。合朔前二日，郊社令及门仆守四门，巡门监察，鼓吹令率工人如方色执麾旍，分置四门屋下。龙蛇鼓随设于左。东门者立北塾南面，南门者立东塾西面，西门者立南塾北面，北门者立西塾东面。队正一人执刀，率卫士五人执五兵之器，立鼓外。矛处东，戟处南，斧钺在西，槊在北。郊社令立　于坛，四隅縈朱丝绳三匝。又于北设黄麾，龙蛇鼓一次之，弓一、矢四次之。诸兵鼓俱静立，俟司天监告日有变，工举麾，乃伐鼓；祭告官行事，太祝读文，其词以责阴助阳之意。司天官称止，乃罢鼓。如雾晦不见，即不伐鼓，自是，日有食之，皆如其制。"②这年的救日礼大

---

① 《宋史》卷121《礼二十四》。
② 《宋史》卷121《礼二十四》。

多数仪礼与唐礼相合,伐鼓以救日终于恢复,同时规定"如雾晦不见,即不伐鼓",也体现了宋人务实的一面,此时距离唐德宗废止合朔伐鼓礼已经过去 274 年了。

此后宋英宗治平四年(1067),有诏曰"古者日食,百司守职,盖所以祇天戒而备非常,今独阙之,甚非王者小心寅畏之道。可令中书议举行。"宋神宗熙宁六年(1073)四月朔,日食,诏"易服、避殿、减膳如故事。"但是又增加了"降天下死刑,释流以下罪"。

宋代合朔伐鼓礼的最终定型是在宋徽宗政和初年,郑居中《政和五礼新仪》仍然将合朔伐鼓归于军礼,史载:

政和上《合朔伐鼓仪》:有司陈设太社玉币笾豆如仪。社之四门,及坛下近北,各置鼓一,并植麾幡,各依其方色。坛下立黄麾,麾杠十尺,幡八尺。祭告日,于时前,太官令帅其属实馔具毕,光禄卿点视;次引监察御史、奉礼郎、太祝、太官令先入就位,次引告官就位,皆再拜;次引御史、奉礼郎、太祝升,就位。太官令就酌尊所,告官盥洗,诣太社三上香,奠币玉,再拜复位。少顷,引告官再盥洗,执爵三祭酒,奠爵,俯伏兴,少立,引太祝诣神位前跪读祝文。告官再拜退,伐鼓。其日时前,太史官一员立坛下视日。鼓吹令率工十人,如色服分立鼓左右以俟。太史称日有变,工齐伐鼓。明复,太史称止,乃罢鼓。其日废务,而百司各守其职如旧仪。[①]

政和"合朔伐鼓仪"与汉唐相比,除伐鼓的传统还予以保留外,看上去更像一场繁复的祭祀仪式,皇帝可以不到场,由皇帝指派的告官全程担任主祭。伐鼓救日反而成为了这场煞有介事的祭祀的陪

[①] 《宋史》卷 121《礼二十四》。

衬仪式了。

明太祖初定天下后，大刀阔斧地对救日礼进行简化。洪武六年（1373）二月议定救日礼，并依照前朝做法，将救日礼归于军礼。当时规定"其日，皇帝常服，不御正殿。中书省设香案，百官朝服行礼。鼓人伐鼓，复圆乃止。月食，大都督府设香案，百官常服行礼，不伐鼓，雨雪云翳则免"。[①] 这是中国历史上第一次明确不在太社举行救日礼的规定，而是将救日仪式放在中书省，救月仪式放在了大都督府。相比与北宋政和年间的"合朔伐鼓仪"，这个时期的救日礼简直简单到给人一种草草之感。

20年后，即洪武二十六年（1393）三月，明太祖下令在此基础上重新修订救日礼，修改后的仪礼为：

礼部设香案于露台，向日，设金鼓于仪门内，设乐于露台下，各官拜位于露台上。至期，百官朝服入班，乐作，四拜兴，乐止，跪。执事者捧鼓，班首击鼓三声，众鼓齐鸣，候复圆，复行四拜礼。月食，则百官便服于都督府救护如仪。在外诸司，日食则于布政使司、府州县，月食则于都指挥使司、卫所，如仪。[②]

修订后的明代救日伐鼓礼依然十分简单，除了将举行救日礼的场所由中书省改至礼部，增加礼乐，设置班首领击三声鼓外，最重要的修改就是增加了在外诸司救日伐鼓的规定。要知道，在唐礼之后，整个有宋一代，尽管救日伐鼓礼繁复隆重，但一直没有诸州救日伐鼓的规定。此次修订后，明代救日礼基本稳定下来。明穆宗隆

---

① 《明史》卷157《礼十一》。
② 《明史》卷157《礼十一》。

庆六年（1572），因隆庆帝逝世，又恰逢日食，于是规定"百官先哭临，后赴礼部，青素衣、黑角带，向日四拜，不用鼓乐"。[①]这只是一时权宜之策，并不是对救日礼进行修改。

清军入关之初，参照明礼设定日食救护的礼仪。遇有日食，京都百官仍然是赴礼部救护。康熙十四年（1675），改由钦天监推算日食发生时刻分秒，由礼部验准后，通知各省地方官员。日食发生当日，礼部祠祭司官和钦天监博士各二人，赴观象台观测，向着太阳设立香案。八旗的满、蒙、汉军都统各率所部在自己的营区警备，行救日礼。百官前往顺天府[②]行礼，"顺天府则饬役赴部洁净堂署，内外设香案，露台上炉檠具，后布百官拜席。銮仪卫官陈金鼓仪门两旁，乐部署史奉鼓俟台下，俱乡日。"[③]等到钦天监官报日初亏，仪式正式开始，百官们分五列，每列由礼部长官一人领头，在礼乐声中轮流行三跪九叩之礼。这时金鼓齐鸣，更替上香，直至日复圆为止。

若遇月食，则在中军都督府举行救护礼，后来改在太常寺，其仪一如救日。直省遇日、月食，各按钦天监推定时刻分秒，由各地主官带领，在各自公署行救护礼。州府学负责礼仪的教导，学生担任司仪，上香、伐鼓、祗跪，都与京师救护相同。

中国人从最初对太阳一无所知到后来能准确推算出日食发生的时刻，虽然明知太阳的复明，与震天的鼓声并无关系，但这救日之鼓还是一敲就是四千多年。这是对太阳的崇敬，是中国这片古老大地上在日食时刻上演的一场大戏。

---

① 《明史》卷157《礼十一》。
② 明、清设于京师（今北京）的府属建制。
③ 《清史稿》卷90《礼九》。

第五节　大傩之礼

傩（nuó），是中国古代在腊月举行的一种神秘而古老的驱疫逐鬼的仪式，是原始巫舞之一。在远古时代，原始先民对于疾病、瘟疫和死亡充满着迷惑和畏惧，以为是某种厉鬼作祟。每遇此事，便要举行隆重的仪式：点燃火烛，戴着恐怖的面具，跳着勇猛激烈的舞蹈，嘴里不住地发出"傩""傩"的呐喊声，以吓退厉鬼，这种驱鬼仪式就叫"傩"。

一、先秦傩礼的形成

在《周礼·夏官司马第四》中说："方相氏掌蒙熊皮，黄金四目，玄衣朱裳，执戈扬盾，帅百隶而时难，以索室驱疫。大丧，先。及墓，入圹，以戈击四隅，驱方良[①]。"这里提到的"方相氏"就是傩祭的司礼人。

据说，黄帝的侧妃嫫母是最早的方相氏。宋代张君房所著的《云笈七签》卷一百《轩辕本纪》里记载："帝周游行时，元妃嫘祖死于道，帝祭之以为祖神。令次妃嫫母监护于道，以时祭之，因以嫫母为方相氏。"嫘祖乃黄帝正妻，跟随黄帝周游天下时死于途中，黄帝就地安葬了嫘祖，并立她为祖神（即道路之神），并令侧妃嫫母为她守陵祭祀，原因就是嫫母的样貌长得极丑，可以用来驱除邪祟，因此嫫母被视为第一位方相氏，这就是方相氏的由来。

到了周代，方相氏成为了隶属于夏官司马的一种官职名称。《周礼》上说："方相氏，狂夫四人。" 可见方相氏一般是由级别较

[①] 按《风俗通》解：方良就是罔象，即魍魉。

低的军将扮演,即所谓的"狂夫",而且通常还不只一人,一共四个。这也许就是后世由军队来承担大傩礼,并将其归入军礼的原因。根据周礼,方相氏这种官职只有周天子才能设立,诸侯、地方官府、百姓是禁止设立方相氏的。任方相士者通常穿着上黑下红的衣饰,披着熊皮,带着黄金四目的吓人面具,拿着盾和戈,率领众人四时举行傩祭以驱除疫鬼。在大丧时,还要充当先导,进入墓穴,用戈击打四方以驱鬼,帮助死者的灵魂得到安息。那么何为大丧呢?按照周代礼制,只有皇帝、皇后、太上皇、皇太后、以及太子之死才称得上"大丧",才用得起方相氏。

这段话里的"难"同"傩"(以下皆同),"时难"讲的就是一年中不同的季节都有傩祭,以驱除不同的凶邪。《礼记·月令》里说:"季春,命国①难,九门磔②攘,以毕春气。"季春傩祭的主要仪式就是在王城除东面三门以外的其它九门裂牲以祭祀,其主要目的是驱除阴气,古人认为冬天的寒气如果到此时还不停止,就会伤害到人。郑玄注中提到:"此月之中,日行历昴③,昴有大陵积尸之气,气佚则厉鬼随而出行,命方相氏帅百隶索室殴疫以逐之,又磔牲以攘於四方之神,所以毕止其灾也。"④实际上,春季天气复暖,万物复苏,但同时也是疾病,特别是传染性疾病的多发季节。但古人不明白其中的道理,就认为是阴气、厉鬼所致,遂有此傩。厉鬼说在今天看来是荒谬不经的,但是在古代人们认识水平有限,也就不足为奇了。而杜佑《通典》则援引《尚书·洪范》传云:"言之

---

① 在古代把分封给诸侯的封地叫"国",把都城叫"国";把地域也叫"方"或"国"。
② 古代分裂牲体以祭神。
③ 星名,二十八星宿之一。
④ 《礼记正义》卷15《月令第六》。

不从，则有犬祸。犬属金也，故磔之于九门，所以抑金扶木，毕成春功。东方三门不磔，春位不杀，且盛德所在，无所攘。"[1] 此说从阴阳五行的角度来解释季春行傩祭的原因，同样反映了古人认识的局限性。

除季春傩祭外，《礼记·月令》还记载："仲秋，天子乃难，以达秋气。"仲秋傩祭与季春傩祭不同，此傩主要是驱除阳气，古人担心夏季的暑气如果到仲秋时节还不衰减，就会伤害到人的健康，所以需要通过傩祭驱除暑气，以通秋气。郑玄的解释是："此月宿直昴毕，昴毕亦得大陵积尸之气，气佚则厉鬼亦随而出行，于是亦命方相氏帅百隶而难之。"[2] 当然，今天我们知道秋季气温变化大，初秋时，气温较高，即"秋老虎"天，同时雨水较多，一些肠道传染病和虫媒传染病高发；到了晚秋，气温逐渐下降，风大干燥，这时又是呼吸道传染病的高发时节，因此秋季也是一年中疾病高发的季节。

季冬，一年中最寒冷的季节，《礼记·月令》记载："季冬，命有司大难，旁[3]磔，出土牛，以送寒气。"郑玄注曰："此月之中，日历虚危，虚危有坟墓四司之气，为厉鬼将随强阴出害人也。"[4] 为防止厉鬼害人，所以要举行傩祭。实际上，季冬是一年中最寒冷的季节，正是心脑血管疾病，呼吸道病症等各种疾病的高发期，稍不留神各种疾病就会找上门来，而且病死率较高，因此在冬季去世的人也较多。所以这是一年中规模最大，也是最重要的一次傩祭，因岁终大寒而以此祭驱除阴疫，送走寒气。之所以叫"大难"，孔

---

[1] 《通典》卷78《军礼三》。
[2] 《礼记正义》卷16《月令第六》。
[3] 指王城四旁的十二座城门。
[4] 《礼记正义》卷17《月令第六》。

颖达疏曰:"言大者,以季春唯国家之难,仲秋唯天子之难,此则下及庶人,故云'大难'。"① 岁末大傩几乎是全民参预,其主要仪式包括在王城四面十二座城门磔犬以祭,作土牛等。杜佑认为"犬属金,冬尽春兴,春为木,故杀金以助木气。""所以扶阳抑阴之义也。"② 之所以要作土牛是因为"土能克水,持水之阴气,故特作土牛,以毕送寒气也"。③

总之,在先秦时期,我们就已经形成了春季行国傩,秋季行天子傩,冬季行大傩的传统。但由于时间久远,我们对先秦时傩的了解是十分有限的。最早有详细傩祭记载的时代是汉代。

二、汉魏以降傩礼的演变

据《后汉书·礼仪中》记载:

后汉季冬先腊④一日,大傩,谓之逐疫⑤。其仪:选中黄门⑥子弟年十岁以上,十二以下,百二十人为侲子⑦。皆赤帻皂制,执大鼗⑧。方相氏黄金四目,蒙熊皮,玄衣朱裳,执戈扬楯。十二兽有

---

① 《礼记正义》卷17《月令第六》。
② 《通典》卷78《军礼三》。
③ 《礼记正义》卷17《月令第六》。
④ 古代在农历十二月里合祭众神叫做腊。
⑤ 疫鬼,古代迷信称施瘟疫的鬼。汉旧仪曰:"颛顼氏有三子,生而亡去为疫鬼。一居江水,是为虐鬼;一居若水,是为魍魉蜮鬼;一居人宫室区隅,善惊人小儿。"
⑥ 汉代宦官名。《汉书·百官公卿表》颜师古注:"中黄门,奄人居禁中在黄门之内给事者也。"秩比百石,后增至比三百石。
⑦ 又叫侲僮,即男巫,为进行祭祀活动的一类执行人员。
⑧ 鼗(táo),两旁缀灵活小耳的小鼓,有柄,执柄摇动时,两耳双面击鼓作响。俗称"拨浪鼓"。

衣毛角。中黄门行之,冗从仆射①将之,以逐恶鬼于禁中。夜漏②上水,朝臣会,侍中、尚书、御史、谒者、虎贲、羽林郎将执事,皆赤帻陛卫。乘舆御前殿。黄门令奏曰:"侲子备,请逐疫。"于是中黄门倡,侲子和,曰:"甲作食殈,胇胃食虎,雄伯食魅,腾简食不祥,揽诸食咎,伯奇食梦,强梁、祖明共食磔死寄生,委随食观,错断食巨、穷奇、腾根共食蛊。凡使十二神追恶凶,赫汝躯,拉汝干,节解汝肉,抽汝肺肠。汝不急去,后者为粮。"因作方相与十二兽舞。嚾呼③,周遍前后省三过,持炬火,送疫出端门④。门外驺骑⑤传炬出宫,司马阙门门外五营骑士传火弃雒水中。百官官府各以木面兽能为傩人师讫,设桃梗⑥、郁垒⑦、苇茭⑧毕,执事陛者⑨罢。苇戟、桃枝以赐公卿、将军、特进、诸侯云。是月也,立土牛六头于国都郡县城外丑地⑩,以送大寒。

东汉大傩是在十二月腊祭之前一日的晚上举行,场面十分浩大。整个祭祀从禁中开始,不仅有方相士,还有还专人扮演 12 头

---

① 中黄门的长官称中黄门冗从仆射,秩六百石。
② 夜间的时刻。漏,古代滴水记时的器具。出自《周礼·春官·鸡人》。
③ 嚾(huān)喧嚚,喧哗。嚾呼即喧闹,喊叫之义。
④ 汉代宫殿的南门。
⑤ 驾驭车马的骑士。
⑥ 用桃木刻制的木偶。旧俗置以辟邪。
⑦ 中国民间信奉的神仙。古代人们为了驱凶,在门上画神荼、郁垒,亦有驱鬼避邪之效果。
⑧ 苇索。《山海经》曰:"东海中有度朔山,上有大桃树,蟠屈三千里,其卑枝门曰东北鬼门,万鬼出入也。上有二神人,一曰神荼,一曰郁垒,主阅领众鬼之恶害人者,执以苇索,而用食虎。"
⑨ 执兵杖侍立于陛侧的警卫。
⑩ 指东北偏北方位。

传说中的神兽：甲作、胇胃、雄伯、腾简、揽诸、伯奇、强梁、祖明、尾随、错断、穷奇、腾根。助祭的男巫由120名10—12岁的小宦官担任，称作"侲子"。在祭祀过程中，他们统一身穿黑衣，戴红色头巾，手持能发出声音的大鼗，分作三行，从东序上，西序下，配合方相氏，以桃弓、苇矢驱疫鬼，唱和祭祀的歌谣。方相士与十二兽舞，并发出各种喧闹的声音，然后持炬火，送疫出端门。"《东京赋》注曰：'卫士千人在端门外，五营千骑在卫士外，为三部，更送至雒水，凡三辈，逐鬼投雒水中。仍上天池，绝其桥梁，使不复度还。'"① 可以想像场面之壮观。侍中、尚书、御史、谒者、虎贲、羽林郎将皆戴红色头巾在宫禁中宿卫。仪式结束后，苇戟、桃枝则赐给百官，百官官府立桃梗于门户上，画上神人郁垒手持苇索的画像，以御凶鬼，画虎于门，当食鬼，后来就演变为民间腊月贴门神的习俗。

北齐大傩改在十二月的最后一天举行，将傩祭与除夕结合在一起。侲子从汉代的120名增加到240名，分为两组，120人着黑衣戴红头巾，手持大鼗，另120人着赤布葱褶，手持鞞角，五更时先开里门，傩者齐集准备，再开城门，皇帝和从六品以上的官员观看，傩者从殿西门入，南门出，遍于禁中，最后分为六道，出郭外。

隋代仿效周礼，恢复一年行三次傩礼的传统，分别是三月的最后一天（季春晦），秋分前一日和十二月（季冬）。按周礼，季春和季冬的傩礼需要举行磔牲仪式，所以隋代规定季春傩礼只在宫门和京城四门磔牲，而冬季大傩则是每个城门都磔牲，规格是每门用羝羊及雄鸡各一。在侲子的人数上，冬季大傩用侲子8队，其余两个傩祭均为4队。设问事12人，执皮鞭。工22人，其中1人为方

---

① 《通典》卷78《军礼三》。

相士，1人为唱师，10人执鼓，10人执角。大傩时，"有司预备雄鸡牴羊及酒，于宫门为坎。未明，鼓噪以入。方相氏执戈扬楯，周呼鼓噪而出，合趣显阳门，分诣诸城门。将出，诸祝师执事，预副牲胸，磔之于门，酌酒禳祝。举牲并酒埋之。"[1]

三、宏大的唐代傩礼

唐代不仅京城要傩祭，诸州县也要傩祭，其场面也更加宏大。根据唐人段安节所撰《乐府杂录·驱傩》记载，唐代大傩也是安排在除夕之夜，为了保证整个仪式不出差错，所有的傩戏和仪式事先都要经过两道彩排和筛选，第一次是"事前十日，太常卿并诸官于本寺先阅傩，并遍阅诸乐"。这一次彩排是在太常寺里举行的，因此太常卿可以宴请自己的署官，邀请官员家属上棚观看，百姓也可进入太常寺观看，场面也颇为壮观。第二次是"岁除前一日，于右金吾龙尾道下重阅，即不用乐也"。所谓龙尾道，是指随着建筑高度的降低，其道前高后低，下塌于地。逶迤屈曲，宛如龙尾下垂，故谓之龙尾道。后周薛置所撰的《西京记》3卷中说："西京大明正中含元殿，殿东西翔鸾栖凤阁，下肺石登闻鼓，左右龙尾道。"所以第二次彩排是在含元殿前进行的，相当于熟悉场地，故不用乐。

---

[1] 《隋书》卷8《礼仪三》。

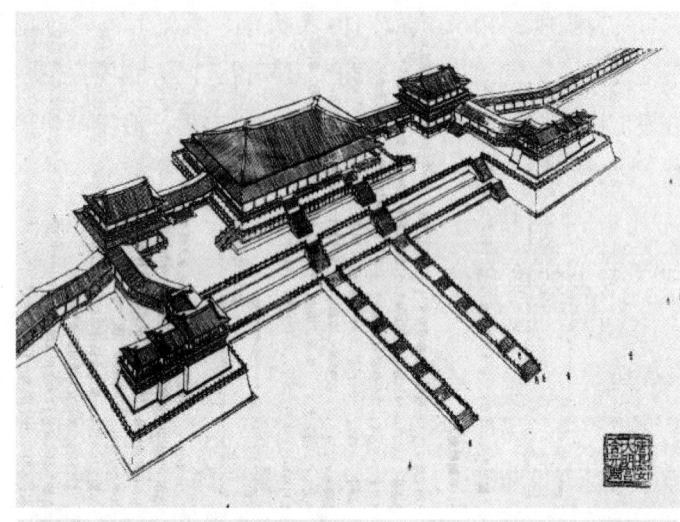

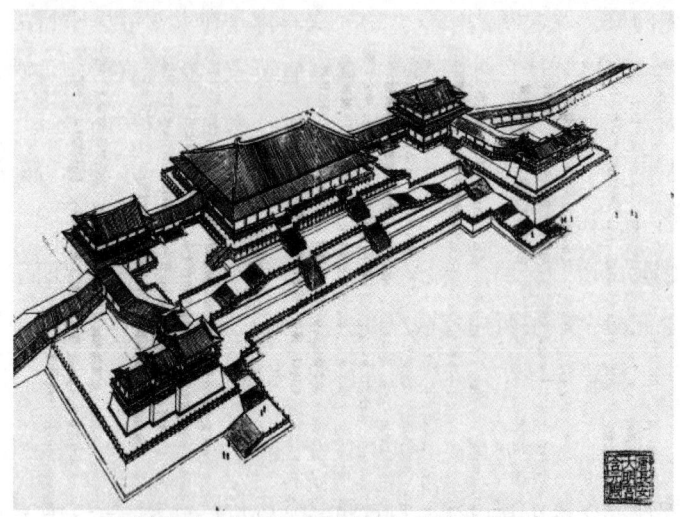

杨鸿勋院士复原的大明宫含元殿龙尾道对比图

关于参加傩祭的人员,《乐府杂录·驱傩》记载,设有方相士四人,衣着打扮同周礼,执事十二人则打破玄衣朱裳的惯例,别出心裁地穿白衣而画之,披朱发,"各执麻鞭,辫麻为之,长数尺,振之声甚厉。乃呼(十二)神名。"这样的服饰和道具,在视觉上和听觉上会带来更大的冲击力,更有气势。侲子数量多达五百,皆"衣朱褶、素襦,戴面具,以晦日于紫宸殿前傩,张宫悬乐。"紫宸殿是唐长安城大明宫中的第三大殿,是内朝殿堂,群臣在这里朝见皇帝,称为"入阁",地位仅次于其南的外朝正衙含元殿和常朝宣政殿。太常卿及少卿跟随乐正到紫宸殿的四面阁门驻守,太常寺丞并太乐署令、鼓吹署令、协律郎一起跟随乐队在殿前侍奉。皇帝"御楼时于金鸡竿①下打赦鼓一面,钲一面,以五十人,唱色十下,鼓一下,钲以千下"。

但是对比《新唐书》卷十六《礼乐六》记载的"大傩之礼",明显与段氏所记有一定出入:

选人年十二以上、十六以下为侲子,假面,赤布袴褶。二十四人为一队,六人为列。执事十二人,赤帻、赤衣,麻鞭。工人二十二人,其一人方相氏,假面,黄金四目,蒙熊皮,黑衣、朱裳,右执楯;其一人为唱帅,假面,皮衣,执棒;鼓、角各十,合为一队。队别鼓吹令一人、太卜令②一人,各监所部;巫师二人。以逐恶鬼于禁中。有司预备每门雄鸡及酒,拟于宫城正门、皇城诸门磔攘,设祭。太祝一人,斋郎三人,右校为瘗埳,各于皇城中门外之右。前一日之夕,傩者赴集所,具其器服以待事。

其日未明,诸卫依时刻勒所部,屯门列仗,近仗入陈于阶。鼓吹令帅傩者各集于宫门外。内侍诣皇帝所御殿前奏"侲子备,请逐疫"。出,命寺伯六人,分引傩者于长乐门、永安门以入,至左右上阁,鼓噪以进。方相氏执戈扬楯唱,侲子和,曰:"甲作食殃,

---

① 古代大赦时竖立的设有金鸡的高杆。
② 《通典》注:"令以下皆服平巾帻、葱褶。"

肺胃食虎，雄伯食魅，腾简食不祥，揽诸食咎，伯奇食梦，强梁、祖明共食磔死寄生，委隋食观，错断食巨，穷奇、腾根共食蛊，凡使一十二神追恶凶，赫汝躯，拉汝干，节解汝肉，抽汝肺肠，汝不急去，后者为粮。"周呼讫，前后鼓噪而出，诸队各趋顺天门以出，分诣诸城门，出郭而止。

傩者将出，祝布神席，当中门地南向。出讫，宰手、斋郎舁牲匈磔之神席之西，藉以席，北首。斋郎酌清酒，太祝受，奠之。祝史持版于座右，跪读祝文曰："维某年岁次月朔日，天子遣太祝臣姓名昭告于太阴之神。"兴，尊版于席，乃举牲并酒瘗于埳。

《新唐书》所记"大傩之礼"明显是隋代季冬大傩的升级版，是在汉代大傩礼的基础上综合北刘、隋代礼制而成。首先，侲子的年龄从10-12岁变成了12-16岁，也不强调是否是宦官，有可能从隋代开始就不只从宦者中挑选侲子了。其次唐仿效隋设执事12人，执麻鞭，着赤帻赤衣（段氏记执麻鞭，穿白衣而画之，披朱发）；工22人，其中1人为方相士（段氏记有方相士4人），1人为唱帅，10人执鼓，另有10人执角。第三，大傩前一日之夕，傩者赴集所集中以待事。这与北齐当天集中的做法不同，与段氏所记"岁除前一日，于右金吾龙尾道下重阅，即不用乐也。"有一定出入。第四，对大傩当天具体过程记载得非常详细，弥补了《乐府杂录》在这方面的不足。

段安节的父亲段成式，官至太常少卿，段安节耳濡目染，对傩礼应该是很熟悉的，因此《比较目染入。第四，对大傩当天具体过程记载得比与除夕等传统节俗整合乐府杂录》所记具有相当的可信度，但是段安节是生活在晚唐时期的人，《乐府杂录》成书于唐代乾宁元年（894）以前，这时候距离唐朝灭亡只有12年，所记录的应当是晚唐时期的大傩礼，这就是导致他的记载与《新唐书》存在一定出入的原因吧。

《新唐书》的记录与杜佑《通典》所记唐代大傩礼与基本一致，杜佑（735—812）生活于唐玄宗至唐宪宗时期，见证了唐王朝由"开元盛世"到"元和中兴"的兴衰荣辱，因此他所记载的唐代大傩礼当是唐王朝鼎盛时期的面貌。不仅如此，杜佑还记录下了唐代地方州县大傩礼的有关内容：

第一，在人员设置上，州设方相四人执戈楯，唱帅四人。县设方相、唱率各二人，皆以杂职差之。侲子的年龄要求在13-15岁之间，都督及上州设六十人，中下州四十人，县皆二十人。还有杂职八人，四人执鼓鞉，四人执鞭。

第二，在仪式流程上：诸州县傩前一日之夕，傩者集中待事，所司帅领傩者宿于府门或县门外。傩礼当日天还未亮时，"所司白刺史县令，请引傩者入。"天快亮的时候，"宦者二人出门，各执青麾，引傩者入。无宦者外人引导。于是傩，击鼓鞉，俱噪呼，鼓鞭戈楯而入。"傩者在宦者引导下，"遍索诸室及门巷讫，宦者引出中门，所司接引出，仍鼓噪而出大门外，分为四部，各趣四城门，出郭而止。初傩者入，祝五人各帅执事者，以酒脯各诣州门及城四门；傩者出，便酌酒奠脯于门右，禳祝而止，乃举酒脯埋于西南。酒以爵，脯以笾。"

第三，诸州县傩的祭祀乐歌与天子大傩是一致，行礼的祝文为："维某年岁次月朔日，子祝姓名敢昭告于太阴之神：寒往暑来，阴阳之常度，惟神以屏列厉，谨以酒脯之奠，敬祭于神，尚飨。"[1]

通过《通典》的记载，我们不仅了解了唐代大傩礼的全貌，而

---

[1] 《通典》卷133《开元礼纂类二十八·军礼二》。

且也看到了傩礼逐渐由皇宫走向民间的步伐。后来"宋季冬宫中行傩礼,民闲亦行之"[①]。宋代以后,大傩礼逐渐从国家礼典中消失了,明清军礼中更是没有这一礼仪,倒是民间驱傩逐渐与除夕等传统节俗融合在一起,一直传承到今天。

---

① 《钦定续通典》卷73《礼二十九·军礼二》。